何宗岳（股素人）————著

《買對保險了嗎？》全新封面版

不當肥羊，
聰明買保險！

為什麼「以小於年薪5%金額，
買500萬元保障險（10倍年薪）＋日額5,000元住院醫療險」就夠了？

目錄

自序：「局外人看保險，視野大不同」……………………… 005
前言：「保險／投資分開做，保障／獲利加倍得」………… 009

Chapter 1　買多保險不如買對保險

1-1　台灣人保單持有率全球第一，仍感保障不足………… 016
1-2　國內 97.5％的上班族擁有保單，靠得住嗎？………… 021
1-3　先了解保險常識，以免花冤枉錢……………………… 026
1-4　壽險公司的十大觀察指標……………………………… 032
1-5　人身保險：只賣給健康的人！………………………… 040

Chapter 2　保險三訣：錢花刀口上、救急不救窮、保大不保小

2-1　保險≠投資≠理財……………………………………… 048
2-2　似是而非的保險迷思…………………………………… 053
2-3　保險愈早買，保費愈便宜？…………………………… 059
2-4　別買終身險，以免當冤大頭…………………………… 067
2-5　為幼兒買保險之前，停！看！聽！…………………… 073

Chapter 3　壽險保單的價值知多少？

3-1　危言聳聽？75％成人是保險文盲！…………………… 086
3-2　壽險商品的「須知用語」……………………………… 092
3-3　易搞混之須知用語的解說範例………………………… 099

3-4　宣告利率及假設投報率之迷思……………………………… 109
3-5　壽險保單的價值：解約金投報率 & 1 元保費保障比 …… 115
3-6　保單 DM 之宣告利率／投報率／解約金合理否？…… 127

Chapter 4　地獄型保單：無底錢坑等你跳！

4-1　投資型保單的可能費用 ………………………………… 138
4-2　投資型保單的風險揭露 ………………………………… 142
4-3　投資型壽險的隱形殺手：保險成本！………………… 148
4-4　保險成本費率 vs. 危險保費 …………………………… 155
4-5　地獄型保單 DM 之範例分析 …………………………… 162

Chapter 5　保險哀歌：783 萬元保費全槓龜！

5-1　「保單價值對帳單」的玄機 …………………………… 176
5-2　「保單價值對帳單」實例分析 ………………………… 181
5-3　與魔鬼交易前，先看看自己的口袋有多深！………… 196

Chapter 6　定期壽險 vs. 小額終身壽險 vs. 傳統年金險

6-1　傳統儲蓄險之轉型 ……………………………………… 204
6-2　定期壽險（新儲蓄壽險）……………………………… 208
6-3　小額終身壽險 …………………………………………… 219

6-4	傳統年金險	227
6-5	年金險：活愈久，領愈多？最佳選項嗎？	235

Chapter 7　上班族需要哪些保險？

7-1	買保險前先想想自己已有哪些保障	250
7-2	買人身保險前，先買妥汽／機車險	258
7-3	保險唬弄準則：10%年薪買保險，10倍年薪當壽險保額	265
7-4	小資族保險準則：≦5%年薪買≧500萬元保障險	273
7-5	保險金≦3,300萬元可免稅？！	286

Chapter 8　永續型壽險：保障、投資與退休金三得益彰

8-1	先了解自己的風險屬性，再買「投資型壽險」	302
8-2	報酬率大拼比：九檔不倒金融股 vs. 六大政府基金	313
8-3	保險／投資分開做，保障／獲利加倍得	319
8-4	不倒金融股的（2007年至2021年）選股參考數據	327
8-5	投資型壽險 PK 永續型壽險	337
8-6	「永續型壽險」的操作準則（SOP）	343

自序

「局外人看保險，視野大不同」

　　某日，友人老王來訪，說他有一張 20 年前為兒子買的壽險即將到期，可領回滿期金 100 萬元，問我有哪些「定存股」可以買，細問之下，才知是一張「還本型終身壽險，繳費期 20 年，年繳保費 12 萬元，繳費期滿可領回 100 萬元，以後每 2 年可領回 5 萬元，直到身故為止」；加減乘除算一算，20 年共繳了 240 萬元保費，兒子現年 44 歲，合理假設再活 46 年，活到 90 歲，則可再領回 115 萬元（回饋金），加上滿期金 100 萬元，也不過共領回 215 萬元，仍少於總繳保費 240 萬元，左看右看，總覺得不划算，應是一張「不宜買」的壽險保單。

　　小孫女出生不久之後，媳婦拿了孫女的 0 歲保單給我看，「主約是 20 年繳的終身壽險，加上 7 種附約，年繳保費 23,932 元」（※表 2-9），直覺上，覺得替「0 歲嬰兒」買保險好像怪怪的，通膨效應無止境，等她到 35、50 歲時的保單價值剩多少？因涉及家人的權益，乃決定進一步研究保險商品，希望能了解「要保人究竟能由保單獲得怎樣的保障」。

　　1985 年（35 歲），因自感「學然後而知不足」，乃決定放棄 11 年的工作經驗，前往美國攻讀機械碩士，當時的系主任認為「工程師必須懂統計分析」，規定研究生須到數學系修統計學課程，我選了一門統計分析學（Statistical Analysis），上課第一天，教授列了一些參考書籍，其中一本迄今仍記憶猶新、受益無窮的書是：「How to Lie with Statistics」（如何用統計學說謊）；這是一本出版於 1954 年的小冊書，全書僅約 150

頁，共有 10 個小單元，書中文圖並茂，列舉了許多玩弄統計數據的案例和利用統計學騙人的技巧。

　　2 年的碩士學習生涯中，並未覺得該書有何用途，然而，回國重新就業後，卻逐漸啟發我的「常識邏輯思考」潛能，對於日後工作上的空調節能評估分析，有很大的幫助；若把「常識邏輯思考」應用在日常生活上時，發現週遭的政治界、學術界及廣告界等，均充斥著「統計操控或數據說謊」的真實版（※拙作「數據會說話？做伙來找碴！」）。因此，邏輯思考→比較分析→檢討改善，成為我研究資訊／數據的三步曲，本書即是以常識邏輯思考，進行比較分析，探討（人身）保險商品之必要性與適用性。

　　我不懂保險，生平第一次買保險商品是在 38 歲時，買了一份「保額 100 萬元，20 年期的定期壽險」（※替朋友捧場的人情險），繳了 13 年保費，結果在 50 歲那年，因為換新房，感覺房貸壓力大，而解約領回解約金來繳貸款；當時我背負了 900 萬元的房屋貸款，深怕自己出意外身故，繳不起房貸，而連續買了 N 年保額 1,000 萬元的意外險（※救急不救窮），等房貸還了一半之後，則將意外險保額降為 500 萬元（※錢花刀口上），約在 52 歲時，又買了一份人情壽險，到今年 1 月，剛好繳完 20 年，這就是我在寫本書之前的保險學經歷。

　　保險業務員推銷保險時，動輒以癌症時鐘（※每 4 分 31 秒有一人罹癌，圖 7-1）及特殊疾病的標靶藥物醫療費來「恐嚇」消費者，並假設你完全沒有健保／勞保（軍公教保）及汽機車保險的狀況下，計算你所需的保障費用，同時灌輸你

「10%年薪買保險，10倍年薪當壽險保額」的「保險雙十原則」教條，嚇得不少人胡亂買保險；台灣的保險滲透度連續12年蟬聯世界第一（※圖1-1），但是，依保險公司的市場調查顯示，46.9%的保險要保人，仍感「保障不足」，是不是該用常識邏輯思考，想一想保險買對了嗎？

去年11月，一位在某場合認識的保險經紀人，向我推薦一份「保證獲利6%」的月配息投資型保單，依自己在近10年的存股經驗來看，想要年獲利6%不是不可能，但是，保單保證給保戶6%的配息，至少其基金每年要有穩定的12%獲利率（※高難度），才可能分6%利潤給保戶，因此，繼續研讀投資型保單的知識。

原本僅是為了小孫女的0歲保單，想寫一篇給自家人買保險參考用的文章，但是，退休後多的是時間，改不了工程師實事求是的習性，整整花了九個月時間，認真地學習保險知識，結果愈深入了解保險商品，愈發覺保險的問題實在很多，欲罷不能，乃針對200多篇的網路文章、2本保險書籍和70幾種保險商品DM／說明書，作常識邏輯分析而寫成本書。

寫本書時，讓我最有感的是「投資型壽險保單」網路上至少有10多篇痛訴「投資型保單慘賠」的親身經歷，金管會也規定「65歲以上長者買投資型保單需錄影／錄音存證」，但是投資型保單2021年的業績卻大幅成長了69.4%，而引來金管會的關切，依工商時報及經濟日報等網站報導（2022年1月17日），金管會將於2022年第二季祭出三大禁令，控管最夯的「類全委投資型保單」，以導正投資型保單之「重報酬、輕風

險」的歪風，在更進一步了解之後，不由得將已喪失保險保障本質的投資型壽險保單，訂名為「地獄型保單」（※詳見第4章／第5章）。

　　我不是保險專家／保險經紀人，以保險局外人的觀點，探討保險的合理性及必要性，因而寫成一本不同於坊間保險書籍／網路保險文章的另類實務書籍，希望本書能對讀者有所助益，可在買保險之前，以不一樣的視野，比較分析五花八門的保險商品，選擇適合自己（家人）的保單。

　　※誠懇叮嚀：買保險之前，謹記保險三訣：救急不救窮、錢花刀口上、保大不保小！

　　※免責聲明：本書所提及之保險商品，僅供比較分析用，並無任何勸誘建議或詆毀之意，筆者是保險局外人，對於書中之數據分析與論述觀點，雖然已力求正確，但錯誤可能難免，「盡信書，不如無書」，讀者應自負「正確與否判斷之責」，謹此。

前言

「保險／投資分開做，保障／獲利加倍得」

「人身保險」分為（1）意外險、（2）醫療險、（3）人壽險及（4）年金險，前兩者（（1）及（2））是純保障用，（3）人壽險早期多為定期儲蓄險，（4）年金險則被視為彌補退休金用的養老險；約15年前開始流行標榜保險⊕投資的投資型保單；投資型保單在金管會的正式名稱只有3種：①變額壽險、②變額萬能壽險和③變額年金險，然而，為了吸引消費者，壽險公司／業務員都會冠以終身型、附保證型、類全委型及存股概念型等商業用語，來推銷投資型保單。

「人壽險」是相當奇妙的保單，「要保人」多不希望因「被保人」之身故而獲得理賠金，人壽險的保障給付條件，原本只是身故或完全失能的「死亡險」，而大多數要保人要的是具儲蓄功能的「生存險」，最後演變為「生死合險」，亦即不幸身故／完全失能時，領保險理賠金，期滿仍生存時，可領回可能比銀行定存利率稍高的滿期金，這就是大受民眾歡迎的舊「儲蓄型壽險」，直到2020年7月1日，金管會開始實施保險新制，大幅提高「死亡給付下限」之後，使得「重儲蓄、輕保障」的舊儲蓄險被迫退出市場，取而代之的是投資型終身壽險／年金險。

不容否認的，保險商品均具有保障功能，保險業務教戰守則的說法是：「投資型壽險是保障、投資及養老一次擁有」，其實並沒有這麼好康，除了保費要用來支付保險公司／信託公司／銀行／基金的管銷費用之外，投資並非穩賺不賠，而且還

有保險成本（危險保費）的潛在風險；「活愈久、繳愈多」（※以幾何級數增加），當你發現保單帳戶價值少於保險成本時，保單就會停效而作廢，所繳保費全歸零。

這就是為何金管會規定：「65 歲以上銀髮族買投資型保單時，須錄音／錄影存證」的主要原因，其實不止是銀髮族，大多數的要保人也不了解「投資型壽險保單」的地獄級風險（※73.3%的人不了解金融商品，圖 3-3），因此，金融消費評議中心的保險申訴／評議案件才會逐年增加。

保險客訴糾紛，多是各說各話，要保人怪業務員沒說清楚，業務員說要保人已簽名確認，大多數申訴案件，多是消費者吃虧，因為保險契約上，均白紙黑字、寫得一清二楚，只是要保人自己沒看清楚，只好自認倒楣。

本書共分為八章，第一章是保險通識，說明保險種類、壽險公司的觀察指標及台灣人的保險現況等概要，台灣的 GDP 遠低於日本與韓國，但是，台灣人的壽險保單持有率 66%，卻高於日本的 55%及韓國的 51%，台灣人平均約以五分之一的薪水買保險，卻仍感保障不足，是不是保險觀念有偏差？

第二章探討似是而非的保險迷思，大多數要保人多希望買保險沒有理賠時，可以拿回所繳保費，或者誤認為「終身（壽）險」可以保障終身；天下沒有白吃的午餐，保險公司不是慈善機構，「終身（壽）險」只不過把未來數十年的保費，集中在 15～20 年內繳清而已，羊毛出在羊身上，本章比較各種保險的年繳費率，發現終身（壽）險是超低 CP 值的保單，但仍然是許多人想買的保單。

第三章首先以 20 項「壽險商品須知用語」，來衡量對壽險保單的了解程度，「2020 台灣金融生活調查」報告（※圖3-3）顯示，台灣有 73.3%的人自認為不了解金融商品，本章說明「一般型壽險」及「投資型壽險」的差異，分析保單 DM 之宣告利率／投資報酬率的真實性，並計算與要保人利益相關的保單內部報酬率（IRR）與 1 元保費保障比。

第四章是基於「投資型壽險」是客訴糾紛最多的保險商品，首先說明「投資型壽險」保單的可能風險，再分析數家壽險公司之投資型壽險的 DM／說明書上的投資效益數值，並剖析鮮為人知的「保險成本（危險保費）」潛在風險，當「投資型壽險」保單的（自選）基金報酬率低於 3%時，則可能有被催繳危險保費的危機；然而，依壽險公會之 2021 年的統計資料（※表 5-10），傳統壽險保單比去年衰退了 18.4%，但是，投資型壽險保單卻成長了 69.7%，顯然，不少消費者仍然選擇與魔鬼交易，買地獄型保單。

第五章是第四章地獄型保單的後續說明，為了警示「投資型壽險」的高風險性，本章以不同友人提供的 7 張持有 10 年以上的「保單價值對帳單」實例作分析，7 張保單中有 4 張（57%）保單已呈虧損狀態，損失最大的是一張「保額 1,000 萬元的○○○變額萬能終身壽險」，10 年共繳了 783 萬元保費，因保單帳戶價值低於保險成本而被催繳危險保費，最後不得不忍痛棄單，783 萬元的已繳保費瞬間歸零。此位友人是中型企業老闆，財力雄厚，尚可承擔損失，但是，如果是一般上班族，後果不堪設想，因此，當保險業務員向你推銷「投資型壽險」保單時，宜先探一探自己的口袋有多深！

第六章比較分析三種類儲蓄險的「定期壽險」、「小額終身壽險」及「傳統年金險」，對於不想承擔風險，也不想嘗試股票、基金及債券等投資方式的人，可考慮此三種「接近零風險」的保單，各有優缺點，通常，如果能持有保單20年以上，尚可領回比目前銀行定期年利率（0.85%）稍高的獲利；其中的（非投資型）傳統年金險雖然有「終身給付」的選項，理論上是「活愈久、領愈多」，但是，能活多久並非自己所能掌握，若再考慮通膨率因素的損失，應該不是最佳選項。

　　第七章是站在消費者的立場，探討哪些保險是適於上班族購買，保險，經過多年來的洗腦教育，已成為現代上班族的生活顯學，保險的雙十原則：「10%年薪買保險，10倍年薪當壽險保額」，是保險業務員推銷用的洗腦術語，事實上，年薪30萬元的低薪族，就能以5%年薪買足500萬元以上的保障險。消費者在買保險之前，宜先回顧自己已有哪些政府版的保險，再扣除汽機車險的保障之後，才買適量的保險來補足保障不足的缺口。

　　第八章是基於「保險歸保險、投資歸投資」的準則，提出自助式的「永續型壽險」，既不失純保障壽險的功能，亦有低風險、中獲利的投資功能，以「9檔不倒金融股」為投資標的，取代「投資型壽險」高風險的自選基金，「永續型壽險」的保障性與安全性均優於「投資型壽險」，是保守型／穩健型的上班族可考慮的選項。

　　「永續型壽險」，是「低保費的純保障壽險⊕穩健獲利的不倒金融股」組合，可供不想承擔高風險的保險儲蓄族參考；

「不倒金融股」存股SOP，是拙作「拒當下流老人的退休理財計劃」的精華篇，如果月存1萬元，則65歲退休時，可以「週休7日領7萬」，「本金會增值、股利夠開銷」，才能安穩快樂活。

本章提供9檔穩健獲利之「不倒金融股」的近15年統計資料，平均年殖利率（報酬率）為5.43%，比政府六大基金的報酬率（4.51%）高20%；「不倒金融股」有政府及金管會的撐腰，倒閉風險大概是電影／電視劇：①「彗星撞地球」、②「明天過後」及③「日本沉沒」的台灣版，以及④「2034全面開戰」的真實版，如果你敢錢存一般銀行，為何不敢買不倒金融股？

本書的最大特色，是以保險公司DM上的範例，以及實際之投資型壽險的「保單對帳單」作分析評估，是一本以「局外人觀點看保險」的實務性參考書；對保險公司的業務立場而言，「保險雙十準則」沒有錯，但對要保人而言，保險雙十準則應修正為：「保險伍十準則：≦5%年薪買≧500萬元保險，存款≧10倍年薪可不保」。

「富人不需買保險、窮人買不起保險」，只有孜孜矻矻的上班族才會拼命（為家人）買保險，台灣的保險滲透度連續12年全球第一，如何買到適量／適當的保險，就看要保人對保險商品的（正確）了解程度有多少，若僅聽保險業務員的片面推銷術語，多會買到太多不適當的保單；買保險應量力而為，「買多保險」不如「買對保險」，「保險／投資分開做，保障／獲利加倍得」！

第 1 章

「買多保險」
不如「買對保險」

1-1. 台灣人保單持有率全球第一，仍感保障不足

　　約在 1990 年代以前，大多數人少有保險觀念，當時，保險是離職率超高的行業，業務員多半要靠親友投保來撐業績；如今，時代不同了，上班族多有保險觀念，會主動上網找自己認為適當的保險商品，而保險業務員也不再辛苦幹，靠著電話及網路行銷，即會有源源不斷的業績，以 2021 年「新冠肺炎」三級警戒期間為例，保險業務員居家上班，業績照樣嚇嚇叫，依調查資料顯示，民眾買保險的三大資訊來源是（1）網路信息、（2）親友推薦和（3）業務員介紹。

　　台灣人超愛保險，有多愛？台灣的保險滲透度（＝全國總保費收入 ÷ GDP × 100％），連續 12 年蟬聯「全球第一」至 2019 年為止；依瑞士再保研究院（Swiss Re Institute sigma）的研究報告，圖 1-1.（A）是 2019 年全球保險滲透度排行榜，台灣以 19.97％榮居榜首，保險滲透度 19.97％的概念，是台灣人平均每賺 100 元，就花 19.97 元來買保險商品，直到 2020 年時，香港後來居上，台灣退居第 2 名（※圖 1-1.（B））。

圖 1-1 （A）全球保險滲透度（%）排名（2019 年）

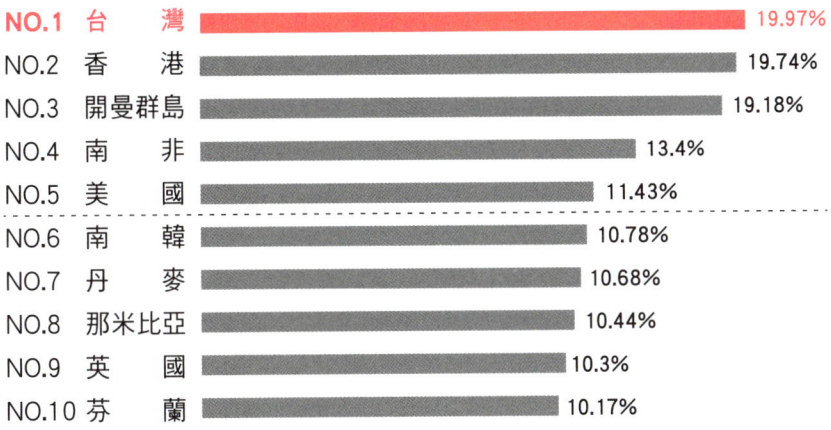

圖 1-1 （B）全球保險滲透度（%）排名（2020 年）

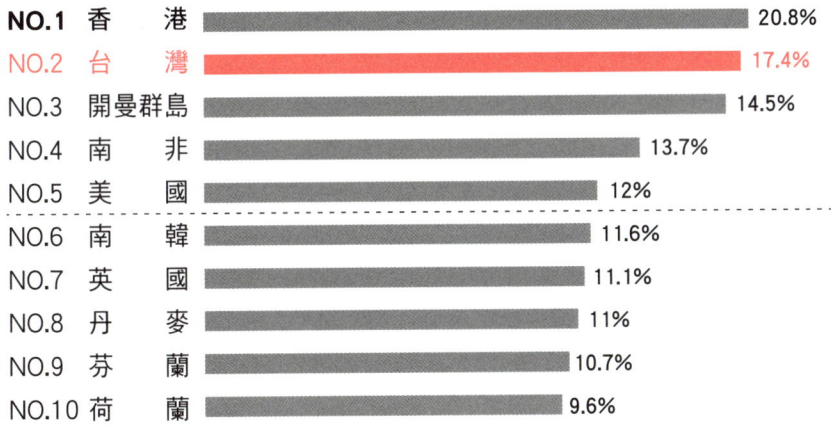

資料來源：（1）Swiss Re sigma No.4／2020, Table IX. Insurance Penetration（※本書製圖）
　　　　　（2）Swiss Re sigma No.3／2021, Table IX. Insurance Penetration（※本書製圖）

　　圖 1-2 是 2020 年全球保險密度（＝全國總保費收入÷總人口數）排行榜，台灣位居第 11 名，亦即台灣平均每人每年的保費支出是 4,800 美元（≒13.5 萬元台幣／年.人≒11,250 元／月.人）；然而，平均每人持有 3.3 張保單（※2020 年台灣總人

口 2,356.1 萬人），也是全球第一，高於全球平均的 2.3 張；但是，您買的「保險」，到底「保不保險」？

圖 1-2 　全球保險密度排名（2020 年）（美元／年.人）

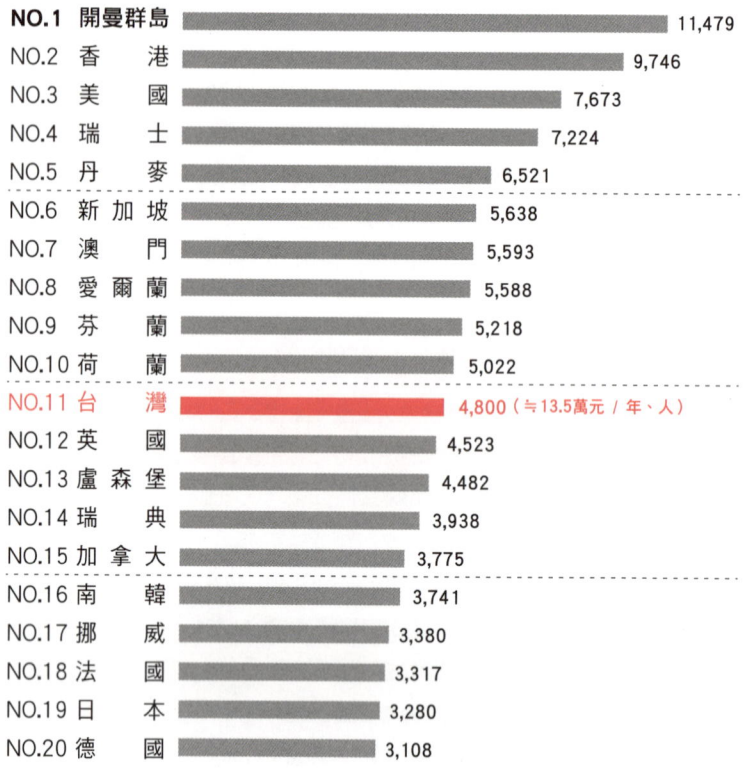

NO.1 開曼群島 11,479
NO.2 香　　港 9,746
NO.3 美　　國 7,673
NO.4 瑞　　士 7,224
NO.5 丹　　麥 6,521
NO.6 新 加 坡 5,638
NO.7 澳　　門 5,593
NO.8 愛 爾 蘭 5,588
NO.9 芬　　蘭 5,218
NO.10 荷　　蘭 5,022
NO.11 台　　灣 4,800（≒13.5萬元／年、人）
NO.12 英　　國 4,523
NO.13 盧 森 堡 4,482
NO.14 瑞　　典 3,938
NO.15 加 拿 大 3,775
NO.16 南　　韓 3,741
NO.17 挪　　威 3,380
NO.18 法　　國 3,317
NO.19 日　　本 3,280
NO.20 德　　國 3,108

出處：Swiss Re sigma No.3／2021, Table VIII. Insurance Density（※本書製圖）

　　法國巴黎保險集團的「2019 年全球保障型保險受訪者調查報告」顯示，台灣人的壽險保單持有率為 66%，高於日本的 55% 及韓國的 51%（※全球平均 47%），原因是台灣人喜歡買儲蓄壽險。此外，台灣人投保最希望對抗的風險是「住院治療」，其次是「身故」及「罹患重疾」，有別於多數國家的①重大疾

病／癌症險、②住院醫療險,和③意外險,而且台灣人很希望「無理賠時可退回保費」。台灣人雖然擁有全球最多的保單,卻仍覺得「保障不足」,將來最想買的保單是「長期照護保險」(長照險)」。

台灣金融研訓院於 2020 年 10 月公佈的「2020 台灣金融生活調查」報告(※對象:全國 15 歲以上民眾,成功樣本數 22,601 份),如圖 1-3 的數據顯示,自認為已有足夠保險保障的受訪者僅占 53.1%(47.9%＋5.2%)。

圖 1-3　僅 53.1%的人認為已有足夠的保險

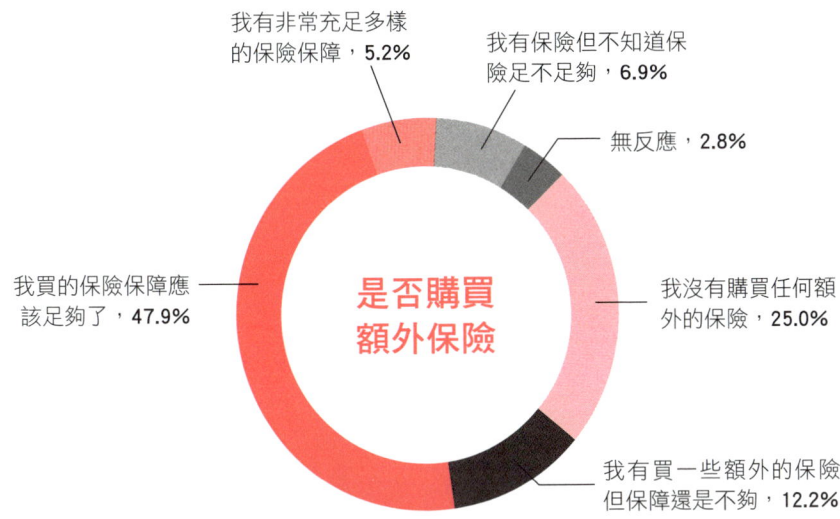

資料來源:台灣金融研訓院「2020 台灣金融生活調查」(2020／10)

或許,投保太多了,有些人甚至忘了(長期)壽險保單的存在;金管會曾要求壽險公司及產險公司,全面清查以往失聯保單客戶的未給付保險金,清查結果是「在 2016 年 4 月之前,

應付而未付的保險金高達 108 億元」，經過三年多的積極尋找失聯保戶／受益人之後，到 2019 年 6 月已找到 79 億元的保險金要保人／受益人，尚有 29 億元仍找不到要保人／受益人，而無法退錢。

　　2019 年台灣的人均 GDP 25,539 美元，全球排行第 33，但是，壽險滲透度卻是連續 12 年全球第一，台灣人平均以五分之一的薪水買保險，似乎太多了！繳了許多保費，卻仍感覺保障不足，是不是投保觀念有偏差？

1-2. 國內 97.5%的上班族擁有保單，靠得住嗎？

2014 年 8 月，康健人壽保險公司曾公開一份由「TNS 模範市場研究顧問公司」，針對 25 歲～65 歲上班族（※樣本數 1,000 人）所執行的「跨世代健康認知、生活型態與保險購買行為大調查」報告，此份報告不同於一般為推廣保險商品所做的市調報告，可作為了解國內保險生態的參考。

如圖 1-4 所示，受訪者不論是目前已擁有保單者，或是將來想買保單者，均以（A）「健康險（醫療險）」居多、（B）「傷害險（意外險）」居次、（C）「人壽險」第三及（D）「年金險」墊後。

圖 1-4 「保單類別」調查統計（※可複選）

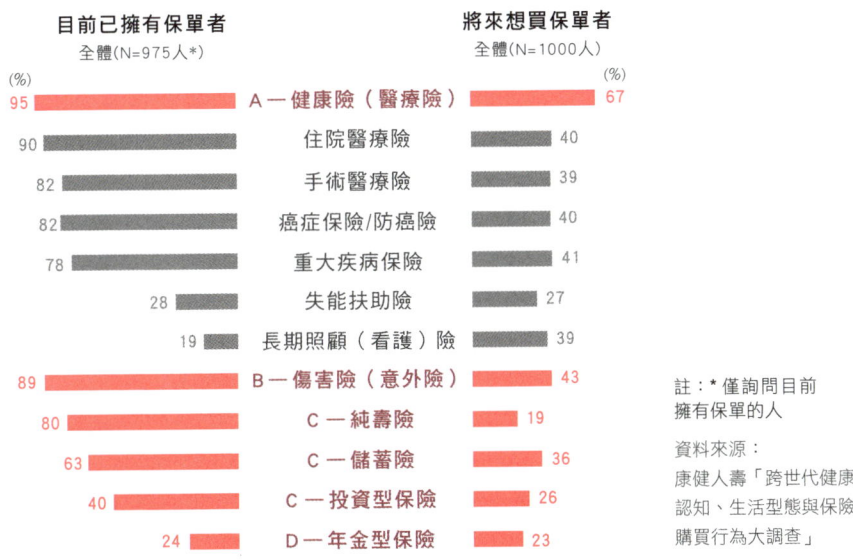

註：＊僅詢問目前擁有保單的人

資料來源：
康健人壽「跨世代健康認知、生活型態與保險購買行為大調查」

此外，在受訪的 1,000 人當中，高達 97.5%的人已有購買保險，如圖 1-5 所示，自己已擁有保單的張數平均為 3.06 張，但是，為家人購買保單的張數更多，平均為 3.22 張，而這些為家人買保單的比例如表 1-1 所示，平均占比為 76.2%（＝743 人÷975 人），以為子女買保單者居絕大多數，占 85%，真是殫財竭力兒女事、茹苦含辛父母心。

25～34 歲的築夢小資族為子女買保單的比例僅 48%，原因是 74%的受訪者尚沒有小孩；年齡在 35～44 歲的成家立業族，有小孩的比例為 77%；年齡在 45～54 歲的事業攻頂族，有小孩的比例為 90%；年齡在 55～65 歲的樂活守護族，有小孩的比例為 94%，此族群應該多是為了退休資金或轉移資產給子女做準備。

圖 1-5 「持有保單張數」調查統計

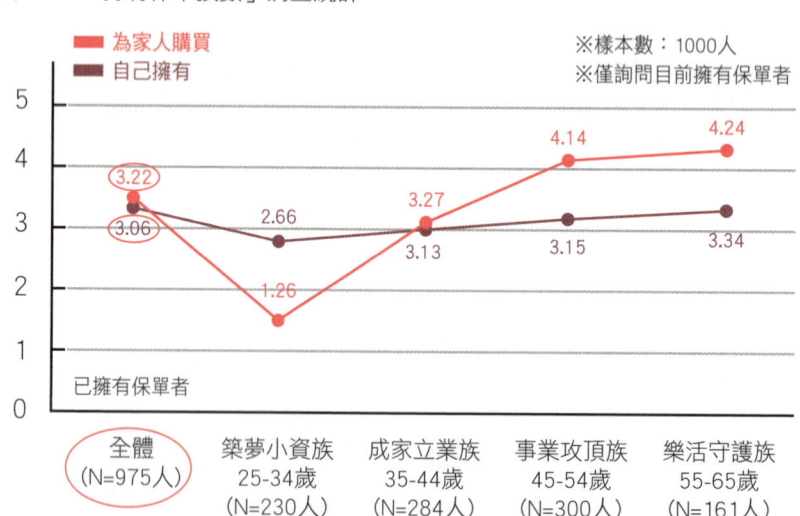

資料來源：康健人壽「跨世代健康認知、生活型態與保險購買行為大調查」

表 1-1 「為誰投保」調查統計

比例（%）（※可複選）(有為家人買保單的人)	全體	年齡層別			
		築夢小資族 25-34歲	成家立業族 35-44歲	事業攻頂族 45-54歲	樂活守護族 55-65歲
（受訪人數）N＝	743人	103人	240人	260人	140人
1 子女	85	48	86	93	94
2 配偶	64	40	61	75	69
3 父母	23	48	26	15	12
4 其他家人	6	17	2	4	6
5 孫子女／外孫子女	2	-	-	1	6
6 祖父母／外祖父母	0	1	-	0	1

註：＊深紅色表示 95% 的信心水準下顯著較高

資料來源：康健人壽「跨世代健康認知、生活型態與保險購買行為大調查」

由表 1-2 的數據顯示，居然有 71%的已有保單者，在 24 歲前就第一次買保險（※看不出是自己買或是父母買），而（55～65 歲）樂活守護族，在 24 歲以前首次買保單者僅占 14%，可能原因是在三、四十年前尚未被保險觀念洗腦而未買保險。

表 1-2　首次購買保險的年齡

已有保單人數（N=975 人）(%)	築夢小資族 25-34 歲（230 人）	成家立業族 35-44 歲（284 人）	事業攻頂族 45-54 歲（300 人）	樂活守護族 55-65 歲（161 人）
≦24 歲　47	71%	61%	32%	14%
25-29 歲　31	27%	30%	40%	24%
30-34 歲　12	2%	8%	17%	22%
35-39 歲　6	-	1%	9%	19%
40-44 歲　3	-	-	2%	13%
45-49 歲　1	-	-	-	6%
50-54 歲　0	-	-	0%	1%
55-59 歲　0	-	-	-	1%

註：深紅色表示 95% 的信心水準下顯著較高

資料來源：康健人壽「跨世代健康認知、生活型態與保險購買行為大調查」

　　2000 年時，台灣共有 30 家壽險公司（※本土 24 家和外商 6 家），當時的保險法規漏洞多，曾發生多起惡意掏空的事件，近 10 多年來，金管會數次修改保險法，加強監管措施，一則保障消費者，二則提高保險公司品質；於 2020 年時，已整合為 22 家壽險公司（※本土 19 家和外商 3 家），依照以往保險業的併購整合紀錄來看，例如台灣人壽曾併購大都會人壽、宏利人壽，國泰人壽併購國寶人壽、幸福人壽及南山人壽併購朝陽人壽等 10 多次的併購案，大者恆大，所以，壽險公司之規模會愈來愈大，而壽險家數會逐漸減少到某一程度。

　　台灣的超高保單普及率，造就了如今的壽險行業，根據壽險公會的統計資料，保險業務員登錄人數達 39.6 萬人，保險業資產占金融機構總資產的比率高達 36.33%，足見保險業已成為

熱門行業。

　　以前的保險業務員要勤訪（潛在）客戶套交情，拜訪 10 人能賣一張保單就不錯了，現在是保險業績自動上門，上班族買保險很簡單，在網路上按鍵填資料即可輕鬆投保，這或許是保險業快速成長的原因之一，但也是一般人很容易買到不合適保單的原因之一。

　　網路上，除了各保險公司的網站，行銷自家的保險商品文宣外，尚有許多獨立保險經紀人的網站，各種保險商品的文宣下載、立即試算、立即投保等均可連結，若想要買保險或了解保險商品並不難，但是，想要買到合適的保險商品則不容易，因為保險文宣看多了，不知不覺中就會被洗腦，而買到不合適的保險。

1-3. 先了解「保險常識」，以免花冤枉錢

　　沒有（保險）知識，也要有（保險）常識，知識是專家才懂的專業，若是大多數人知道的事，就成為常識，就像是地球是圓的，雖然，葡萄牙人麥哲倫於西元1519年9月，由西班牙出發向西航行，花了3年多又回到原點，已證實了地球是圓的，然而，此後的300年間，仍然只是科學家／天文學家才理解的知識，如今已成為小學生就知道的常識。

　　如何把保險知識轉為保險常識，二、三十年以前，需要讀大學的銀保系／財經系，才能累積保險知識，如今，簡單多了，多看網路上的保險資訊，加上常識邏輯分析之後，就能了解保險常識。

　　依保險法第13條規定，保險分為「人身保險」與「財產保險」兩大項，「人身保險」包括人壽險、健康險（醫療險）、傷害險（意外險）及年金險四種類；「財產保險」包括火災險、海上險、陸空險、責任險、保證險及經主管機關核准之其他保險。

　　本來，「人身保險」是壽險公司的業務，「財產保險」是產險公司的業務，涇渭分明，然2000年以來，保險法經過數次修改，現在這兩類保險公司的險種已有重疊之處，例如，醫療險、重大疾病險、意外險及旅遊平安險等，壽險公司及產險公司均可販售。

壽險公司與產險公司之業務重疊的項目，主要不同之處，是產險公司並不「保證續保」，亦即一旦發生事故理賠之後，下一次就可能無法再投保此項險種（※此家不保別家保）；壽險公司的商品，是以長期商品為主，大多為「保證續保」，即使一旦今年出事故理賠之後，隔年仍可繼續投保，不過要看清楚保單條款，並不是所有壽險公司販售的商品都是「保證續保」；因為產險公司的商品是「不保證續保」（※事實上，只要依規定繳保費，多可逐年「自動續保」），所以，即使是相同的險種與保障項目，其保費較便宜，而且產險公司之意外險商品的認定，可能比較寬鬆。

　　「保證續保」並不保證「不調高費率」，一般長期壽險商品的保費多是固定的（※平準型費率），在大多數的（1年期）短期保險，為了行銷考量，可能在契約上明定「本契約保險（一年）期滿時，要保人得續繳保險費，使本契約繼續有效，本公司不得拒絕續保」，這就是「保證續保」條款（※不保證續保費率不變），保險公司不得以被保人身體狀況變差或其他原因拒絕續保。然而，保險公司得依實際狀況調高保費，曾經有一張熱銷的醫療保單附約，就對某一年齡層的客戶，調漲一倍以上的保費。

　　「財產保險」，是以產物、財產或責任為保險標的物，常見的有汽機車險、天災險、火災險、地震險、工程險及（建築師、技師等）專業責任險等，也可以販售與人有關的險種，可販售短（年）期的醫療險、意外險、旅平險等；但是，產險公司仍不能販售人壽險及年金險等。

「人身保險」，是以被保險人的生命或身體為保險標的物，包括（1）傷害險（意外險）、（2）健康險（醫療險）、（3）人壽險，和（4）年金險，當然，保險商品常會加冠上一些還本、增值、分紅、投資等能引人注意的名稱，而衍生出如長照險、失能（扶助）險，以及利（率）變（動）型、增額型、終身型、還本型、投資型、類全委、附保證等數百種不同名稱的保險商品。

人壽險分為（1）生存險、（2）死亡險，和（3）生死合險三種；（1）生存險是被保人屆保險期滿仍然生存時，保險公司依約給付保險金，若被保人在保險期間死亡，壽險公司不給付保險金，也不退還保費，是儲蓄型的保險，生存險又被稱為狹義型儲蓄險（※保險法沒有儲蓄險名稱）；（2）死亡險是被保人在保險期間死亡，保險公司依約給付保險金，又分為定期險和終身險；（3）生死合險是被保人在保險期間死亡，保險公司依約給付死亡保險金，若保險期間仍然生存時，則可領取滿期保險金，生死合險有「儲蓄+保障」功能，又被稱為養老險。

目前一般人所稱的儲蓄險、儲蓄型保險或儲蓄壽險，多是指廣義型儲蓄險（≒生死合險），意即期滿生存時，可領生存保險金，保險期間死亡或完全失能時，可領理賠金，具保障和儲蓄雙功能，郵局的「簡易人壽保險」即是典型的儲蓄險商品；依「簡易人壽保險法」第4條規定：「簡易人壽保險包括生存保險、死亡保險及生死合險，並得以附約方式經營健康險（醫療險）及傷害險（意外險）」。

郵政簡易壽險很單純，通常不需要健康檢查，投保金額最低 10 萬元，最高為 200 萬元，比較大眾化，以儲蓄壽險保單為主，中規中矩的給付項目只有四項：（1）身故保險金、（2）完全失能保險金、（3）期滿金及（4）生存保險金，再搭配健康險及傷害險商品，僅有 10 餘種保險商品。

因為郵局的據點多，廣泛接觸基層民眾，早年不少人到郵局存錢時，因而購買 6 年以內的儲蓄險，期滿時，利息與定期存款相差不多，老婆在結婚之後（※月薪不到 4,000 元），就陸陸續續買了郵局 N 張 2 萬元的儲蓄險保單，單純把儲蓄險當成銀行定存以外之理財工具用（※1980 年以前銀行定存利率約 8%～12%），而她一輩子未投保其他的商業保險。

不少人買保險時，多希望能「保本金」，而誤把儲蓄壽險當成具有平安儲蓄、身故保障功能的保單，這是在 2019 年以前，≤6 年儲蓄險保單暢銷原因之一；據金管會統計資料，2018 年共有 19.6 萬保戶不幸過世，但是，平均每人領的死亡給付只有 50.8 萬元。金管會為了改善「高保費、低保障」的偏差，已於 2020 年 7 月 1 日正式實施保險新制，大幅提高壽險「死亡給付的下限」，也就是提高被保人的「身故／完全失能」保障，因而使重儲蓄、輕保障的舊儲蓄險保單被迫退出市場。

在舊儲蓄險保單停賣，以及目前銀行存款利率愈來愈低之際，一般人開始轉向到「投資型保單」，並誤以為「投資型保單」是一兼二顧「保險⊕投資」，根據推銷「投資型保單」業務員的說法是：「保障、投資及退休養老，一次擁有」，真有

　這麼好康嗎？保險公司拿您的部份保費，去投資股票、期貨等可能較高獲利的商品，因此，一則應有的保障減少了，二則投資並非穩賺不賠，亦即是，事故理賠時，才發現理賠金遠低於期待值，或者投資失利時，造成滿期金／解約金的減少。

　不管保險商品（DM）的名稱為何，人身保險商品的基本分類是（一）定期型和（二）終身型，再衍生出增額型、分紅型、利變型、投資型（變額、變額萬能、變額年金）、類全委型、附保證型、養老型、長照型及年金型等保險商品，再搭配意外險、醫療險、癌症險、重大傷病險、重大疾病險、失能險、大眾運輸險及燒燙傷險等附約，而成為上千種琳瑯滿目的保險商品。

　儘管保險法中，有條文規定各種保險商品的保障範圍，但是，條文多有「灰色地帶」，難以明確區分，表 1-3 是本書所整理之壽險公司的人身保險族譜，人身保險分為（1）傷害險、（2）健康險、（3）人壽險和（4）年金險四大類，（1）傷害險及（2）健康險雖然是屬於保障型商品，但也有投大眾所好的還本型，（3）人壽險具有「儲蓄兼保障」功能，（4）年金險則以儲蓄養老為訴求，但無明確限制；保險的名稱噱頭很多，商品種類多達上千種，商品 DM 中只談優點、特例，很容易被洗腦而接受（※大家都說，就是對的），所幸，網路上還是有少數持不同看法的文章，多聽些不同意見再下決定，或許才是明智的做法。

表 1-3　人身保險族譜

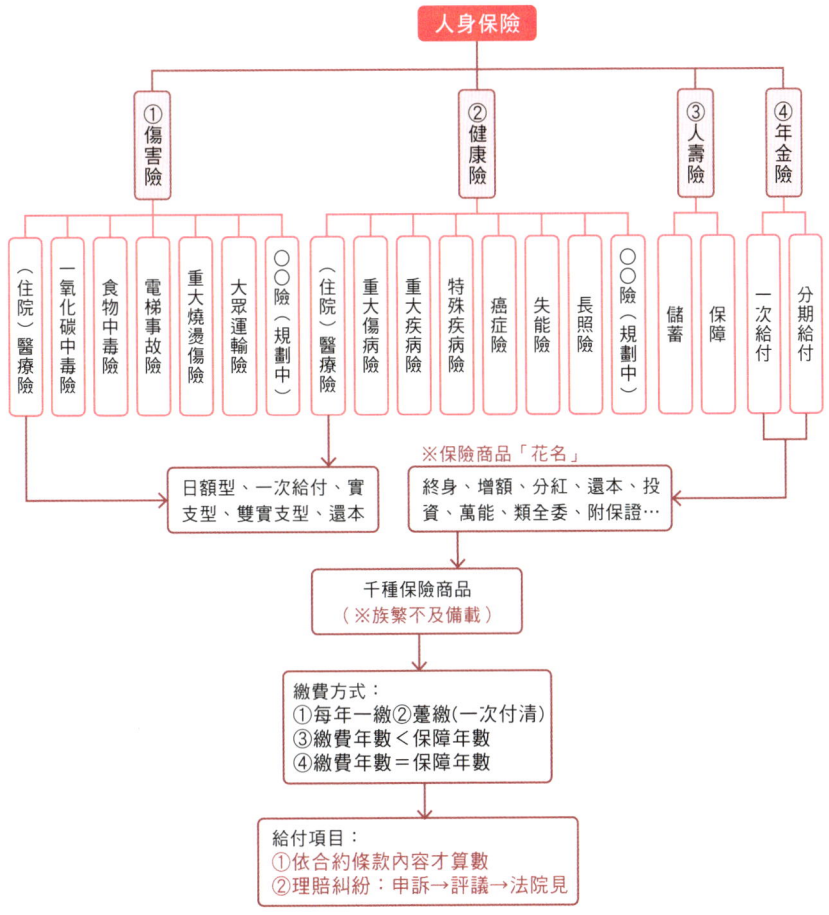

資料來源：本書參考市售保險商品之資料整理

　　保險商品的合約條款很複雜，老實說，看不太懂，問了保險業務員還是聽不懂；想要從上千種的保險商品中挑選出合適的保單，確實有難度。最後的結論是「保險公司不是慈善事業，收你高額保費，給你少量保障，而最後保單投資的風險，還得自己承擔」，因此，很容易買到不合適（※高保費、低保障）的保單。

1-4. 壽險公司的十大觀察指標

　　保險公司的主管機關是「金融監督管理委員會」（金管會）／保險局，在保險局的官網中，每個月均會更新「保險市場重要指標」統計分析表，而各壽險公司也需依「人身保險業辦理資訊公開管理辦法」，公開財務狀況及商品種類等資訊，在「保險業公開資訊觀測站」，可查閱各保險公司之每年每季的基本資料、董監事／主要股東明細表、資產負債表、資金運用表、綜合損益表、現金流量表、準備金表等重要資訊，目前的保險法已日趨完善，當保險公司有財務危機而無法繼續經營時，主管機關（金管會）會主動介入接管，使保戶之權益受到某種程度的保障。

　　在「保險業公開資訊觀測站」之各保險公司（壽險＋產險）的公開資訊很多，有些是涉及專業人士才需要看的資料，或者是消費者沒興趣的數據，本單元只提出容易了解的十項重要觀察指標。

　　台灣 22 家人壽保險公司的十大重要觀察指標如表 1-4 所示，可了解各壽險公司的重點營運狀況，分別說明如下：

表 1-4　壽險公司八大體檢指標（2020年）

項次	公司名稱	(一)資本適足率(%)	(二)淨值比(%)	(三)資產報酬率(%)	(四)權益報酬率(%)	(五)純益率(%)	(六)人壽險保費占比(%)	(七)投報率(%)	(八)實收資本額(億元)	(九)市場占有率(%)	(十)負債/資產占比(%)
1	臺銀人壽	176.42	3.40	-0.61	-15.91	-4.68	②91.54	2.36	325.0	1.47	96.62
2	保誠人壽	315.80	14.60	0.77	7.17	3.80	④89.61	7.33	107.3	1.14	88.53
3	台灣人壽	309.41	7.18	0.85	12.90	5.95	72.56	3.58	⑤558.8	⑥6.60	93.26
4	國泰人壽	360.13	10.64	0.74	7.95	5.71	71.50	3.60	④585.2	①21.05	90.61
5	中國人壽	287.77	8.41	0.74	9.65	4.81	⑤86.74	3.34	⑥473.1	⑤8.14	91.91
6	南山人壽	259.73	10.25	0.77	8.54	6.48	69.16	3.78	①1,382.2	③12.30	90.17
7	新光人壽	212.62	4.96	0.25	4.49	1.74	⑥84.89	3.62	③666.3	④9.45	95.10
8	富邦人壽	298.99	10.60	1.36	14.74	8.43	⑦81.32	3.95	②1,108.3	②17.27	89.89
9	三商美邦人壽	204.70	3.44	0.13	3.41	0.92	57.83	2.99	250.2	4.22	96.85
10	遠雄人壽	277.64	6.29	0.59	10.56	3.38	71.89	3.40	124.3	2.47	93.73
11	宏泰人壽	164.37	2.78	0.01	0.51	0.15	77.49	3.84	243.9	0.62	97.23
12	安聯人壽	775.05	24.55	0.47	8.49	3.12	69.46	2.19	83.0	2.35	93.77
13	中華郵政	290.61	4.45	-0.11	-2.87	-0.61	①99.98	3.24	200.0	3.75	95.55
14	第一金人壽	325.78	7.81	0.76	14.02	2.73	20.05	2.86	42.5	0.51	94.31
15	合作金庫人壽	1,618.40	28.60	0.71	9.25	15.51	58.13	0.59	68.8	0.42	91.38
16	保德信人壽	268.96	5.70	-0.28	-5.74	-2.30	69.34	2.54	49.6	0.50	95.05
17	全球人壽	353.16	6.41	0.61	14.55	5.45	72.20	3.60	64.4	2.95	95.38
18	元大人壽	597.29	8.71	0.58	8.42	3.03	③90.63	3.46	237.4	1.65	91.34
19	康健人壽	717.91	31.20	2.52	10.15	8.36	⑧5.31	0.99	20.0	0.38	74.92
20	友邦人壽（外商）	438.93	7.43	0.81	11.12	2.84	59.59	4.89	43.5	0.40	92.58
21	巴黎人壽（外商）	1,222.72	31.53	0.76	26.70	15.48	45.41	0.17	43.4	1.40	96.81
22	安達人壽（外商）	336.00	15.10	-0.08	-7.79	-0.36	61.56	0.12	22.1	1.06	98.91

資料來源：保險業公開資訊觀測站

033

（一）資本適足率、（二）淨值比

此兩項指標是金管會對保險公司的監管重點，是衡量保險公司清償能力的重量指標，自 2020 年爆發新冠肺炎之後，有數家保險公司之「資本適足率」或「淨值比」偏低，而被金管會要求限期改善；當壽險公司連續兩期（※一期半年）之「資本適足率」≦200%或「淨值比」≦3.0%時，就會被金管會要求提出限期改善方案。

如表 1-4 中的宏泰壽險公司，於 2020 上半年，「淨值比」僅 1.88%，2020 下半年之「資本適足率」僅 164.37%，宏泰壽險公司只好標售土地換現金、減資再增資的方式來化解危機，看來似乎奏效了，2021 上半年「資本適足率」升為 232.24%，「淨值比」升為 3.38%。

保險公司是收取客戶的保費去從事投資，賺取利潤，2020 年人身保險業的「保費收入」為 3,163,965 百萬元，「保險給付」為 1,872,992 百萬元，占保費收入的 59.2%，在 2011 年～2020 年的 10 年間，保費給付／保費收入之占比平均為 54.4%，由此可知，除非是惡意掏空、人謀不臧及管理不當等人為過失，否則保險公司應該是穩賺不賠的。

（三）資產報酬率、（四）權益報酬率、（五）純益率

此三項和股票市場的名稱／定義一樣，三者之間有互動關係，（三）資產報酬率（ROA）較適用於保險業與銀行業；（四）權益報酬率（ROE）則較適用於一般行業；（五）純益

率＝稅後損益÷營業收入總額，簡單易懂，純益率若為負值，就是虧損。

如表 1-4 所示，2020 年度之資產報酬率（％）、權益報酬率（％）和純益率（％）為負值（※虧損狀態）的壽險公司有 4 家，國營的臺銀人壽及中華郵政，因作風保守，欠缺保險專長，只專注於人壽險，尚可理解；然而，民營壽險公司處於虧損狀態，若需進一步了解詳情，可查閱財務報告或會計師查核報告等資料。

此外，在觀察壽險公司是否營運正常，至少應看近 10 年的財務報表等資料，表 1-5 是 22 家壽險公司近 10 年（2011～2020 年）的純益率（％）統計表，共有 8 家（※占 36.4％）的平均純益率為負值，一些資本額較低且多年處於虧損狀態的公司，將來不無被併購整合的可能。

表 1-5 人壽公司歷年之純益率統計表

	壽險公司	2011	2012	2013	2014	2015	2016	2017	2018	2019	2020	平均
		純益率（%）										
1	臺銀人壽	0.56	0.32	-0.55	-1.75	-6.11	-5.19	-6.03	-1.74	-3.61	-4.68	-2.88
2	台灣人壽	0.49	2.35	0.66	2.12	-2.56	1.68	3.01	2.44	4.40	5.95	2.05
3	保誠人壽	-4.60	5.53	12.40	1.95	-3.30	2.65	2.41	1.20	1.38	3.80	2.34
4	國泰人壽	0.08	0.48	2.34	4.16	5.31	3.60	4.21	3.78	4.17	5.71	3.38
5	中國人壽	2.65	3.14	2.29	3.36	4.50	3.99	3.56	3.01	4.01	4.81	3.53
6	南山人壽	1.25	2.02	3.41	4.15	3.98	3.96	3.25	4.17	5.45	6.48	3.81
7	新光人壽	0.86	1.93	2.67	0.58	0.05	0.04	1.85	1.28	2.88	1.74	1.39
8	富邦人壽	2.61	2.66	3.91	6.84	7.01	4.70	5.14	3.91	3.60	8.43	4.88
9	三商美邦	0.81	1.21	1.63	1.56	1.74	1.70	1.72	-0.19	2.80	0.92	1.39
10	遠雄人壽	-6.39	10.56	3.46	8.49	5.94	1.19	2.67	0.85	2.07	3.38	3.22
11	宏泰人壽	-7.10	-8.60	0.20	-3.41	-3.11	-3.57	-2.34	-0.75	-1.19	0.15	-2.97
12	安聯人壽	-0.86	0.37	-0.49	-0.55	-2.03	-0.26	-0.87	-21.40	3.11	3.12	-1.99
13	中華郵政	0.14	0.07	0.15	0.21	0.14	0.15	0.18	0.04	-2.03	-0.61	-0.16
14	第一金	-5.12	-1.51	-0.23	-0.10	-0.78	-1.96	-0.78	-0.81	1.21	2.73	-0.74
15	合作金庫	-2.22	-0.42	0.73	1.12	2.45	3.09	3.49	17.03	3.95	15.51	4.47
16	保德信人壽	2.50	0.58	1.76	3.48	3.31	4.15	0.79	2.22	1.21	-2.30	1.77
17	全球人壽	4.63	3.59	-2.66	1.47	4.97	2.36	2.13	3.05	1.79	5.45	2.68
18	元大人壽	4.81	-4.34	0.99	-1.49	-6.65	-1.61	-0.37	0.58	1.57	3.03	-0.35
19	康健人壽	-2.83	0.71	-1.55	3.86	7.25	3.95	8.71	7.45	6.22	8.36	4.21
20	友邦台灣	-2.22	-7.28	-4.33	-7.53	-3.45	1.37	-3.41	0.31	4.70	2.84	-1.90
21	巴黎台灣	1.11	0.12	-1.76	-1.73	-0.06	2.81	1.42	3.29	2.22	15.48	2.29
22	安達台灣	-15.06	-5.06	-3.12	1.18	2.35	0.31	-0.78	0.81	0.11	-0.36	-1.96

資料來源：保險業公開資訊觀測站

（六）人壽險保費占比

「人壽險保費占比」可了解保險公司的業務導向，壽險公司的主要業務是「人身保險」，包括（1）人壽險、（2）傷害險（意外險）、（3）健康險（醫療險）和（4）年金險四大類，表1-6是「人壽險占比」在80%以上7家壽險公司和1家「人壽險占比」異常低的壽險公司，臺銀人壽和中華郵政是唯二的國營壽險公司，以人壽險為主，尤其是中華郵政人壽險保費占比高達99.98%，臺銀人壽居第2名（91.54%），自2020年7月1日金管會實施保險新規（※「健全保險商品結構相關規範」）之後，縮減了保險公司的儲蓄壽險利潤空間，傳統的儲蓄壽險（※重儲蓄、輕保障）被迫退場，此兩家國營的儲蓄險大戶算是重災戶，也只能朝降低人壽險比重，提高傷害險、健康險及年金險比重的方向出發。

傷害險及健康險是屬於保障型險種，也是理賠（認定）糾紛較多的險種，雖然是由相同的業務人員負責銷售，但是，專業領域與人壽險／年金險有所差異，郵政壽險雖然有據點優勢，但難以克服缺乏保險業務和投資人才的窘境，而臺銀人壽則有政府政策的重擔，必須承接軍公教保險等的業務，經營保守，難以轉型，此兩家國營壽險公司，若非有富爸爸撐腰，恐難逃被接管併購的命運。

至於康健人壽的人壽險保費占比最低（5.31%），是以健康險為主力，占比為64.81%，術業有專攻，廣告／宣傳能力強，實收資本額最低（20億元），負債／資產占比例最低（74.92%，其他公司均≧90%），市場占有率（0.38%）也最

低,康健人壽是小而美的壽險公司,自 2014 年以來的純益率（%）,不輸於前六大壽險公司。

表 1-6　高人壽險占比之壽險公司各險別的保費收入占比

項次	公司名稱	2020年 人壽險	傷害險	健康險	年金險	2019年 人壽險	傷害險	健康險	年金險
1	中華郵政	99.98%	0.01%	0.01%	0.00%	99.98%	0.01%	0.01%	0.00%
2	臺銀人壽	91.54%	0.45%	2.57%	5.45%	91.32%	0.38%	2.31%	5.99%
3	元大人壽	90.63%	0.40%	8.88%	0.08%	91.04%	0.37%	8.47%	0.13%
4	保誠人壽	89.61%	0.32%	9.95%	0.12%	74.69%	0.24%	8.02%	17.05%
5	中國人壽	86.74%	1.38%	8.35%	3.54%	80.36%	1.31%	7.58%	10.75%
6	新光人壽	84.89%	2.56%	11.58%	0.96%	85.73%	2.50%	10.92%	0.85%
7	富邦人壽	81.32%	1.24%	7.98%	9.46%	84.22%	1.14%	7.23%	7.41%
8	康健人壽	5.31%	29.88%	64.81%	0.00%	6.22%	27.57%	66.21%	0.00%

資料來源:保險業公開資訊觀測站

(七)投(資)報(酬)率

投報率＝淨投資收入 ÷（期初資產總額＋期末資產總額－淨投資收入）

投報率是指保險公司,集合自有資金和客戶保費去投資的收益性,是用來衡量保險公司之獲利能力和投資組合的品質,投報率是保險公司的實際報酬率,投報率關係著投資型／分紅型等商品的假設投報率／宣告利率,保單的投報率愈高,宣告利率也愈高,保費也較便宜,因而較容易得消費者喜愛。因此,壽險公司的保險商品,多列有不負責任的高宣告利率,以吸引消費者目光,大多數的投資型保單列出假設投報率 6%的

收益分析表，以目前的銀行利率及股市投資報酬率而言，似乎偏高太多了。

（八）實收資本額和（九）市場占有率

　　依「實收資本額」，可了解壽險公司的規模，台灣的六大壽險公司依序為①南山人壽、②富邦人壽、③新光人壽、④國泰人壽、⑤台灣人壽和⑥中國人壽，但是，業界也有以「市場占有率」論排名，與「實收資本額」的排名稍有差異，2020年底的排名依序為①國泰人壽（21.05%）、②富邦人壽（17.27%）、③南山人壽（12.3%）、④新光人壽（9.45%）、⑤中國人壽（8.14%）和⑥台灣人壽（6.60%），此六大壽險公司的市場占有率高達74.81%。

（九）負債／資產占比

　　負債／資產占比＝負債總額 ÷ 資產總額，理論上負債／資產占比高的公司，經營風險也高，但是，保險及銀行等金融業者集合客戶的保費或存款去投資賺取利益，所以，金融業者的負債／資產占比多在90%以上，表1-4的康健人壽負債／資產占比僅74.92%，表示自有資本高，而且自2014年以來，純益率（%）高（※表1-5），穩健獲利，應無經營危機。※有些小而美的公司，可能被其他欲擴大版圖的公司相中而被併購。

1-5. 人身保險：只賣給健康的人！

壽險公司的投資報酬率來源有三項：（1）費差益、（2）死差益和（3）利差益；

（1）費差益：壽險公司是商業營利機構，所以，有一定的營業成本，包含業務佣金、人事費用、營運費用等，當實際營運成本低於預定營運成本時，則可賺取「費差益」，反之，則虧損造成「費差損」。

（2）死差益：壽險公司依「生命經驗表」（※表 4-6b 最新版（2021／7／1）第六回），設定客戶的可能平均死亡年齡和死亡率，當保戶的實際死亡率低於預定死亡率時，則可賺取「死差益」，反之，則是虧損，造成「死差損」。

（3）利差益：壽險公司將客戶所繳的保費，去投資可能獲利的商品，其實際的投資報酬率若高於原保單的預定利率時，則可賺取「利差益」，反之，則是虧損，稱為「利差損」。

（1）費差損益、（2）死亡損益和（3）利差損益，均是經壽險精算師精算而來的，約每 3～5 年可能調整保單保費一次，因此，會產生費差損及死差損的機率超低，只有在客戶太少、外幣匯兌損失或人謀不臧等情形時，才會產生費差損，否

則壽險公司是穩賺不賠的。

被保險人的健康狀況會影響死差損益,涉及保險公司的利益,所以,保險業務員招攬業務時,必須做被保險人的健康調查。

買房貸款前,銀行會要求填寫您的職業、月薪／年薪及年齡等,以佐證您的還款能力,以相同的房屋而言,軍公教人員可比一般上班族貸得多;保險公司更誇張,投保之前,保險公司會要求填寫「被保險人健康告知書」之類的表格。依「健康告知書」內容來看,「保險」是只賣給「不需要保險的人」,如表 1-7 所示,人壽保險只賣給「*健康且目前沒有可能致命疾病等 50 種以上病史的人*」,否則,不是保費提高,就是保額減少,如果您沒有表 1-7 中之疾病的健康人,有必要保那麼多保險嗎?※有些保險公司的「健康告知書」甚至還要求填寫被保人之配偶及子女的健康狀況。

表 1-7　某保險公司之「人壽保險健康告知書」

> 1. 最近二個月內是否曾因受傷或生病接受醫師治療、診療或用藥？
> 2. 過去一年內是否曾因患有下列疾病而接受醫師治療、診療或用藥？
>   酒精或藥物濫用成癮、眩暈症、食道／胃／十二指腸潰瘍或出血、潰瘍性大腸炎、胰臟炎、肝炎病毒帶原、肝膿瘍、黃疸、慢性支氣管炎、氣喘、肺膿瘍、肺栓塞、痛風、高血脂症青光眼、白內障、乳腺炎、乳漏症、子宮內膜異位症、陰道異常出血（女性被保險人回答）。
> 3. 過去兩年內是否曾因接受健康檢查有異常情形而被建議接受其他檢查或治療？
> 4. 過去五年內是否曾因患有下列疾病而接受醫師治療、診療或用藥？
>   高血壓症（指收縮壓 140mmHg 舒張壓 90mmHg 以上）、狹心症、心肌梗塞、心肌肥厚、心內膜炎、風濕性心臟病、先天性心臟病、主動脈血管瘤、腦中風（腦出血、腦梗塞）、腦瘤、腦動脈血管瘤、腦動脈硬化症、癲癇、肌肉萎縮症、重症肌無力、智能障礙（外表無法明顯判斷者）、巴金森氏症、精神病、肺氣腫、支氣管擴張症、塵肺症、肺結核、肝炎、肝內結石、肝硬化、肝功能異常（GOT、GPT 值檢驗值有異常情形者）、腎臟炎、腎病症候群、腎機能不全、尿毒、腎囊胞、視網膜剝離或出血、視神經病變、）癌症（惡性腫瘤）、血友病、白血病、貧血（再生不良性貧血、地中海型貧血）、紫斑症、糖尿病、類風濕性關節炎、肢端肥大症、腦下垂體機能亢進或低下、甲狀腺或副甲狀腺功能亢進或低下、紅斑性狼瘡、膠原症、愛滋病或愛滋病帶原。
> 5. 過去五年內是否曾因受傷或生病住院治療七日以上？
> 6. 目前身體機能是否有失明、聾啞及言語、咀嚼、四肢機能障害？

但是，就怕萬一，所以有些保險商品不得不保，「汽機車強制險」就是小資族不得不買的保險，「意外醫療險」是小資族最好要買的保險。

意外險的主要保障是（1）意外造成的身故或失能理賠，以及（2）意外事故所導致之必要醫療費用；表 1-8 是某壽險公司之「傷害險（意外險）健康告知書」，通常一件看似機車事故身亡的意外，也可能是因為高血壓、心肌梗塞、腦中風、癲癇、糖尿病或眩暈症等疾病瞬間發作所造成，而被壽險公司認

定為「非意外」身故,無法獲得意外險理賠,甚至盛夏中暑而死亡,也可能被保險公司認定是「疾病並非意外」,而無法獲得理賠。

表 1-8　某壽險公司之「傷害險(意外險)健康告知書」

> 1. 過去二年內是否曾因患有下列疾病而接受醫師治療、診療或用藥?
>   高血壓症(指收縮壓 140mmHg 舒張壓 90mmHg 以上)、狹心症、心肌梗塞、先天性心臟病、主動脈血管瘤、腦中風(腦出血、腦梗塞)、腦瘤、癲癇、智能障礙(外表無法明顯判斷者)、精神病、巴金森氏症、癌症(惡性腫瘤)、肝硬化、尿毒、血友病、糖尿病、酒精或藥物濫用成癮、眩暈症、視網膜出血或剝離、視神經病變。
> 2. 目前身體機能是否有下列障害(請勾選):
>   失明、曾因眼科疾病或傷害接受眼科專科醫師治療、診療或用藥,且一目視力經矯正後,最佳矯正視力在萬國視力表 0.3 以下、聾、曾因耳部疾病或傷害接受耳鼻喉科專科醫師治療、診療或用藥,且單耳聽力喪失程度在 50 分貝(dB)以上、啞、咀嚼、吞嚥或言語機能障害、四肢(含手指、足趾)缺損或畸形。

有位 36 歲的山友本來想投保 200 萬元意外險,因為在填寫「健康告知書」時,誠實勾選「高血壓症」,結果,保費被提高,保額被降為 100 萬元。

為了保障消費者,金管會亦訂有「保險業務員管理規則」,保險業務員招攬業務時,也需填寫「保險業務員報告書」,除了要詳細填寫要保人/被保人/受益人的資料外,也需誠實確認要保人/被保人/是否符合投保之條件,其中有二項風險條件,也是消費者買保險之前要注意的風險:

(1) 招攬以外幣收付之保單時,是否已向要保人確認有外幣需求及承擔匯率風險的能力?

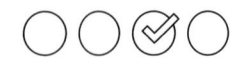

（2）招攬分紅保單時，是否已確實告知要保人保單紅利為非保證給付項目，可能會變動為較高或較低之數字，本人（※業務員）未向要保人做任何保證。

事實上，保險糾紛的最大宗申訴／評議案件，不是理賠糾紛，而是「業務招攬」，多是保險業務員連哄帶騙，誘導消費者購買不適當保單而在事後引起糾紛，統稱為金融剝削，尤其是高齡者，稍有儲蓄／資金的銀髮族，成為不良保險／金融業務員的待宰羔羊，被誤導而更換或購買明顯不合理的金融商品。

金管會相當重視銀髮族的保險商品需求（※如小額終身壽險、微型傷害險等），但也積極修法，預防不當勸誘、不實招攬等高齡金融剝削事件的發生，為避免銀髮族被誘導而買到不適當保單，金管會於 2020 年 10 月 1 日實施新法，「將高齡者購買投資型保單及有解約金之保險商品，必須錄音、錄影的年齡規定，由 70 歲（※2018 年 11 月）降為 65 歲」。

※保險的本質是保障並非投資，保險不保險、投資不穩賺，保戶需自己承擔風險！

第 2 章

保險三訣：
錢花刀口上、
救急不救窮、保大不保小

2-1. 保險 ≠ 投資 ≠ 理財

許多人將投資、理財混為一談，就像順口溜一樣，事實上，上班族的財產管理（※理財），如表 2-1 所示，可概分為（一）必要生活費（≤40%）、（二）次要生活費（≤10%）、（三）儲蓄／急用金（≥10%）、（四）投資（≥20%）和（五）自住房貸（≤20%）五項，此五項所列之占比，視個人狀況調整。把保障型保險列為（四）投資項目的第一順位，是基於「人身風險管理」原則，延續幼稚園、國高中、大學等團體意外險的保單，此處所提的①保障型保險，是指傷害險、健康險及定期壽險，而②投資型保險是指投資型（終身）壽險及年金險，歸類於（四）投資項目之中。

投資只是理財中的一環而已；理財是節流觀，投資是開源觀，投資是資金運用，理財是財產管理，而保險是風險管理，所以，投資 ≠ 理財 ≠ 保險。

表 2-1　財產管理的分配表

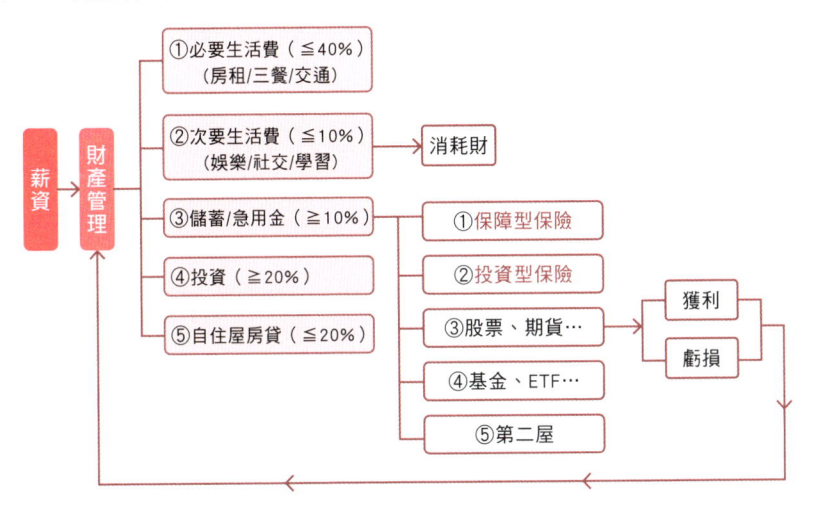

```
                    ┌─ ①必要生活費（≦40%）
                    │   （房租/三餐/交通）
                    │
                    ├─ ②次要生活費（≦10%） ──→ 消耗財
                    │   （娛樂/社交/學習）
                    │
薪資 ─→ 財產管理 ──┼─ ③儲蓄/急用金（≦10%）    ①保障型保險
                    │
                    ├─ ④投資（≧20%）           ②投資型保險
                    │                                           ┌─ 獲利
                    │                            ③股票、期貨… ─┤
                    └─ ⑤自住屋房貸（≦20%）                     └─ 虧損
                                                 ④基金、ETF…

                                                 ⑤第二屋
```

　　財產管理（理財）的第（一）、（二）項是基本開支的消耗財，第（五）項的自住屋房貸，可視為強迫性儲蓄的一部份，而房租與自住屋房貸有重疊之處，初入職場的數年內，可能住父母家或租屋，等到成家時，則可能貸款購買自住屋，所以，第（一）項與第（五）項會連動增減；第（三）項的儲蓄／急用金，是存於銀行的暫時性存款，供緊急救援用，當存款超過半年薪水時，可考慮轉為投資用。

　　第（四）項的投資項目，①～⑤項並非全部需要，也非同時進行，有緩急輕重之分，①保障型保險是以保障人身風險為主，②投資型保險，則是順應（保險兼投資）保險潮流，並非非保不可，①＋②的保費總和宜以≦5%年薪為上限；如果①＋②保費的比重太高，就會減緩累積資產的速率，（五）③、④是加速累積財富用，但是，高獲利＝高風險，所以，宜選擇低風險的定存股，本書僅推薦穩健的 9 家不倒金融股（※第八章）。

有收入，就會有「財產管理」的需要；記得小女（卡小孩）開始上國中一年級時，我就拿給卡小孩 100 元和一個存錢筒，跟她說：「以後我每個禮拜天給妳 100 元，妳要自己學習如何花錢，花不完的錢就存在錢筒裡」，這是小女人生理財的第一步。※1963 年我上國中時，家父每個月給我 15 元零用錢，我必須學會如何不會在 30 天未到之前就花完。

　　由此可知，<u>並非 100 萬元以上才可以理財，100 元也可以理財，關鍵在於量入為出</u>，老一輩的人只會儲蓄存款，在小女升上高一時，我將她國中時代存下的零用錢／壓歲錢，湊成整數 10 萬元，買了一張郵局的 6 年期儲蓄險，這是她的第一張保單，等到她為人母之後，才開始為自己的家庭買保險。

　　保險不宜視同投資工具，保險是「人身風險管理」，保險是一人有難、眾人分攤的轉移風險概念，是一種未雨綢繆的思維，目的在保障未來可能發生的不確定風險，也就是說，保險公司集合多數人的保險費（※小錢），建立保險基金，藉由利差益、死差益及價差益等獲利，用來救濟極少數人因意外、重大疾病等而造成的損失。

　　古代人的父母在、不遠遊也是人身風險管理觀念之一，不吸菸／嚼檳榔、不吸毒／酒駕，颱風天不出門等是現代人之「人身風險管理」的基本概念，但是，年輕人進入職場之後，騎機車上下班、外出旅遊，可能遇上馬路三寶（酒駕、病駕、耍帥駕），因此，有購買保障型保險的必要性。

　　月有陰晴圓缺、人有旦夕禍福，所以，買保險的重點是

「買保障」，買保險不會（生前）致富，但是，至少於事故發生之後，可以給家人在 10 年內（※非一輩子），經濟上有某種程度的保障，意即救急不救窮；不怕一萬，只怕萬一，一般上班族萬一出了重大傷亡事故，家人生活可能瞬間陷入困境。

如果是中低收入戶，連吃飯都有問題，不會想到要買保險，也沒錢買保險，也就是說，窮人沒有買保險的權利是殘酷的現實；反之，如果是有千萬資產的富貴人家，因為財產足以應付任何身故／失能照護的支出，所以，也不需要買保險（※也會被保險業務員纏身，以節稅為由，誘買保險），<u>只有孜孜矻矻的上班族，才會不得不買保險，如何買到適當的保險，顯然已成為上班族人生的重要課題了。</u>

在保險觀念已遍地開花的大環境之下，進入職場之後，不管「有錢、沒錢」，至少應該先買一份保障型的 1 年期壽險或意外險（※保額 300 萬元，保費≦5,000 元／年），其他的保險或投資，宜等存足半年薪水的急用金之後再說。

依台灣金融研訓院的調查報告，如圖 2-1 所示，全國 15 歲以上民眾，約有 43.0%（＝16.6%＋15.3%＋11.1%）民眾是阮囊羞澀的月光族，宜檢討表 2-1 中的理財觀，備妥儲蓄／急用金之後，再進行投資，以改善生活品質。

圖 2-1　國人儲蓄狀況類別占比

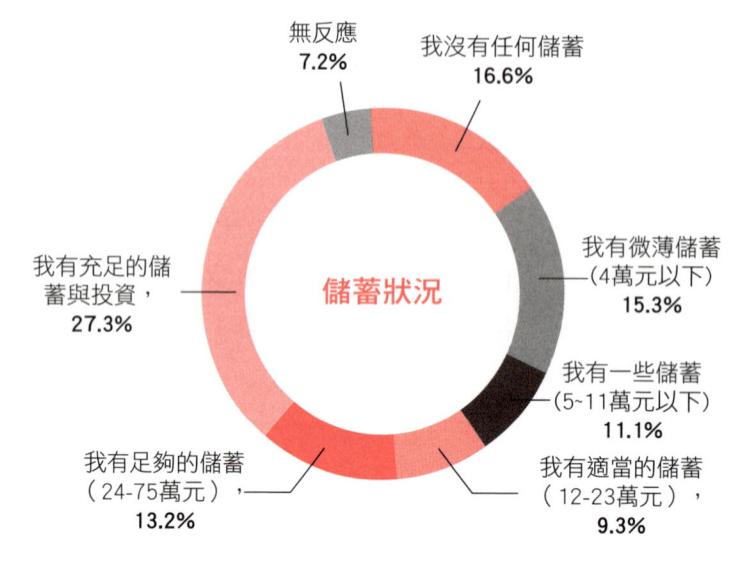

- 無反應 7.2%
- 我沒有任何儲蓄 16.6%
- 我有微薄儲蓄（4萬元以下）15.3%
- 我有一些儲蓄（5~11萬元以下）11.1%
- 我有適當的儲蓄（12-23萬元）9.3%
- 我有足夠的儲蓄（24-75萬元）13.2%
- 我有充足的儲蓄與投資 27.3%

儲蓄狀況

資料來源：台灣金融研訓院「2020台灣金融生活調查」（2020／10）

坊間之金融機構或理財雜誌的市場調查報告，多將「保險」列為投資理財工具之一，台灣上班族的理財項目如圖 2-2 所示，以買基金及股市 ETF 最高，股票／期貨居次，保險為第三名，錢放銀行排第四，而房地產占 10%。

圖 2-2　國人常用的投資理財工具（※可複選）

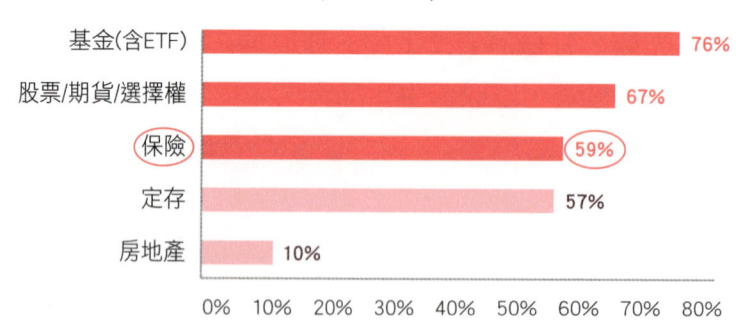

- 基金(含ETF) 76%
- 股票/期貨/選擇權 67%
- 保險 59%
- 定存 57%
- 房地產 10%

資料來源：第一金投信「國人理財經驗大調查」（2019／08）

052　　第 2 章　保險三訣：錢花刀口上、救急不救窮、保大不保小

2-2. 似是而非的保險迷思

　　小資族進入職場之後，對未來人生充滿期待，自己已成為家庭的經濟來源之一，不希望因為萬一，而沒有足夠的錢應付急難，小資族多有儲蓄理財觀，百萬儲蓄或許沒有，但至少有些積蓄（※月存 5,000 元，年存 6 萬元）；小資族至少宜存有半年薪資的急用金（※可買進優質定存股，平時可賺股利，萬一時，可賣股救急），所以，保險應只用來保障「重大傷病時的巨額支出」，而小傷病的小額醫療費用，則由健保或急用金（儲蓄額）支付即可，至少在成為有閒錢的中產階級之前，買保險應該「錢花刀口上，救急不救窮、保大不保小」！

（一）錢花刀口上

　　進入職場之後，除了應有人身風險管理觀念外，至少應給含辛茹苦養大子女的父母，一個心靈保障（※長大成人後的子女外出時，父母仍然會叮嚀小心騎／開車），所以，上班族宜首先考慮防範意外風險，應優先考慮「保障型保險」，這就是錢花刀口上。依 2021 年的保險行情，買個 1 年期 500 萬元保障險，每年保費不超過 5,000 元。

　　表 2-1 之每一項的費用占比建議，應是與時俱進，隨著年齡的增長、單身／成家、子女誕生／就學、升遷／創業，甚至傷病／失能等，至少應 5 年調整一次，才能符合現實的需求。

（二）救急不救窮

買保險是保障不時之需，而不是想要理賠致富，是保障一旦家庭支柱（經濟來源）倒下時，能有一筆保障，遺屬在未來 5 年以上的經濟需求。未來 5～10 年的救急金是多少？因人而異，年薪 50 萬元者和年薪 100 萬元者的需求不一樣，無小孩的家庭和 3 個小孩的家庭需求也不一樣，不過，上班族的生活準則是量入為出，因此，沒有定論。

以目前的物價水準而言，4 口之家一旦頓失家庭經濟來源時，至少宜有每年 60 萬元的急用金，也就是，家庭經濟來源的成人，宜購買「身故／完全失能」保額 500 萬元的純保障保單（※1 年期的壽險＋住院醫療險），而非去購買保額 100 萬、200 萬元之高保費的終身人壽險／年金險，或是保額僅 100 萬、200 萬元之高保費的終身意外險／健康險。

（三）保大不保小

買保險沒必要一次到位，事實上，也不存在完全保障的保單，只有當冤大頭的保單。

坊間保險商品多達上千種，除非是想要寫「人身保險生態調查研究」的博士論文，否則一般消費者不可能全盤了解保險商品；「保大不保小」，並非只保障大人、不保障小孩，而是指保險要以能應付意外事件和疾病纏身所造成的巨額費用支出。保險業務經常以健保不給付的標靶藥物、特殊疾病、失能照護等少數特例，來招攬保單，上網看了一下，甚至有保險相

關人員強烈建議婦女懷孕開始時，應該買婦女險／婦幼險，是否要保婦女險／婦幼險，見仁見智，就像是否要買 COVID-19 險／法定傳染病險一樣。

★別忘了自己尚有健保、勞保／軍公教保！

買保險之前，應先提醒自己已有健保及勞保或軍公教等保險，絕大多數的傷病醫療費用，多已含在政府版的社會保險之內，最近，去探望得了第二期大腸癌的友人，住院 9 天，共花了 13 多萬元，其中 7 萬多元是升等為單人病房費，扣除健保額度之後，實際醫療自付額不到 5 萬元，這種小錢僅占友人存款的一筆小數目而已。※選擇住單人病房者，多是閒錢多者或擁有保高額住院醫療險者。

有不少買保險者，覺得買保險未獲得理賠好像是虧很大，在保險業務員話術的推波助瀾之下，會買了（1,000 元／上限 5 萬元／死亡 100 萬元）實支實付或雙實支的終身期醫療險附約，每年保費 2 萬多元，排擠了真正保障需求的空間。

保大不保小，多少金額才算大？原則上，任何傷病只要能康復，醫療費用的自付額，多在自己應有的急用金預算內。萬一不幸意外身故或失能，政府版的社會保險，多有 200 萬～500 萬理賠金，如果是一般車禍身故死亡，強制險的理賠金是 200 萬元，如果是大眾交通運輸之事故身亡，理賠金至少 350 萬元，上班族意外身故時，基本上約有 500 萬元以上的理賠金，若再加上自購的 500 萬元保障型保險，意外身故或完全失能時，總理賠金可達 1,000 萬元以上。

保險業務員跟你談保險時，均假設你沒有其他的保險保障，講的天花亂墜，趁你的腦袋瓜尚在休眠狀態時，就買下他想賣的（高佣金）保單，而非你需要的（保障型）保單。

保險不是投資工具，不能致富，因此，買保險之前，應先破除四項似是而非的觀念：

（1）買保險，保障項目要愈多愈好。

沒有錯！但是每月保費可能太高而影響基本的生活品質。

（2）買保險，要保障兼投資，一舉兩得。

保障兼投資？絕對是保障成份減少（※理賠時方恨少），投資也未必賺錢，有虧本金的風險。

（3）買保險，到期未理賠時，要領回保費。

如果是儲蓄壽險，到期尚可領回比總繳保費稍多的錢（※不考慮通膨率），但是，如果附加一大堆的附約，或終身醫療險，則必然領不回總繳保費。

（4）繳費20年、保障終身最划算。

羊毛出在羊身上，保險公司只不過將保障至110歲的保費，要你在20年內付清而已。

此四項觀念並非完全錯誤，而是有時候正確；就因為這四項多數人的買保險觀念，保險公司才會投大眾所好，設計許多

高保費、低保障的①終身型、②還本型、③投資型、④類全委型及⑤附保證型等保險商品來賺客戶的錢；此五種看似保障兼投資、大碗擱滿墘（※網路上一大堆）的保單商品，其實多是不划算的保單，但卻是保險業務員最愛推薦的保單，換句話說，是小資族應該避買的保單。

終身型保單比較貴的可能原因之一是：「目前台灣人平均壽命是 80.9 歲（男 77.7 歲、女 84.2 歲），壽險業的第六回「經驗生命表」，是男 81.11 歲、女 86.64 歲（2021／7／1），但是，各保險公司的終身型保單卻依 99 歲、105 歲或 110 歲年齡來計算保費」，所以，對相同保障而言，終身型壽險的保費，可能是 10 年期壽險的 20 倍以上（※見表 2-2（A）、（C）及（D））。

保險公司之任何商品的保費設計，都是經過精算師保證不虧本的仔細精算後才決定的，所以，保險商品對保險公司而言，可說是穩賺不賠。因此，要保人想要買到一張划算的保單，幾乎是不可能的，只能說是從眾多的不划算保單中，找一張勉強可接受的保單而已。

買（還本）終身壽險、投資型保單或類全委保單的另一項風險，是提前解約的損失；銀行定期存款解約時，頂多是利息打 7 折、8 折，不會損失本金，但是，保險若提前解約，多會損失本金，所以，保險商品的 DM 中，多有一句小字注意事項：「投保後提早解約，將可能不利於消費者」。有些人在需要買房、創業時，可能需要解約一些保險來應急，偏偏保險業務員會說服您不要解約，改以保單借款方式來處理，於是您的

保費／利息會愈繳愈多。

不過，儲蓄型壽險（※≦20 年期壽險）至少可能有 2～4 項優點：

(1) 強迫儲蓄功能：對每月花費難以自制約束的人，買儲蓄險是強迫自己儲蓄，通常提前解約的違約金，金額可觀，多數人可能會縮緊肚皮，硬撐下去。

(2) 可能比銀行定存較高的利息：買 15～20 年期的儲蓄險，期滿時的滿期金，多可比銀行定存（0.85%），有稍高的利息，不過，如果銀行利率回到 2010 年前水準（≧6.00%）就虧大了。

(3) 可能有報稅優惠：在每年 5 月申報綜合所得稅時，如果以列舉扣除額報稅時，可享有每人保險費 24,000 元免費優惠，但如果採用標準扣除額"方式，則用不到。

(4) 可做為規避遺產稅工具：但是，對於遺產淨值低於 3,330 萬元者，或者有些保險商品不適用（※見 7-5 節）。

2-3. 保險愈早買，保費愈便宜？

　　保險業務員的話術之一是「保險愈早買，保費愈便宜」，相信買過保險的人多聽過，對同一保險商品而言，似乎是如此，但並非一體適用；為方便比較，表 2-2 將 6 家壽險公司之 6 種不同險種的保費同列一表，表 2-2（A）之定期壽險，45 歲（男）的保費為 30 歲的 2.86 倍，數字會說話，愈早買保險，保費愈便宜，確實沒有錯。

　　但是，表 2-2（B）定期壽險，45 歲（男）的保費僅為 30 歲的 1.01 倍（※僅多 1%），而表 2-2（F）的定期醫療險，理論上，年齡愈大，毛病愈多，30 歲時的保費為 35,610 元（男），但在 45 歲投保時，保費 40,950 元（男）為 30 歲投保時的 1.15 倍，僅貴 15%，充其量只能算是通膨率（0.93%）的漲幅而已。

　　然而，不同公司的保險商品很難做比較，因為保險內容多有些差異，表 2-2（C）與表 2-2（D）看似差異不大，但是保費卻差了約 30%。尤其是醫療險，不僅合約條款看不懂，就連商品 DM 的說明也看不太懂。※大多數的醫療險沒有解約金，有解約金之醫療險的保費可能貴 10 倍以上。

表 2-2　某些壽險公司之年費率表（元／年）

保險別	(a) 定期壽險		(b) 增額定期壽險		(c) 還本終身壽險		(d) 終身壽險		(e) 小額終身壽險		(f) 定期醫療險	
保險金額	10 萬元		10 萬元		10 萬元		10 萬元		10 萬元		1仟元／日(10萬元／次)	
保險期	10 年期		20 年期		～110 歲		～99 歲		～110 歲		～90 歲	
繳費期	10 年		10 年		10 年		10 年		10 年		20 年	
保險年齡	男性	女性	男性	女性	男性	女性	男性	女性	男性	女性	男性	女性
20	124	64	24,552	24,439	9,890	9,580	4,650	4,300	3,730	3,320	32,595	33,015
25	135	72	24,608	24,459	10,010	9,650	5,100	4,750	4,110	3,660	34,130	33,170
30	162	94	24,705	24,496	10,120	9,720	5,550	5,200	4,510	4,030	35,610	33,325
35	218	126	24,765	24,515	10,210	9,800	6,100	5,700	4,960	4,440	37,478	34,178
40	309	183	24,824	24,539	10,300	9,880	6,650	6,200	5,420	4,870	39,888	35,356
45	464	264	24,925	24,589	10,430	10,060	7,300	6,850	5,940	5,360	40,950	36,036
50	679	377	25,119	24,692	10,550	10,240	7,950	7,450	6,480	5,890	42,785	37,870
55	1,069	586	25,533	24,917	10,780	10,490	8,700	8,200	7,070	6,450	45,928	38,015
60	1,699	949	26,331	25,356	11,000	10,730	9,400	8,950	7,690	7,070	---	---
期滿祝壽金	無		20 萬元		總繳保費×1.06		10 萬元		10 萬元		總繳保費×1.06	
給付項目	身故／完全失能		同(a)+13 次生存金6仟元		同(a)		同(a)		同(a)		身故／醫療／住院／手術…	
45歲／30歲保費比	2.86	2.81	1.01	1.01	1.03	1.03	1.32	1.32	1.32	1.33	1.15	1.08
45歲／30歲薪資比	(1)@2%年增率：1.35 倍，(2)@3%年增率：1.56 倍，(3)@4%年增率：1.80 倍 $											

註：(a) 及 (f) 項為保障型商品，無解約金。(c) 項為投資型@ 2.05% 宣告利率和 1.5% 預定利率。(e) 項是政府推動的"銀髮族商品"，保費比同等商品便宜 20% 以上。(f) 項～90 歲仍為定期險，才算是終身險。

　　對同一保險商品而言，45 歲的保費比 30 歲的保費貴是事實，也許貴 15～20%，但是，30 歲買保險，生活可能捉襟見肘，而 45 歲時的財力多會比 30 歲時高 30%以上，如表 2-2 所示，在 3%薪資年增率時（※勞退年金試算表的預設值），45

060　　第 2 章　保險三訣：錢花刀口上、救急不救窮、保大不保小

歲／30 歲的薪資比是 1.56 倍，所以，45 歲買保險會比 30 歲買保險輕鬆許多。當然，如果不幸在這 15 年間萬一身故／失能，則在 30 歲買保險比較划算。

再看表 2-2（A）的定期壽險，45 歲的保費（464 元）雖然是 30 歲保費（162 元）的 2.86 倍，60 歲的保費（1,699 元）是 30 歲的 10.5 倍，但是，這是純保障的消費型保險，保費相當便宜，對 45 歲的上班族而言，每 10 萬元保障的保費僅 464 元／年，買個 200 萬的保險，每年的保費也僅需要 9,280 元（＝464 元 × 20）而已，由表 2-2 的 6 種保險商品來看，您要幾歲買何種「保險商品」？買保險之前，確實需要做對功課。

其實，「愈早保險、保費愈低」，也並不完全正確，表 2-3 是某些壽險公司之「一年期壽險」的年繳保險費率表，有些父母在子女剛出生時，就急著買保險，所以才有 0 歲保險的保單商品。此保險公司精算師認為，0～7 歲幼兒之人身風險比 8～11 歲小朋友還高，所以保費反而比較貴。45 歲的保費是 30 歲的 3.23 倍，60 歲的保費是 30 歲的 10.35 倍，保費倍數與表 2-2（A）的 10 年期壽險近似；表 2-3 之 30 歲時的保費（＠162 元／10 萬元×10×10 年）雖然較便宜，但逐年調高，10 年的保費約（18,630 元／百萬元＠30～39 歲）比表 2-2（A）還貴，不過，一年期壽險較具彈性，年齡逐年視狀況而調整保額。

表 2-3　台灣人壽「一年期壽險」的保險費率表

年齡	男性	女性	年齡	男性	女性	年齡	男性	女性	年齡	男性	女性
0	640	480	21	790	320	41	2990	1090	61	14360	6740
1	470	370	22	820	340	42	3240	1170	62	15480	7350
2	340	270	23	870	360	43	3530	1260	63	16840	8060
3	260	220	24	940	400	44	3860	1370	64	17420	8870
4	220	190	25	1010	440	45	4200	1510	65	20160	9830
5	200	170	26	1090	450	46	4570	1670	66	21990	10940
6	180	150	27	1140	460	47	4960	1830	67	23970	12230
7	170	140	28	1190	470	48	5390	2010	68	26210	13720
8	160	130	29	1240	480	49	5860	2220	69	28710	15410
9	160	120	30	1300	490	50	6310	2450	70	31410	17310
10	160	130	31	1390	510	51	6790	2710	71	34370	19390
11	160	140	32	1490	540	52	7300	2970	72	37410	21560
12	190	150	33	1600	590	53	7810	3220	73	40920	24000
13	240	170	34	1740	640	54	8300	3460	74	44580	26740
14	310	200	35	1880	690	55	8840	3710	75	48530	29830
15	420	220	36	2040	730	56	9450	4030	76	52750	33300
16	560	250	37	2220	780	57	10230	4420	77	57320	37130
17	660	290	38	2400	850	58	11170	4920	78	62280	41390
18	720	300	39	2570	930	59	12340	5490	79	67720	46060
19	750	310	40	2770	1010	60	13450	6130	80	73680	51170
20	770	310		18630					85	111930	85580

註1：此表為每 100 萬元保險金額的保險費（元），無解約金。
註2：給付項目：身故／完全失能。可續保，但不保證"續保費率"不變。

資料來源：台灣人壽／新好易保一年定期壽險

　　表 2-3 是每年一繳的純保障型保單，賭 1 年之內是否身故或完全失能。若 85 歲男性花 111,930 元買 100 萬保險，因為男性平均壽命是 77.7 歲，賭贏的機率蠻高的，如果壽險公司敢接單的話。※保單 DM 上的 75 歲以上保險費率表多是寫好看的，政府推動的「小額終老保險」之年齡上限是 84 歲（※繳

費期6年），不知是否真有保險公司敢接單。

表2-4是5家保險商品，依年齡別區分的年繳費率表，通常，如表2-4（A）所示，年齡愈小、保費愈便宜，然而，也有如表2-4（B）、（C）、（D）所示，0～6歲保費比7～12歲保費貴的保單，表2-4（B），0歲（男）每10萬元保險金額的保費（64元）是8～11歲者（16元）的4倍；此外，如表2-4（E）所示，女性保費比男性稍貴，與大多數的保單不同。

表2-4　市場5家壽險公司之年齡別保險費率表

商品名稱	(A)(20年繳)小額終身壽險		(B)1年期壽險		(C)1年期癌症險		(D)1年期重大傷病險		(E)20年期住院醫療險	
年齡	男性	女性	男性	女性	男性	女性	男性	女性	男性	女性
0	1,400	1,240	64	48	39	36	370	310	29,578	32,395
1	1,430	1,260	47	37	39	36	310	260	29,802	32,425
2	1,450	1,290	34	27	39	36	260	210	30,058	32,456
3	1,480	1,310	26	22	34	32	210	170	30,342	32,487
4	1,510	1,340	22	19	30	28	170	140	30,577	32,518
5	1,540	1,360	20	17	26	24	140	110	30,712	32,550
6	1,570	1,390	18	15	21	20	120	90	30,847	32,580
7	1,600	1,420	17	14	17	16	100	70	30,980	32,610
8	1,620	1,450	16	13	18	17	100	80	31,117	32,642
9	1,660	1,480	16	12	19	18	100	80	31,250	32,673
10	1,700	1,500	16	13	21	19	100	90	31,375	32,705
11	1,720	1,530	16	14	22	20	100	90	31,497	32,735
12	1,760	1,560	19	15	23	21	100	100	31,620	32,766
13	1,800	1,590	24	17	25	23	110	110	31,742	32,797
14	1,830	1,630	31	20	28	25	120	120	31,866	32,828
15	1,870	1,660	42	22	31	27	140	130	31,988	32,860

商品名稱 年齡	(A)(20年繳)小額終身壽險		(B)1年期壽險		(C)1年期癌症險		(D)1年期重大傷病險		(E)20年期住院醫療險	
	男性	女性	男性	女性	男性	女性	男性	女性	男性	女性
16	1,910	1,690	56	25	33	29	160	140	32,110	32,890
17	1,952	1,730	66	29	36	31	180	150	32,230	32,920
18	1,980	1,760	72	30	38	35	200	170	32,350	32,952
19	2,020	1,790	75	31	40	40	210	180	32,470	32,983
20	2,060	1,830	77	31	42	45	220	190	32,595	33,015

註：此表為每10萬元保險金額的保險費（元）。

資料來源：（A）元大人壽、（B）台灣人壽、（C）台灣人壽、（D）三商美邦人壽、（E）國泰人壽

　　事實上，有些保險公司之意外險（傷害險）商品的保費，只分為（1）0～14歲、（2）15～54歲及（3）55～64歲三級；表2-5是國泰產險公司的意外險商品，15～54歲之間或55～64歲之間，買此份保單的保費相同，此份保單不需綁壽險主約，單獨販售，若在15～54歲間購買（P03＋D85）保單，保額300萬元，每年保費僅4,026元，包含突發傷病住院醫療、一般意外的身故／失能、實支實付最高5萬元等實用性保障，是兼顧傷害險（意外險）與（住院）醫療險之純保障型保單。

※保險愈早買，保費愈便宜？貨比三家不吃虧！

表 2-5　國泰產險公司「新世紀添福 2.0」保單

保障項目／計畫型別			①基本型			
			P01	P02	P03	P04
突發傷病	突發傷病住院醫療保險金（日額）（每事故最高 90 日）		500 元／日			
	突發傷病加護病房或燒燙傷病房保險金（日額）（每事故最高 45 日）		1,000 元／日			
	突發傷病急診醫療保險金（達 6 小時以上）		最高 500 元			
	突發傷病特別慰問金（次）（住院 90 日以上）		25 萬元			
	重大燒燙傷保險金（次）		25 萬元			
真安心傷害險	一般意外身故／失能保險金		100 萬元	200 萬元	300 萬元	500 萬元
	特定事故	航空、海陸事故身故／失能保險金	400 萬元	800 萬元	1,200 萬元	1,500 萬元
		火災、電梯事故身故／失能保險金	100 萬元	200 萬元	300 萬元	500 萬元
	住院慰問保險金（次）（住院 5 日以上）		1,000 元／次	2,000 元／次	3,000 元／次	5,000 元／次
	特別看護慰問保險金（次）（住院 30 日以上）		1 萬元／次	2 萬元／次	3 萬元／次	5 萬元／次
	食品中毒保險金（次）（限 2 次）		5,000 元／次	5,000 元／次	5,000 元／次	5,000 元／次
參考保費	年齡：15 足歲～54 歲		1,428 元	2,410 元	3,391 元	5,293 元
	年齡：55 歲～64 歲		2,200 元	3,182 元	4,163 元	6,065 元
②加值型	擇一給付	傷害險實支實付保險金	最高 5 萬元	最高 5 萬元	最高 5 萬元	最高 5 萬元
		傷害險住院日額每事故最高 90 日）（含骨折未住院）	1,000 元／日	1,000 元／日	1,000 元／日	1,000 元／日
①基本型+②加值型			D83	D84	D85	D86
參考保費	年齡：15 足歲～54 歲		2,063 元	3,045 元	4,026 元	5,928 元
	年齡：55 歲～64 歲		2,835 元	3,817 元	4,798 元	6,700 元

資料來源：國泰產險／新世紀添福2.0保單DM（※2021年6月版）。

註：突發傷病定義：係指被保險人自本契約生效日起發生不可預期、突發且急性，需即時住院治療，始能避免損及身體健康之疾病或意外傷害事故，且被保險人於本契約生效前一百八十天以內，未曾接受該疾病或意外傷害事故之住院治療者。但保單屆期本公司仍接續承保時，對前述所稱之疾病或意外傷害事故，不受該一百八十天之限制。

※合約條款中並未列舉突發傷病種類，或者突發傷病除外種類，例如急性盲腸炎、頭部帶狀皰疹（俗稱皮蛇）、尿路結石等不就醫會死"的疾病，不知是否屬於突發傷病，投保前宜先搞清楚，要保人與保險公司的看法可能不同。

2-4. 別買終身險，以免當冤大頭

表 2-6 是○○人壽的「20 年繳／終身意外險」DM 範例，依表 2-6 的保費費率，在 16 歲及 50 歲買此份「20 年繳／終身意外險」的保費，同樣是 17,390 元／年，保費並無年齡上的差異，20 年的總繳保費共 347,800 元；此份保單給付項目多，還有 101 歲祝壽金 10 萬元，看起來很吸引人。

表 2-6 ○○人壽「20 年繳／終身意外險」例

保險金額				1,000 元
身故	一般身故（不分假日）			10 萬元
	意外身故	一般	平日	100 萬元
			假日	※要挑假日出意外 300 萬元
		大眾運輸	平日	600 萬元
			假日	800 萬元
意外傷害失能	意外傷害失能保險金（1-11 級）			5～100 萬元
	重大失能保險金（1-6 級）			1 萬元／每月，保證給付 100 個月（付一次為限）
意外傷害醫療	住院醫療			住院：2,000 元／日 骨折未住院（依骨折部位&程度計算）：每次最高 6 萬元 每次意外給付日數最高 90 日
	手術	脫臼手術		每次 1,000 元
		住院手術		每次 5,000 元
		門診手術		每次 1,000 元
	處置	創傷縫合（傷口≥5 公分）		臉部：每次 1 萬元 其他部位：每次 500 元
其他	重大燒燙傷			200 萬元（付一次為限）
	豁免保險費			因疾病或意外傷害事故致成第 1-6 級失能程度之一者，豁免自診斷確定符合日後之最近一期保險費至繳費期滿之應繳保險費。
	101 歲祝壽保險金			10 萬元

067

保險金額	1,000 元
保費費率	
年齡	男性	女性

年齡	男性	女性
1〜15 歲	16,050 元／年×20 年（＝321,000 元）	15,500 元／年×20 年（＝310,000 元）
16〜50 歲	17,390 元／年×20 年（＝347,800 元）	16,870 元／年×20 年（＝337,400 元）

資料來源：○○人壽／○○○○終身傷害保險

這一張是 40 幾歲友人想買的保單，問我的看法，我只告訴他，此是終身意外險，疾病死亡或疾病住院醫療非本保單之保障範圍，而且還得挑假日搭大眾運輸工具而意外身故，家人才能領得到 800 萬元的保險金，否則只好忍耐活到 101 歲領 10 萬元祝壽金，加減算一算，他就改買其他保單了。

姑且以常識邏輯來分析此份保單：「住院 2,000 元／日，每次最高 6 萬元（※即住院 30 天×2,000 元／日），需要住院 174 天（＝總繳保費 347,800 元÷2,000 元／日），才能花完總繳保費，可能嗎？看看自己父母及周遭親朋長輩，有多少人因意外住院超過 174 天？

家父今年 96 歲，一輩子只有 4 次因病住院，總計不到 20 天，而因意外受傷住院，1 次也沒有；家母今年 93 歲，在 81 歲以前從未住過醫院，在 82 歲中風開始的 11 年間，含加護病房急救的住院醫療也不超過 130 天【※中風住院醫療時，前後轉了三家醫院共計約 110 天（※醫院住院逾 30 天就趕人）】，家母中風之後，連續住院約 110 天，花多少錢？「不超過 60 萬元，其中 2／3 的錢是花在住單人病房上」。

依衛福部2021年9月的統計數據，一般病房（含意外＋疾病）的住院天數是8.52天，想要因意外事故住院醫療174天，比登陸月球還難！所以，買此份保單，除非是身故／完全失能而獲得理賠金之外，否則，應該說，是你在養保險公司，而非保險公司在照護你。

再來看看終身壽險，以台灣人壽純保障之「20年繳／終身壽險」為例：

「25歲王小姐投保○○○終身壽險，保險金額100萬元，繳費期20年，年繳保費26,000元（※總繳保費520,000元），保障至110歲，滿期金100萬元」，此壽險公司也有相同給付項目（身故／完全失能）之10年期／20年期定期壽險，其每100萬元保險金額之年費率表如表2-7，自25歲開始，每隔10年重買一張10年期定期壽險保單，最後一次投保為65歲（※此保單之年齡上限），則5張10年期定期壽險的總繳保費為449,600元（※加計1.6%通膨率），比20年繳終身壽險的總繳保費520,000元還便宜70,400元（※↓13.5%）。

表 2-7　台灣人壽 10 年／20 年定期壽險年費率表
　　　　（身故／完全失能／100 萬元保險額，女性）

累計通膨率	年齡	(A) 10年期 年繳保費（元）	(A) 10年期 年通膨率1.6%漲幅	(B) 20年期 年繳保費（元）	(B) 20年期 年通膨率1.6%漲幅
0年	20	640		700	
	25	720 →	720（×10）	940 →	940（×20）
10年 1.172%	30	940		1,340	①
	35	1,260 →	1,477（×10）	1,840	
20年 1.374%	40	1,830	②	2,590	
	45	2,640 →	3,627（×10）	3,980	
30年 1.610%	50	3,770		6,260	③
	55	5,860 →	9,435（×10）	10,140 →	16,325（×20）
40年 1.887%	60	9,490		--	--
	65	15,740 →	29,701（×10）	--	--

註：近 30 年（1991～2020）之平均年通膨率 1.60%，詳見《拒當下流老人的退休理財計劃》p.126。
資料來源：台灣人壽／優體定期壽險（非吸菸體）

　　如果覺得將前述分 5 張 10 年期保單（※合計 50 年）來組成終身壽險，以節省 24.3%保費還不夠多，改為①20 年期＋②10 年期＋③20 年期三張保單可以省更多；如表 2-7 所示，可在 25 歲時買一張 20 年期保單，45 歲時續買一張 10 年期保單，55 歲時（※20 年期保單年齡上限）再買一張 20 年期保單，則未來 50 年的總繳保費為 381,570 元（＝940 元×20＋3,627 元×10＋16,325×20），比 20 年繳終身壽險的總繳保費 520,000 元還便宜 138,430 元（※↓26.6%）。

　　但是，每 10 年買一張 10 年期定期壽險較有彈性，每 10 年可依實際通膨率及財務能力調整保險金額，以應付實際的保障需求。

當然，你可能會問：「75歲以後（沒壽險）怎麼辦？」，75歲時，子女已成人，應該是為人父母責任終了的時候吧？此時是靠每月4、5萬元的政府版退休年金（※詳見「拒當下流老人的退休理財計劃」第2章）的時候了，運氣好的時候，還有子女的孝敬金，以及存股理財每個月4萬元以上的股利收入，保險金已沒有實質的保障意義了。

　　「終身壽險」是相當高明的保單，壽險公司以100歲、110歲來規劃訂定保費，而多數人難免在壯年時，因資金需求而提前解約；此外，國人的平均壽命是81.3歲，壽險公司擺明吃定大多數的要保人撐不了那麼久，由此可知，（投資型）終身壽險是壽險公司的金雞母，保證獲利不吃虧。

　　事實上，如果依常識邏輯思考，終身壽險是用來取代獲利率較低之定期壽險用，是壽險公司用來綁傷害險／健康險／癌症險等附約當主約用的，換句話說，是用來賺客戶錢用的必殺絕招，要保人很容易誤信終身二字而購買；壽險主約的給付項目是「身故和完全失能」，此兩項給付多已包含在傷害險／健康險／癌症險當中，而導致保費增加。有些壽險公司或產險公司，可以單獨購買的意外險及醫療險保單，網路上有某產險公司提供（傷害＋健康＋癌症）的一年期傷病險（※2,000元／日，保額100萬元，年繳保費15,000元），則可避免浪費冤枉錢去購買壽險商品主約。

★25歲時保險金額100萬元，75歲時的等價現值剩多少？

　　近15年（2006～2020年）及近30年（1991～2020年）的平均年通膨率分別為1.21%及1.60%（※詳見《拒當下流老人的

退休理財計劃》p.126），圖 2-3 是以年通膨率 1.5% 及 2.0%，概算目前 100 萬元在 10～75 年後的等價現值，如果在 25 歲投保後的 70 年後（95 歲）身故，領取的理賠金（100 萬元）之等價現值僅為 25 萬元，大體火化之後，大概勉強可住進公營靈骨塔而已。※等價現值＝現值÷（1＋通膨率）^{年}。

圖 2-3　25 歲的 100 萬元，在 60 歲、95 歲時的 "等價現值" 剩多少？

時間	通膨率1.5%	通膨率2%
現在（25歲）	100.0	100.0
5年後（30歲）	92.8	90.6
10年後（35歲）	86.2	82.0
20年後（45歲）	74.2	67.3
30年後（55歲）	64.0	55.2
35年後（60歲）	59.4	50.0
40年後（65歲）	55.1	45.3
45年後（70歲）	51.2	41.0
50年後（75歲）	47.5	37.2
60年後（85歲）	40.9	30.5
65年後（90歲）	38.0	27.6
70年後（95歲）	35.3	25.0
75年後（100歲）	32.7	22.6

資料來源：依等價未來值EFV＝目前現值（PV）÷（1＋通膨率）^{年}公式計算

　　終身壽險的保險金額固定不變，抵不上通膨效應，以 2% 年通膨率（※美國聯準會標準）計算，每隔 35 年，現值就會減半，也就是說，25 歲的 100 萬元保額，到 60 歲時的等價現值僅剩 50 萬元，到 95 歲時的等價現值僅剩 25 萬元，如何保障尚且在世的家人？終身壽險、終身意外險、終身醫療險等以「終身」為招牌的保險，不僅保費貴、保障限制多，而且保險金額跟不上現實的需求，想買任何終身險之前，宜三思！

2-5. 為幼兒買保險之前，停！看！聽！

　　小孩是家庭的重心，而非家庭的經濟支柱，為嬰兒／小朋友買保險？新世代的孝父、孝母，還真有不少人會替嬰兒／小朋友買保險，問了幾位保險業務員，都說：「未成年保單比成年人保單多，約占六、七成」。

　　買保險當然愈多愈好，但是，就像明知總統座車比一般轎車安全，一般人也不會去買總統座車來開；買保險要量力而為、錢花刀口上，**為未成年子女買保險，會排擠到父母買保險的預算**。父母若不幸身故，子女未來的生計才是大問題，未成年子女若不幸身故，至少不會影響生計；而且，再多的理賠金也彌補不了父母的悲痛，只能以業障或命運來看待。

　　為未成年子女買保險，只要能力所及，且不影響生活品質，未嘗不可（※促進消費），但是不宜買有「終身」兩字的壽險、醫療險及癌症險等，有人認為繳費 10 年或 20 年、保障終身很划算，是嗎？當你為 0 歲嬰兒買 10 萬元終身壽險及 10 萬元／1,000 元終身醫療險時，等到嬰兒 65 歲時，10 萬元的現值是 2.76 萬元，1,000 元的現值是 276 元，這種保障絕非是 65 年後子女所要的保障，已不符合未來的保障需求了。

　　趙姓友人某日來訪時，他面露愁容，一問之下，才知道兒子已搬到外面租屋，原因是他在兒子讀國中時，就為兒子買了一張 200 萬元的（20 年期繳）終身壽險加醫療險、意外險等保

單,在兒子順利於某大金融企業上班(月薪6萬多元)的28歲生日當天,興沖沖地將保單交給兒子,告訴他已有人生的第一桶金,並希望剩下5年多的保費由他自己繳。原以為兒子會很高興說:「謝謝老爸」,沒想到,財經碩士的兒子看了保單之後說:「白痴喔,買這種(低CP值)保單,我不要」,兒子的一句無心話卻引發父子兩人的火爆口角,隔了幾天,兒子居然搬到外面租屋。※兒子大概發現沒人幫忙洗衣服、料理三餐,還要花錢租屋,不划算,不久之後就搬回家住了。

「繳費20年、保障終身」的保險文宣用語很吸引人,事實上,保險公司只不過是將每年一繳的終身(110歲)保費,要你在20年內繳清而已(※若分10年繳清保費,則每年的應繳保費較高,但總繳保費較低),表2-8是摘自三家壽險公司的保費費率表,(A)～(D)是「保額10萬元,繳費10年或20年,保障至110歲」之終身壽險費率表,以30歲為例,10年繳的每年保費5,550元比20年繳的每年保費3,050元貴,但是,10年繳總繳保費(5,550元×10)比20年繳的總繳保費(3,050元×20)便宜11%。

表 2-8　終身壽險及定期壽險之費率表（元／年）　　　　（保險金額：10 萬元）

商品名稱	終身壽險								（不吸菸）定期壽險				（吸菸）定期壽險			
	(A) 10年繳一般終身壽險		(B) 20年繳一般終身壽險		(C) 10年繳小額終身壽險		(D) 20年繳小額終身壽險		(E) 10年繳定期壽險		(F) 20年繳定期壽險		(G) 10年繳定期壽險		(H) 20年繳定期壽險	
年齡	男	女	男	女	男	女	男	女	男	女	男	女	男	女	男	女
20	4,650	4,300	2,600	2,400	3,730	3,320	2,060	1,820	124	64	146	70	198	90	219	117
25	5,100	4,750	2,850	2,650	4,110	3,660	2,260	2,000	135	72	170	94	215	111	277	153
30	5,550	5,200	3,050	2,900	4,510	4,030	2,480	2,220	162	94	216	134	254	154	376	206
35	6,100	5,700	3,400	3,200	4,960	4,440	2,730	2,440	218	126	311	184	365	211	565	311
40	6,650	6,200	3,750	3,500	5,420	4,870	3,010	2,680	309	183	448	259	555	303	830	463
45	7,300	6,850	4,150	3,850	5,940	5,360	3,330	2,960	464	264	690	398	839	467	1,206	720
50	7,950	7,450	4,550	4,200	6,480	5,890	3,670	3,280	679	377	1,080	626	1,202	689	1,737	1,121
55	8,700	8,200	--	--	7,070	6,450	4,050	3,610	1,069	586	1,723	1,014	1,729	1,063	2,559	1,764
60	9,400	8,950	--	--	7,690	7,070	4,530	4,030	1,699	949	--	--	2,619	1,694	--	--
65	--	--	--	--	8,400	7,740	--	--	2,769	1,574	--	--	3,932	2,669	--	--

資料來源：（A）（B）：南山人壽／憶起幸福終身保險,（C）（D）：台銀人壽／金福氣小額終身壽險,（E）（F）：台灣人壽／優體定期壽險

　　表 2-8（E）～（H）分別是 10 年繳、20 年繳之定期壽險年繳費率表，10 年繳定期壽險的保費比 20 年繳定期壽險便宜，原因是如果 30 歲投保 10 年定期壽險，只保障到 40 歲，但是，如果買 20 年定期壽險，則保障到 50 歲，保險公司的風險較高，所以 20 年定期壽險之保費較貴，此與表 2-8（A）～（D）的終身壽險，分 10 年繳或 20 年繳不同。此外，不吸菸者，可選擇表 2-8（E）或（F），壽險／健康險等保險商品，均將吸菸列為人身風險因素之一，因此，對於不吸菸者，可找有區分為不吸菸者及吸菸者的保單，可節省 30%以上的保費。

　　別以為「繳費 20 年、保障終身」的保費永遠不變，保險公

司不做虧本生意，照樣會調高保費；某繳費 20 年的「○○終身醫療險附約」，其合約條文中有「續期保費調整」條款：「本保險採<u>平準保費</u>，可調整費率。本附約依實際經驗損失率達到調整保費之標準時，經本公司簽證精算人員評估並於年終精算簽證報告意見書揭露後調整本附約之保險費率，每次調整後之新費率以不超過原費率的 20%為限…」。※保險費分為平準型費率和自然型費率，理論上，自然型費率是隨年齡增長而增加，平準型費率是保險公司依年齡、通膨率等風險因素而精算出的費率，將 20 年的保險費平均分攤到每一年，所以，每一年的保費應維持不變，但是，仍會視狀況調整（※表 2-9 註 1／註 2）。

目前市售的終身壽險保單，0 歲保費比 20 歲保費僅約便宜 2～3%，差距不大，但是，在 0 歲買了終身壽險，划算嗎？未來 65 年的變數太大了，表 2-9 的「0 歲保單」，除了①主約的保費可能固定不變之外，其他的七項附約，均在條款中明確告知保費可調整，未來 20 年之保費將逐漸增加，溫水煮青蛙，等到要保人受不了時，就會棄單了。

天下父母心，不少年輕父母會為出生幼兒買保險，表 2-9 是啟發我研究保險知識的「0 歲嬰兒保單」，包含終身壽險主約（①）、四種健康險附約（②～⑤）和三種傷害險附約（⑥～⑧），每年的總繳保險費是 23,932 元，比爸爸／媽媽自己的保費還高，雖然父母尚繳得起保費，但不符錢花刀口上原則，幼兒保險的保費可做更好的規劃。

表 2-9 「0 歲嬰兒」終身保單實例

保險項目	保額	繳費期	保障期	保險費
①終身壽險（至111歲）	10萬元	20年	終身	1,850元
②癌症終身健康保險附約（註2）	10萬元	20年	終身	2,343元
③終身醫療健康保險附約（註1）	1,000元	20年	終身	10,570元
④重大傷病1年期保險附約（註2）	100萬元	至84歲	至84歲	2,400元
⑤醫療保險附約（註2）	計劃一	至75歲	至75歲	2,150元
⑥傷害保險附約（註2）	100萬元	得至80歲	得至80歲	210元
⑦醫療日額給付傷害保險附約（註2）	1,000元	得至75歲	得至75歲	550元
⑧傷害醫療保險附約（註2）	5萬元	得至75歲	得至75歲	859元
			每年保險費：	23,932元

註1：採用平準保費，可調整費率。
註2：保費依年齡增加或職業變更而調整。

仔細研讀此份 136 頁的保單合約條款，只能說此份保單是保險業務員想賣的保單，而非客戶想要的保單，要保人只要想想，保額 1 千、10 萬，遠低於雙親的儲蓄存款；此外，以通膨率 2% 計算，每 35 年減半一次，到 70 歲時，10 萬元僅剩 2.5 萬元，1,000 元僅剩 250 元，連付掛號費都不夠，35、70 年之後的每日 1 千元理賠，大概也懶得去申請吧？事實上，要保人所要的健康險保障，除了身故／完全失能及升等單人房之外，多已含在健保醫療之內了。

無巧不成書，表 2-10 是 7 個月大的小孫女，因病急診而住院（7 天）檢查治療（8／5 入院～8／11 出院）的收據，扣除單人病房費及健保給付額之後，實際付出的醫療費僅 588 元，0 歲嬰兒保單有實質效益嗎？

看到收據（※表 2-10）時，自付額（588 元）僅占醫療費

總計 30,107.3 元的 19.5%，我立馬支持調漲健保費率，否則健保局倒閉了，就真的要花大錢買商業保險商品。

表 2-10 （7 月大）嬰兒住院 7 天的醫療費用收據

```
住院(INPATIENT) 醫療費用收據 MEDICAL RECEIPT

病患姓名(Name)：              身分證號(ID)：                    出生日期(Date of birth)：
性別(Sex)：女                 就診日期(Hosp. Date)：2021-08-05   2021-08-11
健保卡就醫序號：0010          部分負擔代號：902                  病歷號碼(Med. No.)：
病床號(Ward)：W32 -002        就醫身分別：健保幼兒              醫師姓名(Dr. Name)：
    費用類別                   健保給付(點 數)                   自付費用
病房費    (Ward       )         9750.0                           21200.0
膳食費    (Board      )            0.0                             110.0
藥費      (Medicine   )          826.8                             288.0
證書費    (Certificate)            0.0                             190.0
醫師費    (Doctor     )         8190.0                               0.0
藥師費    (Pharmacist )         1037.4                               0.0
特殊材料費(Spec. Material)       389.0                               0.0
注射技術費(Injection  )         1050.0                               0.0
檢驗費    (Lab. Test  )         2651.0                               0.0
檢查費    (Exam.      )         4864.6                               0.0
治療費    (Therapy    )         1056.0                               0.0
特殊調劑費(CTM prepare)          292.5                               0.0
          總  計(Sum)         30107.3                           21788.0
醫療費用總額(Receivables)：$51,895     實收金額(Charge)：$21,788
已繳費用總計   ：$0                  ※扣除升等單人病房費 21,200 元之後，實際醫
健保支付       ：$30107.3              療費自付額僅 588 元。
單人病房(5300)4日：21200              588 元÷30,107.3 元＝19.5%
```

小孫女共住院 6 夜，因為買了此保單（※表 2-9），等到有單人病房時，立即轉住單人病房 4 天（5,300 元／天），此保單等了 5 個多月（※不救急），到 2022／1／26 才領到理賠金 22,685 元的匯款（※沒有明細表，不知理賠哪項）。父母很高興地說：「賺到了」。※首次購買保單就獲得理賠者，多會繼續買保險，結果，原來賺到的就又吐回去了。期待每年住院理賠嗎？

然而，父母真有需要此筆 22,658 元嗎？真正需要此保單的

078　第 2 章 保險三訣：錢花刀口上、救急不救窮、保大不保小

人，應是沒有現金結帳，辦理出院的父母吧？※希望金管會能出面推動整合「保險存摺」，將保險公司與醫院連結，經由保險存摺 APP，直接由壽險公司帳戶扣款，來支付醫療費用，以免真正需要保險的人，尚須借款，辦理出院。

壽險業有所謂的「經驗生命表」，其平均餘命（歲）每隔數年即會提高一次，2012 年 7 月（第 5 回）的平均餘命（歲），是男 77.14 歲／女 83.2 歲，目前已提高至 2021 年 7 月（第 6 回）的男 81.11 歲／女 86.64 歲，依「第六回經驗生命表」，壽險保費會降低，但是，意外險及醫療險等保費，則會提高。

如果回看表 2-4 的六種保險，只有（A）小額終身壽險的 0～6 歲保費比較便宜（12%），其他的一年期壽險、癌症險、重大傷病險及意外險，均是 0～6 歲的保費反而比較貴（1～3 倍）；再看圖 5-1，2020 年未成年（0～24 歲）癌症死亡人數只有 154 人，占 0～24 歲人口（563.9 萬人）的萬分之 0.273，萬一幼兒不幸遇上了癌症或重大傷病等絕症，也只能當成自己的業障了。事實上，如表 2-9 中之微薄理賠金的助益不大，是否宜買 0 歲嬰兒保單，應稍作考量。

壽險公司的 0 歲保單，是利用父母愛心賺錢的保單；新生寶寶出生滿 48 小時之後，醫院須依規定對嬰兒少量抽血，寄交衛生署指定之「新生兒篩檢中心」，進行（健保給付）的 21 項先天代謝異常疾病檢查（※如有異常，會主動通知），然而，有些保險公司會再要求一些需自費檢查的特殊項目，確定是屬於「健康寶寶」之後，才會讓父母買 0 歲保單。

問了幾位新手父母，買 0 歲保單的理由，是「業務員強力推薦」（※甚至是孕婦保單），「洗腦教條」有四：①幼兒保費較便宜、②幼兒可能有重大傷病／疾病、③（住院）醫療費很貴、④幼兒住院，父母一人請假沒收入，因而需要靠保險給付來彌補；其實，這多是保險業務員以稀有特例的推銷術語。某新生兒保單 DM 上的最後結語是：

（1）每月「僅」1,000 元，就可以有完整保障。
（2）父母是家庭的經濟支柱，父母自身的保障更重要。

就這樣，一對新手爸媽，加上寶寶共三人的年繳保費就 9 萬多元了，成為生活捉襟見肘的月光族。事實上，除了重大疾病／特殊疾病外，「健保給付」多已能應付大多數的醫療費用了。

為了避免道德風險，未滿 15 歲者的保險金額有上限規定，例如，保險法第 107 條（2020 年 6 月 10 日公佈）規定：「未滿 15 歲者之壽險、意外險及旅遊平安險的死亡給付（喪葬費），以 61.5 萬元為上限」（※各家保險公司之總和），而且，許多的疾病保險均有 30～90 天的等待期。何況，若依 2% 通膨率（※先進國家以 ≤2%為通膨率標準）計算，即使投保 61.5 萬元（※每年保費將高達 7 萬元以上，小資族難以負擔），65 年後僅為現值的 17 萬元，連棺材本都不夠，亦即是 0 歲保單的實質效益並不高。

表 2-11 是某 0 歲終身壽險保單 DM 的摘要：「月繳 1,000 元，買 750 萬元保障！」，光看標題很吸睛，但是，750 萬元

保障的計算方式好像不符合常識邏輯，例如，如果是意外傷害身故，大概只能領到「終身壽險 20 萬元＋傷害險 100 萬元」吧？未滿 15 歲，意外險（傷害險）的死亡給付（喪葬費）61.5 萬元，為何傷害險保額 100 萬元？「罹患重大傷病」也可能只得到「重大傷病險 10 萬元＋醫療險實支實付 10 萬元」吧？什麼情況下，可領到「1 主約＋6 附約」的保險金 750 萬元呢？※ 保單雖然名為終身壽險，但是，其 6 種附約險均有續保的年齡上限，並非保障終身（110 歲），而且，6 種附約之保費每 3 年調高一次，調高到要保人受不了時，就只好棄單了。

表 2-11　0 歲終身壽險保單的 750 萬元保險範例

險種	保額（元）	年繳保費（元）	說明
（主約）終身壽險	20 萬	4,200	繳費 20 年，保障 110 歲
（附約）1 年期失能險（一次金）	100 萬	420	保證續保至 75 歲
（附約）1 年期傷害險	100 萬	180	保證續保至 75 歲
（附約）1 年期重大傷病險	20 萬	1,200	保證續保至 80 歲
（附約）1 年期癌症險（一次金）	500 萬	2,100	保證續保至 80 歲
（附約）1 年期癌症險住院日額	3,000	800	保證續保至 80 歲
（附約）1 年期醫療險實支實付	10 萬	3,100	保證續保至 80 歲
總計	750 萬	12,000 元／年	

註：除（主約）終身壽險之外，其他附約約每 3 年微調一次。（※ 調高？%，未說）

　　※終身壽險／終身醫療險／終身癌症險，是相當不符合常識邏輯的保險，表 2-9 及表 2-11 之「0 歲嬰兒終身壽險」，等到 30、40 歲時，此保險金額已不切實際了，除了物價不斷上漲外（※40 年前，（高雄）一個自助餐便當 30 元，現在要 90 元以上），不少住院手術已被改為保險公司不理賠的門診手術、健保給付項目不斷的增加；所以，買保險應適時調整，不

宜為（未成年者）投保繳費20年、保障終身的任何終身保險！

　　「保險」的原意，是為了彌補被保險人身故或喪失工作能力之後所造成的經濟損失，所以，買保險前應想想保險三訣：「錢花刀口上、保大不保小、救急不救窮」！

第 3 章

壽險保單的價值知多少？

3-1. 危言聳聽？
75%成人是保險文盲！

　　僅一字之差的增額壽險／變額壽險以及重大疾病險／重大傷病險之差別在哪裡？投資型壽險是保障、投資、養老兼顧的保單？多數的要保人在買保險時，不會認真去了解，多在事故發生需要理賠時，才會發現「怎麼跟我想的不一樣」。

　　金融消費評議中心，每一季均會公布保險（壽險業、產險業及保險輔助人）、銀行、證期、電子票證及電子支付等五大類的「申訴案件及評議案件統計表」，其中，保險商品糾紛最多，約占所有申訴案的 70%，而又以壽險業的占比最高，約占申訴案件的 60%。

　　保險的申訴及評議案件，就是要保人與保險公司雙方，對同一保險內容認知上的差異，平心而論，在金管會保險局的監督之下，目前的保險法已盡量要求保險業者在符合合理性／適足性及公平性的條件下招攬業務，避免讓消費者買到不適當的保單。

所以，自 2020 年 7 月以後，市售保險商品之 DM、說明書及契約條款，多已符合法令規定，只是這些 DM、說明書及契約條款，均是由保險專業人士撰寫，經主管機關專業人員審查合格，但是，無保險知識的消費者未必看得懂，加上不少人買保險時，多聽從保險業務人員推薦的保單，適當與否，只有在理賠或提前解約時，才會知道。圖 3-1 是近 5 年壽險業之申訴及評議案件的統計數據，不管是申訴案件或是評議案件，均是逐年上升。

圖 3-1　近 5 年壽險業之申訴及評議案件統計（2016～2020 年）

年度	申訴案件	評議案件
2016年	2,359	977
2017年	2,545	1,072
2018年	3,074	1,141
2019年	4,674	1,508
2020年	4,883	1,968

資料來源：財團法人金融消費評議中心「申訴暨申請評議案件說明」

常見的壽險糾紛項目，分為（一）理賠類：細分為 15 項及（二）非理賠類：細分為 10 項。圖 3-2a 是 2020 年第 4 季的理賠類常見的爭議占比，前三名分別為（1）必要性醫療（13%）、（2）理賠金額認定（11%）及（3）手術認定

（9%），其中，明顯的醫療爭議案件占了五項（（1）、（3）、（6）、（11）及（14）），共計占37%；圖3-2b是2020年第4季（非理賠類）常見爭議占比，前三名分別為（1）業務招攬爭議（31%）、（2）停效復效爭議（10%）及（3）契約變更（8%）。第一名的業務招攬爭議（31%），其中又以65歲以上的保單占最多。

圖3-2a 壽險業（理賠類）常見爭議項目（2020年第4季）

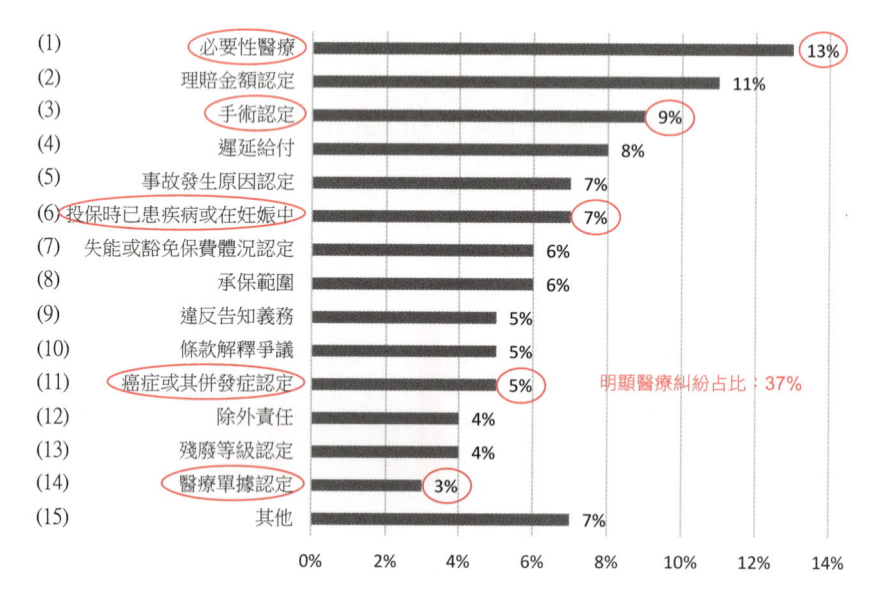

項次	爭議項目	百分比
(1)	必要性醫療	13%
(2)	理賠金額認定	11%
(3)	手術認定	9%
(4)	遲延給付	8%
(5)	事故發生原因認定	7%
(6)	投保時已患疾病或在妊娠中	7%
(7)	失能或豁免保費體況認定	6%
(8)	承保範圍	6%
(9)	違反告知義務	5%
(10)	條款解釋爭議	5%
(11)	癌症或其併發症認定	5%
(12)	除外責任	4%
(13)	殘廢等級認定	4%
(14)	醫療單據認定	3%
(15)	其他	7%

明顯醫療糾紛占比：37%

資料來源：財團法人金融消費評議中心「申訴暨申請評議案件說明」

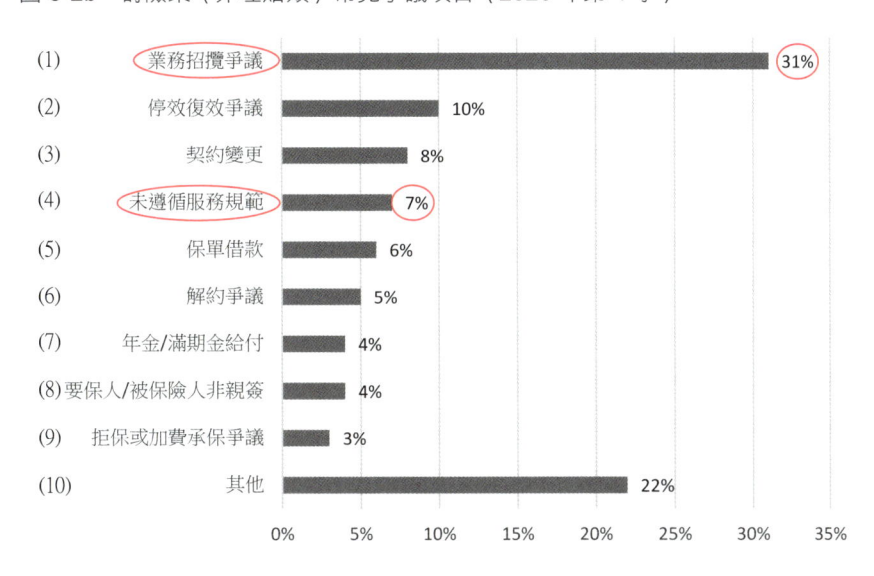

圖 3-2b　壽險業（非理賠類）常見爭議項目（2020年第4季）

項次	項目	比例
(1)	業務招攬爭議	31%
(2)	停效復效爭議	10%
(3)	契約變更	8%
(4)	未遵循服務規範	7%
(5)	保單借款	6%
(6)	解約爭議	5%
(7)	年金/滿期金給付	4%
(8)	要保人/被保險人非親簽	4%
(9)	拒保或加費承保爭議	3%
(10)	其他	22%

資料來源：台灣金融研訓院「2020台灣金融生活調查」（※本書製圖）

壽險糾紛何其多！如果說，買保險的人多是保險文盲，您可能不服氣，我有碩士／博士學位，怎麼會是保險文盲？姑且心平氣和的想一想，別說保險商品的合約條款／說明書（※多數人買保險多只稍瞄一下而已），就連保險商品DM的說明也一知半解。

依「2020台灣金融生活調查」報告，台灣民眾「對金融商品了解程度」分為四級：（1）非常了解、（2）還算了解、（3）稍微了解及（4）完全不了解，如圖3-3所示，有73.3%（＝36%完全不了解＋37.3%稍微了解）的人，對金融商品是一知半解；金融商品係指保險、股票、基金、債券、期貨等金融商品，雖然保險只是其中一種，但是，保險是普及率最高的金融商品，因此，不了解金融商品，應可解讀為保險文盲（※識

字≠了解,就像高學歷者也看不懂「六法全書」條文),非常了解的僅 4.6%。顯然,多數人買保險,不是被保險業務員慫恿,就是瞎子摸象---買到自以為了解的好保單。

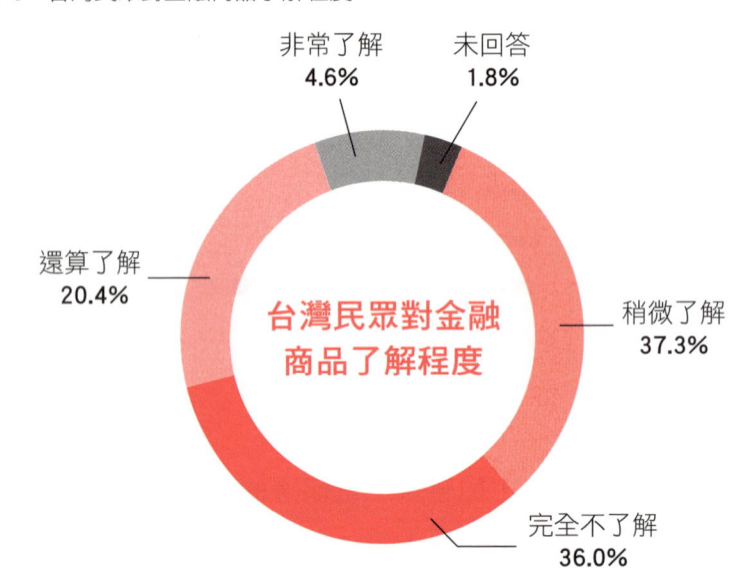

圖 3-3　台灣民眾對金融商品了解程度

台灣民眾對金融商品了解程度

- 非常了解 4.6%
- 未回答 1.8%
- 還算了解 20.4%
- 稍微了解 37.3%
- 完全不了解 36.0%

資料來源:台灣金融研訓院「2020台灣金融生活調查」(※本書製圖)

　　圖 3-3 中約 75%(3/4)的保險文盲,是否言過其實,可以下列之 20 項「壽險商品須知用語」作測試:
　　(1)基本保額、(2)保險金額、(3)變額壽險、(4)變額萬能壽險、(5)萬能壽險、
　　(6)增額壽險、(7)還本壽險、(8)利變型壽險、(9)宣告利率、(10)預定利率、
　　(11)責任準備金、(12)保單現金價值、(13)保單價值準備金、(14)保單帳戶價值、

（15）（假設）投資報酬率、（16）目標保費、（17）超額保費、（18）保險成本、

（19）危險保費、（20）淨危險保額

如果了解的須知用語不超過 5 項（1／4），則大概就是屬於保險文盲，在未寫本書之前，我也是屬於保險文盲，現在，也只能算是對人身保險部份還算了解而已。

3-2. 壽險商品的「須知用語」

（1）基本保額：是保險費、解約金或理賠金之計算的基準金額，可能是投保金額／保險金額，通常有投保上限、下限之規定。

（2）保險金額：係指保險契約書所訂定的投保金額，亦即是（當年度）身故／完全失能的給付金額，可能是每年固定的基本保額，也可能因不同保險商品而每年有不同的保險金額。金管會「投資型人壽保險單示範條款」之定義為「保險金額＝身故／完全失能保險金＝淨危險保額＋保單帳戶價值」，而坊間的投資型保單，有如下四種不同的表示法：

（a）保險金額＝max（基本保額，保單帳戶價值）

（b）保險金額＝基本保額＋保單帳戶價值

（c）保險金額＝max（基本保額，保單帳戶價值 × 最低比率）

（d）保險金額＝max（基本保額，保單帳戶價值 × 最低比率，累計保費）

註：（a）～（d）是甲乙丙丁型投資型壽險保單常見的定義，但各公司可能略有不同。

表 3-1　死亡給付對保單帳戶價值之最低比率

年齡	≦ 30 歲	≦ 40 歲	≦ 50 歲	≦ 60 歲	≦ 70 歲	≦ 90 歲	≧ 91 歲
最低比率	190%	160%	140%	120%	110%	102%	100%

※ 表 3-1 是金管會於 2020 年 7 月 1 日開始實施之「人壽保險商品死亡給付對保單價值準備金（保單帳戶價值）之最低比率規範」。

（3）變額壽險：屬於投資型保單，且投資風險由保戶自行負責，保費固定，但是保險金額不固定，會依投資績效而變動，且無最低保證下限，有（18）保險成本及（20）淨危險保額的風險。

（4）變額萬能壽險：保費可彈性調高或調低的變額壽險。

（5）萬能壽險：具有保險保障與投資增額雙功能，保險帳戶與投資帳戶分開，投資帳戶由保險公司負責操作（※投資型保單係保險公司委託投信公司負責操作），可彈性繳交保費或調整保險金額，有「最低保證利率」。※不同於投資型壽險中的（4）變額萬能壽險，萬能壽險被歸類為非投資型壽險，詳見（13）（A）。

（6）增額壽險：是一般型壽險（※非投資型壽險），保險金額會隨逐年繳交的保費，依複利計算而增加。增額回饋（分享）金（※俗稱紅利），當保險公司之投資效益大於某一既定的預定效益時，會產生利差益，而成為保單的增額回饋金，增額回饋分享金之給付方式，可選擇①增額繳清、②抵繳保費、③現金給付或④儲存生息等方式。

（7）還本壽險：亦是一般型壽險之一，可能是每隔數年會給付生存還本金，或者以單利計算存入保單價值準備金之內。

（8）利變型壽險：係宣告利率／（假設）投資報酬率不固

定的壽險商品。

（9）宣告利率：係指保險公司運用保戶所繳的部份保費去投資獲利，並扣除其他的附加成本之後，預期可獲得的投資報酬率（投報率）或稱淨投報率，宣告利率並非固定值，會隨著銀行利率、經濟環境而變動，可能每月／每季調整一次，宣告利率愈高，保戶的回饋金／分紅、保單價值準備金或解約金，甚至身故／完全失能理賠金也愈高。

（10）預定利率：係指保險公司運用保戶所繳的部份保費，去投資而預期可得到的最低投資報酬率，預定利率固定不變，保險公司在設計某一保險商品時，即已訂定的固定值，是決定保單保險費、解約金及理賠金等因素之一；通常預定利率愈高，保費愈便宜，但是，對保險公司而言是成本增加、風險提高。

※除了預定利率外，尚有一近似名詞為「分期給付預定利率」，此為壽險或年金險保單，約定壽險到期時或某一年度開始，將保單價值準備金／保單帳戶價值，分 10 年、15 年或 20 年給付的當時預定利率。

（11）責任準備金：保險公司為了承擔保險合約未到期的責任和未給付的理賠金，而從保費收入中提存某一比例的準備資金，確保

保險公司有足夠的償付能力。責任準備金是保險公司的負債，而非收入。金管會調降責任準備金利率時，表示相同的保險商品的保費將提高，而（投資型）保單的投報率也會降低。

(12) 保單現金價值：又稱解約金，指含有儲蓄性質之人身保險保單所具有的價值，保險公司為履行合約責任，將每期保戶所繳的保費，扣除保險成本、營業及業務佣金等費用後，依（金管會）規定，提存責任準備金中的一定比例，加上所衍生的利息，作為日後保險金給付及解約時的退還金用，故又稱為解約金或退保價值。在保障期間內，時間愈長，保單現金價值也愈高。※解約金＝保單價值準備金（或保單帳戶價值）－解約費用。

(13) 保單價值準備金：又稱保價金，分為二種：
（a）非投資型萬能人壽保險：指累積價值準備金，加計當時之淨保險費金額。淨保險費金額係指保險人已將要保人繳交保險費扣除附加費用，但尚未按宣告利率計息之金額。
（b）其它非投資型人壽保險：指人身保險業以計算保險契約簽單保險費之利率及危險發生率為基礎，並依主管機關規定方式計算之準備金。

上述（a）及（b）是屬於所謂的傳統型壽險保單。

（14）保單帳戶價值：指投資型保險契約所有連結投資標的之價值總和，加計當時之預定投資保費金額；預定投資保費金額係指保險人已將要保人所繳保險費扣除前置費用，但尚未實際配置於投資標的之金額。

（15）（假設）投資報酬率：或稱淨報酬率，是投資型保單專用語，相當於非投資型保單的宣告利率。

（16）目標保費：或稱基本保費，係指保險公司將每期應繳之保險費，用以提供被保險人身故／完全失能保障及投資需求。

（17）超額保費：或稱增額保費或彈性保費，係指要保人為增加其保單帳戶價值，於必繳之目標保費之外，所繳交的額外保險費。

（18）保險成本：＝淨危險保額×保險成本費率表，又稱保障費用，是投資型保單及（5）萬能壽險保單中的特有成本，依被保險人之性別、年齡及淨危險保額等計算出的金額，由保單帳戶價值／保單價值準備金中扣除，保戶多半不會警覺，除非看每一季保險公司寄給你的「保單帳戶價值通知書」，或者等收到保險公司的危險保費催繳通知單／失效通知單，才會驚訝到保單帳戶價值怎麼快歸零了。

（19）危險保費：係指保單因欠繳保費被停效（喪失保障）之後，復效時要保人應補繳的保險費，或者當保單帳戶價值／保單價值準備金低於（18）保險成本時，要保人應補繳的保險費。

註：年金險不屬於人壽保險（※表1-3），然而，變額年金險屬於投資型保單，與（3）變額壽險的差異，在於變額年金險沒有保險保障的成份，沒有（18）保險成本及（19）危險保費之風險，但仍有投資損失的風險。

（20）淨危險保額：係指（當年度）身故／完全失能給付金額與責任準備金之差額；目前市售的投資型保單說明書中，有四種不同的定義：

(a) 淨危險保額＝（基本保額－保單帳戶價值），且需≧0

(b) 淨危險保額＝基本保額

(c) 淨危險保額＝[max（基本保額，保單帳戶價值 × 最低比率）－保單帳戶價值]，且需≧0

(d) 淨危險保額＝[max（基本保額，保單帳戶價值 × 最低比率，累計保費）－保單帳戶價值]，且需≧0

(e) 淨危險保額＝身故／完全失能保險金－保單帳戶價值

※（a）、（b）是金管會「投資型人壽保險單示範

條款」定義之甲、乙型，（c）、（d）分別為丙、丁型，各公司之定義可能有異。若為非投資型萬能壽險保單，則淨危險保額＝身故／完全失能保險金－保單價值準備金。

3-3. 易搞混之須知用語的解說範例

第 3-2 節之須知用語有許多易搞混的壽險用語，需以各保險商品之 DM／說明書為準，以下是部份保險商品之 DM／說明書的範例說明。

★淨危險保額、基本保額、保險金額與保單帳戶價值／保價金之關係

圖 3-4a、3-4b 是第一金人壽／前後給利變額萬能壽險保單 DM，算是比較令人看得懂的示意圖。※粉紅字為本書加註之說明。

圖 3-4a　保險金額、基本保額、淨危險保額之關係（甲型）

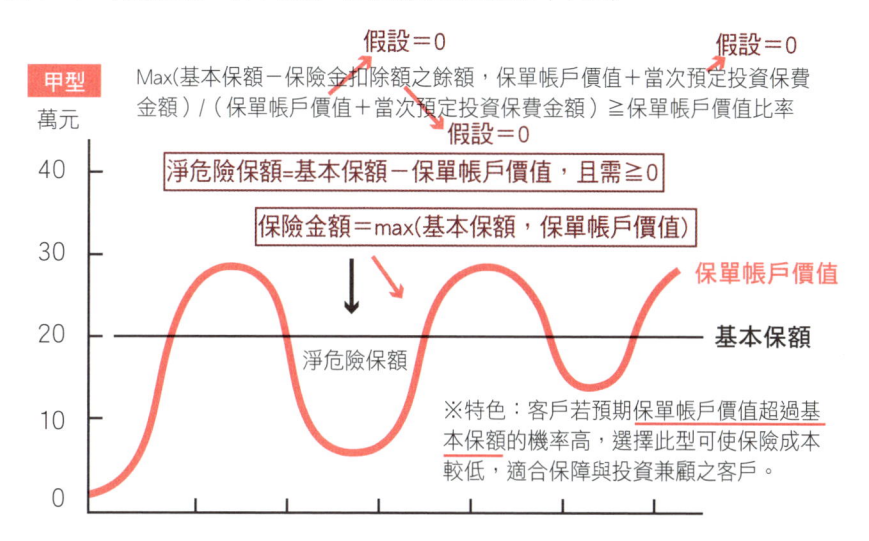

甲型
萬元

假設＝0　　　　　　　　假設＝0

Max(基本保額－保險金扣除額之餘額，保單帳戶價值＋當次預定投資保費金額)／(保單帳戶價值＋當次預定投資保費金額)≧保單帳戶價值比率

假設＝0

淨危險保額＝基本保額－保單帳戶價值，且需≧0

保險金額＝max(基本保額，保單帳戶價值)

保單帳戶價值

基本保額

淨危險保額

※特色：客戶若預期保單帳戶價值超過基本保額的機率高，選擇此型可使保險成本較低，適合保障與投資兼顧之客戶。

資料來源：第一金人壽／前後給利變額萬能／壽險保單DM

圖 3-4b　保險金額、基本保額、淨危險保額之關係（乙型）

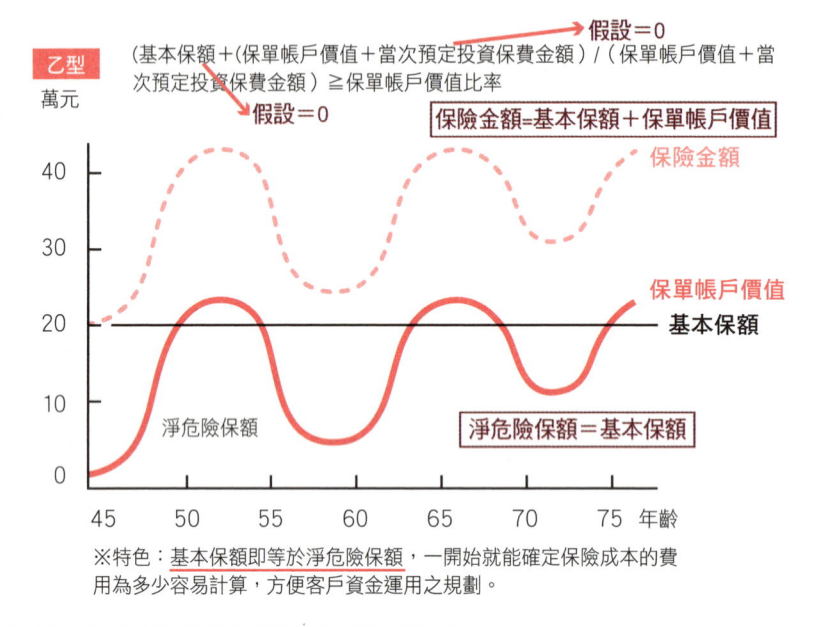

乙型
萬元

(基本保額＋(保單帳戶價值＋當次預定投資保費金額)) / (保單帳戶價值＋當次預定投資保費金額) ≧保單帳戶價值比率

假設＝0

假設＝0

保險金額＝基本保額＋保單帳戶價值

保險金額

保單帳戶價值

基本保額

淨危險保額

淨危險保額＝基本保額

45　50　55　60　65　70　75　年齡

※特色：基本保額即等於淨危險保額，一開始就能確定保險成本的費用為多少容易計算，方便客戶資金運用之規劃。

資料來源：第一金人壽／前後給利變額萬能／壽險保單DM

　　如果是同一份投資型保險商品，可能又分為甲、乙、丙、丁型等，表 3-2a、3-2b 是富邦人壽的「富貴吉祥變額萬能壽險」保單，分為甲型、乙型。詳列各年度的各種費用，可用來解釋一些須知用語。

★富邦人壽／富貴吉祥變額萬能壽險例

　　表 3-2a，「男性 40 歲，基本保額為 100 萬元，保險型態為甲型，每年繳交目標保險費新臺幣 4 萬元，持續繳費 15 年，保障至 110 歲」，在扣除保險費用、（18）保險成本及保單管理費後，剩餘之金額進入分離帳戶進行投資，在（15）假設投資報酬率＋5%時，其（18）保險成本、（2）身故／完全失能保險金額、（14）保單帳戶價值及（20）淨危險保額等如表 3-2a 所示。

表 3-2a　甲型變額萬能壽險範例（※基本保額 100 萬元）

保單年度	保險年齡	保費費用	(A)保險成本	(B)保單管理費	(C)保單帳戶價值	(D)身故／完全失能保險金額	(E)解約金	(F)淨危險保額(=(D)-(C))
					假設投資報酬率＋5%			
1	40	23,600	1,500	1,200	14,447	1,000,000	14,447	985,553
2	41	11,600	1,596	1,200	42,119	1,000,000	42,119	957,881
3	42	11,600	1,680	1,200	71,087	1,000,000	71,087	928,913
4	43	5,600	1,760	1,200	107,722	1,000,000	107,722	892,278
5	44	5,600	1,828	1,200	146,118	1,000,000	146,118	853,882
6	45	-	1,957	1,200	192,182	1,000,000	192,182	807,818
7	46	-	1,989	1,200	240,517	1,000,000	240,517	759,483
8	47	-	2,007	1,200	291,249	1,000,000	291,249	708,751
9	48	-	2,004	1,200	344,521	1,000,000	344,521	655,479
10	49	-	1,978	1,200	400,484	1,000,000	400,484	599,516
15	54	-	1,336	1,200	726,876	1,000,000	726,876	273,124
20	59	-	720	1,200	914,853	1,000,000	914,853	85,147
25	64	-	-	1,200	1,159,996	1,159,996	1,159,996	0
30	69	-	-	1,200	1,473,673	1,473,673	1,473,673	0
35	74	-	-	1,200	1,874,012	1,874,012	1,874,012	0
40	79	-	-	1,200	2,384,958	2,384,958	2,384,958	0
45	84	-	-	1,200	3,037,069	3,037,069	3,037,069	0
50	89	-	-	1,200	3,869,346	3,869,346	3,869,346	0
55	94	-	-	1,200	4,931,566	4,931,566	4,931,566	0
60	99	-	-	1,200	6,287,258	6,287,258	6,287,258	0
65	104	-	-	1,200	8,017,502	8,017,502	8,017,502	0
70	109	-	-	1,200	10,225,781	1,000,000	10,225,781	0
71	110	-	-	1,200	10,735,838	1,000,000	10,735,838	0

資料來源：富邦人壽／富貴吉祥變額萬能壽險（V2）／保險商品說明書（UNAX1100701）

依前述須知用語，甲型投資型保單，

（20）（a）：淨危險保額＝基本保額－保單帳戶價值，且需≥0，

（2）（a）：（身故／完全失能）保險金額
＝max（基本保額，保單帳戶價值）
＝淨危險保額＋保單帳戶價值

即可解讀表 3-2a 之各種數據，在第 1 保單年度（40 歲），（F）淨危險保額（985,553 元）＝基本保額（1,000,000 元）－（C）保單帳戶價值（14,447 元）。因為（F）淨危險保額＝基本保額－（C）保單帳戶價值，且需≥0；所以，在第 25 保單年度（64 歲），（F）淨危險保額＝1,000,000 元－1,159,996 元＝－159,996 元，此為負值，故需取 0。

此外，由須知用語（2）（A）可知，自第 25 保單年度（64 歲）開始，（C）保單帳戶價值開始大於基本保額（1,000,000 元），所以，（D）（身故／完全失能）保險金額逐年增加。※本保單不收解約費用，所以，解約金等於保單帳戶價值。

表 3-2b 與表 3-2a 之唯一差別在於乙型、甲型之分，「男性 40 歲，基本保額為 100 萬元，保險型態為乙型，每年繳交目標保險費新臺幣 4 萬元，持續繳費 15 年，保障至 110 歲」，在扣除保險費用、（18）保險成本及保單管理費後，剩餘之金額進入分離帳戶進行投資，在（15）假設投資報酬率＋5%時，其年度末身故／完全失能保險金額、（14）保單帳戶價值及解約金如表 3-2b 所示。

表 3-2b　乙型變額萬能壽險範例（※基本保額 100 萬元）

保單年度	保險年齡	保費費用	(A)保險成本	(B)保單管理費	(C)保單帳戶價值	(D)身故／完全失能保險金額	(E)解約金	(F)淨危險保額（＝基本保額）
					假設投資報酬率＋5%			
1	40	23,600	1,524	1,200	14,423	1,014,423	14,423	1,000,000
2	41	11,600	1,668	1,200	42,019	1,042,019	42,019	1,000,000
3	42	11,600	1,812	1,200	70,847	1,070,847	70,847	1,000,000
4	43	5,600	1,968	1,200	107,256	1,107,256	107,256	1,000,000
5	44	5,600	2,136	1,200	145,313	1,145,313	145,313	1,000,000
6	45	-	2,412	1,200	190,870	1,190,870	190,870	1,000,000
7	46	-	2,604	1,200	238,507	1,238,507	238,507	1,000,000
8	47	-	2,808	1,200	288,316	1,288,316	288,316	1,000,000
9	48	-	3,024	1,200	340,395	1,340,395	340,395	1,000,000
10	49	-	3,252	1,200	394,843	1,394,843	394,843	1,000,000
15	54	-	4,584	1,200	706,623	1,706,623	706,623	1,000,000
20	59	-	6,684	1,200	862,133	1,862,133	862,133	1,000,000
25	64	-	10,044	1,200	1,044,601	2,044,601	1,044,601	1,000,000
30	69	-	16,032	1,200	1,250,466	2,250,466	1,250,466	1,000,000
35	74	-	26,424	1,200	1,463,760	2,463,760	1,463,760	1,000,000
40	79	-	41,280	1,200	1,666,265	2,666,265	1,666,265	1,000,000
45	84	-	64,236	1,200	1,814,267	2,814,267	1,814,267	1,000,000
50	89	-	99,552	1,200	1,834,155	2,834,155	1,834,155	1,000,000
55	94	-	154,332	1,200	1,597,566	2,597,566	1,597,566	1,000,000
60	99	-	236,676	1,200	901,635	1,901,635	901,635	1,000,000
65	104	-	-	-	-	-	-	0
70	109	-	-	-	-	-	-	0
71	110	-	-	-	-	-	-	0

資料來源：富邦人壽／富貴吉祥變額萬能壽險（V2）／保險商品說明書（UNAX1100701）

依前述須知用語，乙型投資型保單，

（20）（B）：淨危險保額＝基本保額
（2）（B）：（身故／完全失能）保險金額
　　　　＝基本保額＋保單帳戶價值
　　　　＝淨危險保額＋保單帳戶價值

即可解讀表 3-2b 之各種數據，在第 1 保單年度（40 歲），因為（F）淨危險保額（＝基本保額（1,000,000 元）；所以，到第 60 保單年度（99 歲）為止，淨危險保額均為 1,000,000 元。此外，（D）（身故／完全失能）保險金額＝基本保額＋（C）保單帳戶價值，所以，第 1 保單年度（40 歲），（D）（身故／完全失能）保險金額＝1,014,423 元（＝1,000,000 元＋14,423 元），以下均同此方式計算。

在第 60 保單年度（99 歲）開始，（C）保單帳戶價值（901,635 元），（A）保險成本已增為 236,676 元，當（C）保單帳戶價值小於（A）保險成本時，要保人將會被保險公司催繳危險保費，而成為地獄型保單：無底錢坑等你跳（※第四章表 4-8～4-10 等）。

★萬能終身壽險例

　　（4）變額萬能壽險是投資型保單（表 3-2a、3-2b），而（5）萬能壽險是非投資型保單，但是，卻有如投資型保單的（18）保險成本及（17）超額保費等費用；表 3-3 是富邦人壽金好運萬能終身壽險的效益分析表，「女 40 歲，基本保額 100 萬元，年繳保費 3 萬元，繳費期 20 年，保障至 110 歲」。

表 3-3　萬能終身壽險範例（※基本保額 100 萬元）

保單年度	保險年齡	(A)累計年繳保費	保費費用	保險成本	年度末保單價值準備金	年度末身故／完全失能保險金 (B)一次給付 @宣告利率 2.05%	年度末身故／完全失能保險金 分期給付（年）@預定利率 1.50%	解約金	(C)解約金IRR(%)	(D)1元保費保障比 =(B)÷(A)
1	40	30,000	1,020	636	28,932	1,000,000	57,385	26,617	-	33.33
2	41	60,000	1,020	672	58,430	1,000,000	57,385	55,508	-	16.67
3	42	90,000	1,020	696	88,515	1,000,000	57,385	86,302	-	11.11
4	43	120,000	1,020	732	119,187	1,000,000	57,385	116,803	-	8.33
5	44	150,000	1,020	756	150,469	1,000,000	57,385	148,964	-	6.67
6	45	180,000	1,020	840	182,313	1,000,000	57,385	180,490	-	5.56
…	…	…	…	…	…	…	…	…	…	…
20	59	600,000	1,020	882	702,427	1,000,000	57,385	702,427	0.79	1.67
30	69	-	-	1,333	849,286	1,000,000	57,385	849,286	1.16	1.67
40	79	-	-	-	1,032,472	1,032,472	59,248	1,032,472	1.37	1.72
50	89	-	-	-	1,267,163	1,267,163	72,716	1,267,163	1.51	2.11
60	99	-	-	-	1,555,208	1,555,208	89,246	1,555,208	1.60	2.59
70	109	-	-	-	1,908,723	1,908,723	109,532	1,908,723	1.67	3.18
71	110	-	-	-	1,948,222	1,948,222	111,799	1,948,222	1.67	3.25

註：上表係以宣告利率 2.05% 及分期給付保險金預定利率 1.50% 計算，分期給付 20 年。
資料來源：富邦人壽／金好運萬能終身壽險（V1）／保單DM（UWA2）

　　由表頭上的（13）「保單價值準備金」和（9）宣告利率可知，此份保單是非投資型保單，但有（18）保險成本，且以（9）宣告利率 2.05%計算投資效益，在 DM 及合約條款中註明：「保單帳戶價值準備金及（9）宣告利率不得為負值」，對保戶而言應算是最低保證利率＝0，風險低於（4）變額萬能壽險。

此保單的解約費用只計算到第 6 年為止，第 7 年開始即無解約費用，所以，解約金＝保單價值準備金。（2）身故／完全失能給付＝max（基本保額，保單價值準備金），自第 40 保單年度（79 歲）開始，身故／完全失能給付＝保單價值準備金，故已無（18）保險成本，不必擔心被催繳（19）危險保費。※表 3-3 之解約金為本書依此保單合約條款／解約費用率（※表 3-4c），計算所得之數值；第 20 保單年度之解約金占比＝702,427 ÷ 600,000＝117.07%，參照表 3-12c。

> ★市面上僅剩一款「萬能壽險」商品
>
> 　　約在 2000 年以前，萬能（終身）壽險是暢銷的保險商品，只不過在 2001 年銀行定存利率開始劇降，加上股票市場行情劇升之後，就逐漸銷聲匿跡；目前被變額萬能壽險取而代之，市面上找得到的萬能終身壽險，只剩下富邦人壽 2021 年版「金好運萬能終身壽險」。

　　由（D）欄可知，此保單可算是高保障比的終身儲蓄險，如果在第 1 保單年度繳了 30,000 元保費之後就不幸身亡，理賠金 1 百萬元，相當於 1 元保費買 33.3 元保障。解約金投報率（※表 3-3（C）欄）也不差，因此，其他保險公司也可能會跟進，調整舊「萬能壽險」保單之宣告利率及保費之後，重新再上架。

★解約金與保單帳戶價值／保價金之關係

　　保單帳戶價值及前置費用（※含目標保費、超額保費等）是投資型保單的專用語，而保單價值準備金及附加費用（※含營業費用及業務佣金等）是非投資型保單的專用語。

保險公司商品的 DM 中,不能標示投資型商品或儲蓄型商品,大多數人也搞不清楚「保單價值準備金」和「保單帳戶價值」之差異,不過,保險公司必然了解,所以在保險商品的 DM 中,只要看到保單帳戶價值,即表示此為投資型保單;看到保單價值準備金,即表示此為非投資型保單。

　　通常,保單現金價值(解約金),多小於保單價值準備金(保價金)或保單帳戶價值,但某些保險商品不收解約費用(※表 3-2a、-2b 例),或者自某保單第一年度開始,解約金等於保價金,對投資型壽險／年金險商品而言,解約金=(保單帳戶價值-解約費用),而解約費用=保單帳戶價值×解約費用占比,當解約費用或解約金占比=0 時,解約金=保單帳戶價值。

(一)(投資型保單)解約金=保單帳戶價值×(1-解約費用率)

　　例、某投資型保單之解約金費用率,如表 3-4a。

表 3-4a　某投資型保單之解約費用率

保單年度	1	2	3	4	5	6	7
解約費用率	6%	5%	4%	3%	2%	1%	0%

　　自第 7 保單年度開始,解約費用率=0(※解約費用=0),亦即「解約金=保單帳戶價值」,但也有某些保險商品,自第 1 保單年度開始,解約金=保單帳戶價值。

（二）（非投資型保單）解約金＝保單價值準備金（保價金）
　　　　　　　　　　　　　×解約金對保價金占比
　　　　　　　　　　　＝保單帳戶價值×（1－解約費用率）

例（1）、某躉繳（利變型）終身壽險保單之解約金比例，如表 3-4b。

表 3-4b　某躉繳（利變型）終身壽險保單之解約金占比

保單年度	1	2	3	4	5	6	7
解約金對保價金占比	75%	80%	85%	90%	99%	99%	100%

例（2）、某萬能終身壽險之解約費用率，如表 3-4c。

表 3-4c　某萬能終身壽險之解約費用率

保單年度	1	2	3	4	5	6	7
解約費用率	8%	5%	2.5%	2%	1%	1%	0%

自第 7 保單年度開始，「解約金＝保價金」，但也有某些保險商品，自第 1 保單年度開始，即解約金＝保價金。

※解約金之計算，以保險公司的個別保險商品之公開資訊為準，可參考各壽險公司／資訊公開說明文件／「保單價值準備金」、「解約金」二者之關係式及解約金計算公式。

3-4. 宣告利率及假設投報率之迷思

　　2019 年 8 月，Smart（智富）雜誌曾刊登一篇文章「買儲蓄險強迫存錢，小心 2 大錯誤觀念」，內容敘述「（前）高雄市長韓國瑜全家 18 張保單大健檢」，18 張保單是保障成份不同的（終身）壽險型保單，韓國瑜一家 4 口人，18 張保單（4.5 張／人），跟其他相同經濟能力的人相比，並不算多；在 2002 年之前，韓家每年的應繳保費約 60～70 萬元，以韓家的財力而言，並不誇張；比較特別的是 2015 年初，共買了 4 張終身壽險保單，每年保費共 231.6 萬元（×6 年），以及 2019 年 2 月保了一份美元利變型的終身壽險保單（保費 85,470 美元／年 × 2 年），這應該是大多數有錢人，在保險業務員的誘導建議之下，所投保之合法規避遺產稅的保單。

　　此篇雜誌文章指出，要保人的 2 大常見錯誤觀念，是①買不合適保單、儲蓄效果不佳，②誤把保單宣告利率，當作實質報酬率；文中以韓國瑜所買的利變型美元終身壽險（※繳費期 2 年）為例，此保單的宣告利率是 3.43%，似乎太樂觀，故此文改用預定利率 1.75%（≒保證報酬率）計算，要等到第 13 年保單現金價值（＝解約金），才會超過總繳保費，以此份保單來看，想要由保險公司賺到錢，唯一的可能是在投保 6 年內身故或完全失能，可領取總繳保費 2 倍的理賠金，然而，這多不是要保人所希望的結局。

　　宣告利率及預定利率多會揭露在保單 DM 中，只不過宣告利率字體大，而預定利率字體小，可能要在注意事項或備註中

仔細找找看（※或者不揭露）。通常，當實際的宣告利率高於預定利率時，保戶可獲得增值回饋金／分紅金等；若實際的宣告利率低於預定利率時，就沒有增值／分紅回饋金，對保險公司是利差損（※即投資虧損），此時，保單價值準備金只能以預定利率計息增值，所以，預定利率又被視為保單的保證最低利率。

此外，宣告利率是非投資型保單（※即一般型壽險及年金險）的專用語，非投資型保單 DM 中的增值／效益分析表，均是以某一假設宣告利率值計算，保戶只有在解約或理賠時，保險公司才會以當時的利率，去計算歷年累積下來的實際理賠金／解約金。

在利變型非投資型保單，其 DM 中的回饋金／解約金／期滿金試算表，該表多會註明本表是以每年宣告利率 x.xx%（例 2.50%）計算，然後在表下方加註類似「本表實際數值會因每月公告之宣告利率不同而變動，本公司不負保證最低宣告利率之責」的小字。

增額／利變型保單（※非投資型保單）的宣告利率（※較務實），以及變額型保單（※投資型保單）的假設投資報酬率，均只是一個比較參考值，是保險公司運用所收取的部分保費去投資，可能得到的實際投報率，每月／每年不固定也不保證。※僅供樂觀者參考。

預定利率是保險公司預估的投（資）報（酬）率，為固定值（※事實上，也可能變動，在 2000 年時，銀行定存年利率在 5%以上，2001 年之年利率劇降為 2.35%時，保險公司就忙著

換保單，以免巨額虧損），是保險公司用來設計保單用的，例如保單價值準備金及增值回饋金等。

保險公司保費運用的實際報酬率，若低於預定利率時，保險公司就會產生利差損而賠錢。所以，保險公司不會訂高預定利率，通常保險公司的預定利率多為宣告利率的50%～70%，不同保單的預定利率也不同，目前行情多≦1.5%。

「增額／利變型保單」上的宣告利率及「變額型保單」上的假設投資報酬率（淨投資率），是保險業務員用來說服客戶用的，乍看之下，兩者都遠高於銀行定存利率，可能是銀行定存利率的2～5倍（※目前銀行1年期定存利率約0.85%），但是，這兩個利率都不是真正的保單利率，真正的利率指標，要看內部報酬率（IRR，Internal Rate of Return）。

由於政府版的「勞工退休年金」偏低（※參考拙作「拒當下流老人的退休理財計劃」，所以，金管會也鼓勵壽險業者，推出企業版的年金險，很多人誤以為「年金險是儲存退休金用，沒有風險」，其實不然；年金險分為投資型及傳統型，依金管會規定，在投資型保單的DM／說明書中，至少需揭露3種（含＋%、0%、－%值）以上不同假設投資報酬率的效益分析，供客戶參考，亦即投資型年金險（※變額年金險）當實質投報率低於0%時，也有虧損本金的風險。

★第一金人壽／悠活退變額年金險／範例說明

變額型年金險是投資型保單，表3-5a是轉自第一金人壽／悠活退變額年金險DM，其「範例說明」揭露假設投資報酬率

在＋6%～－6%之間的 4 種保單帳戶價值。

此張保單躉繳保費 500 萬元，顯然是有錢人的投資型保單，如果很不幸的，此保單的實際投報率是假設投資報酬率－6%，則等到第 15 保單年度（64 歲）時，原躉繳的 500 萬元保費，只剩下 1,880,007 元；由此可知，投資型年金險有虧損本金的風險；反之，若以假設投資報酬率＋6%計算，在 65 歲退休時，可一次提領高達 11,398,027 元，確實很吸睛，其實質報酬率（IRR）為 5.65%。※事實上，大多數的投資型保單，在第 20 保單年度之前，其 IRR 多≦2%。

表 3-5a　悠活退變額型年金險之範例說明

金先生50歲，購買「悠活退臺幣變額年金險」，躉繳保費500萬元，若以假設投資報酬率6%計算，在金先生於64歲(末)退休時，將可創造出約11,398,027元(保證給付年金總額)，進入年金給付期之後，金先生將可每年領回約507,213元的年金給付(註)，最多可一直到110歲，輕鬆享受退休生活。

*範例說明數值皆係假設，僅供計算說明，並不代表或預示投資標的未來之實際收益或投資收益。 單位：新臺幣/元

保單年度(末)	保險年齡	假設投資報酬率 6%		假設投資報酬率 2%		假設投資報酬率 0%		假設投資報酬率 -6%	
		保單管理費	保單帳戶價值	保單管理費	保單帳戶價值	保單管理費	保單帳戶價值	保單管理費	保單帳戶價值
1	50	76,508	5,221,044	75,165	5,024,024	74,487	4,925,513	72,421	4,629,983
2	51	74,620	5,457,300	70,543	5,053,199	68,536	4,856,978	62,637	4,291,625
3	52	72,416	5,710,006	65,876	5,087,676	62,747	4,794,231	53,905	3,982,012
4	53	46,773	6,004,338	40,943	5,148,046	38,233	4,755,998	30,874	3,713,241
5	54	-	6,364,599	-	5,251,007	-	4,755,998	-	3,490,446
10	59	-	8,517,269	-	5,797,535	-	4,755,998	-	2,561,653
15	64	-	11,398,027　IRR = 5.65%	-	6,400,948　IRR = 1.66%	-	4,755,998	-	1,880,007

低於總繳保費

註：在年金給付開始日時，保險公司以年金累積期間屆滿日之保單帳戶價值、當時預定利率及年金生命表計算每期年金金額；本範例之"年金金額"之計算係依據現行年金生命表 100% 及預定利率 2% 計算之。

資料來源：第一金人壽／悠活退變額型年金險／保單 DM。

此保單 DM 上強調，「進入年金（分期）給付期間，將每年可領回 507,213 元，最多可一直領到 110 歲」，此句話很容易被誤解為「每年可領回 507,213 元，直到 110 歲」，事實上並非如此，要看表下方之小字註解：「⋯依據現行生命表 100%及預定利率 2%估算之」，但是，看了之後還是看不懂，因為還要以複雜的公式計算，只有到 64 歲時，依當時的年金給付預定利率及約定的給付方式等計算，才知道真正可以領多少錢。

年金分期給付，通常年金保證期間有 10、15～30 年期可供選擇，保單帳戶價值 11,398,027 元，若以 10 年給付期概算（※不含利息），每年約可領 1,139,803 元。若以 20 年給付期概算（※不含利息），每年約可領 569,901 元。拉長年金給付時間，必然會減少每年給付金額。

★新光人壽／福利多多利變型年金險（甲型）／範例說明

表 3-5b 是轉自新光人壽／福利多多利變型年金險（甲型）DM，揭露了 1.25%、1.5%及 1.75%三種宣告利率的保單價值準備金，此為傳統年金險，保單算是比較接近現實上班族的保單，自 45 歲開始，每年繳交 60,000 元保費，至 65 歲為止，20 年共繳了 120 萬保費。

表 3-5b　福利多多利變型年金險（甲型）之範例說明

男性45歲開始每年繳新臺幣60,000元（繳費20年），保證期間為15年，在年金累積期間，假設第1保單年度宣告利率為1.50%，第2保單年度起宣告利率分別假設為1.25%、1.5%及1.75%，則未來年金保單價值準備金及年金金額如下所示：

年金累積期間

年度	累積所繳保險費	附加費用率	年度末年金保單價值準備金 假設第1保單年度宣告利率1.5% 假設第2保單年度起宣告利率			次年度初保單解約金 假設宣告利率1.5%
			1.25%	1.5%	1.75%	
1	60,000	1.15%	60,200	60,200	60,200	57,792
2	120,000	1.15%	121,004	121,303	121,601	118,270
3	180,000	1.15%	182,568	183,322	184,077	179,839
…	…	…	IRR=1.05%	IRR=1.29%	IRR=1.54%	…
10	600,000	1.15%	635,610	644,300	653,117	644,300
20	1,200,000	1.15%	1,355,126	1,392,035	1,430,138	1,392,035
			IRR=1.14%	IRR=1.39%	IRR=1.64%	

資料來源：新光人壽／福利多多利變型年金險（甲型）／保單DM。

　　利變型年金險是非投資型保單，相關用語是宣告利率及保單價值準備金，保單的合約條款中，明訂「宣告利率不得為負值」，其「範例說明」多會揭露在三個不同之宣告利率的保單價值準備金，雖然訂定的宣告利率低於投資型保單的假設投資報酬率，但至少不會出現≤0%的宣告利率。

　　繳費 10 年時，在宣告利率分別為 1.25%、1.5%及 1.75%條件下，其 IRR 分別為 1.05%、1.29%及 1.5%；繳費 20 年時，其 IRR 分別為 1.14%、1.39%及 1.64%，此份保單至少可算是強制性保本的儲蓄險（※年存 60,000 元）。

　　表 3-5a（投資型）變額型年金險和表 3-5b 之（非投資型）利變型年金險，可視為積極型與保守型之分，積極型雖然可能獲利較多，但是，虧損風險也較高。

3-5. 壽險保單的價值：解約金投報率 & 1 元保費保障比

自 2020 年 7 月傳統的儲蓄險（※輕保障、重儲蓄）退出市場之後，取而代之的是各種投資型保單（※（1）變額壽險、（2）變額萬能壽險和（3）變額年金險），以及繳費期限短（≦6 年）的利變型終身壽險（※繳費時間短，解約金（儲蓄金）增值快）。

儘管大多數人不想身故而獲得理賠，但是，卻也想知道，「萬一不幸身故時，你的保費價值是多少」；此外，在長期（6 年以上）壽險或終身壽險的保險期長，有時候可能因資金需求而不得不提前解約，這時候就得考慮此時所領回解約金的投資報酬率（投報率）是多少。

在一些保險相關網站中，常看到網友提出問題，如「○○○保單已繳費 8 年共 24 萬元，但是，保單帳戶價值僅剩 13 萬元，不知是該續繳或是解約取回剩餘本金」等問題，請保險專家解答，足見提前解約是長期保單常會遇到的問題。

不管是假設投資報酬率或是宣告利率，均不是要保人可能拿到的實際利率，對要保人而言，想知道的是扣除保險公司之所有費用後的實質投報率，也就是*內部報酬率（IRR，Internal Rate of Return）*。買人壽保險時的兩項實用的參考指標，一是儲蓄價值，亦即是*解約金投報率*，另一指標是保障價值，亦即是 1 元保費保障比：

（Ⅰ）解約金投報率：

專業術語為（解約金）內部報酬率（IRR），IRR 是以解約金、年繳保費、總繳保費及領回年數等因素計算；想事先估算保單的 IRR，公式很複雜，需使用迭代法（錯誤嘗試法）計算，不過，可使用網路上如 MY-83 及 Triple-I life 等內部報酬率（IRR）計算器計算。

若為躉繳保單，「解約金投報率＝銀行整存整付的複利定存」，計算式為

解約金投報率（％）＝[（解約金 ÷ 總繳保費）$^{1/年}$ － 1]

（Ⅱ）1元保費保障比：

「1元保費保障比」並非保險業的專業用語，而是本書的自訂用語，用來比較各種保險商品之所繳保費的單位比值。

1元保費保障比＝身故／完全失能理賠金 ÷ 總繳保費

以下是五種不同類型的非投資型終身壽險，比較其（Ⅰ）解約金投報率和（Ⅱ）1元保費保障比。

「人身保險商品審查注意事項」第 17 條：「祝壽保險金給付年度於 95 歲以前者，其保險商品名稱不得冠以「終身」二字」，所以，終身壽險的保障期限多為 99 歲、100 歲或 110 歲（※上限，經驗生命表 100 歲死亡率 100%）。

★例 1：（躉繳）利變型終身壽險

　　表 3-6 是台灣人壽／金滿意利變型終身壽險保單，「男 40 歲，基本保額 200 萬元，保障至 110 歲，躉繳保費 1,296,736 元」之效益分析表；首先，由表頭欄的「保單價值準備金」及宣告利率，可知此保單是非投資型保單；由表中可明顯看出，第 7 年開始，解約費用率＝0，即不再有解約金費用，所以，解約金＝保單價值準備金。

　　表 3-6 之（G）欄，第 70 保單年度的解約金（3,099,142 元）最多，其投報率為 1.25%，並非最高，投報率最高是在第 30 保單年度，解約金為 1,968,696 元，投報率是 1.40%。1 元保費保障比列於表 3-6 中之（H）欄，由（H）可看出在 110 歲時的 1 元保費保障比最高，但是，也有年齡達某一程度，「1 元保費保障比」反而降低的保險商品，然而，只有在被保人不幸身故／完全失能理賠時，其他的家人才知道實際的保險保障價值。

表 3-6 （躉繳）利變型終身壽險保單效益分析表

保單年度	保險年齡	(A)累計實際總繳保費	(一)基本保險金額		(二)(含增值回饋金)保險金額（※採增額繳清方式）@宣告利率1.95%（非保證給付）			(G)解約金IRR(%)	(H)1元保費保障比(H)=(F)÷(A)
			(B)保單價值準備金(保價金)	(C)保單現金價值(解約金)	(D)保單價值準備金(保價金)	(E)保單現金價值(解約金)	(F)身故／完全失能保險金		
1	40	1,296,736	1,214,360	910,780	1,228,932	925,352	1,966,292	-	1.52
2	41	(躉繳)	1,222,280	977,820	1,251,791	1,007,331	1,752,508	-	1.35
3	42		1,230,140	1,217,840	1,274,958	1,262,658	1,784,942	-	1.38
4	43		1,237,940	1,225,560	1,298,439	1,286,059	1,817,815	-	1.40
5	44		1,245,660	1,233,200	1,322,215	1,309,755	1,851,101	0.20	1.43
6	45		1,252,420	1,239,900	1,345,343	1,332,823	2,148,389	0.46	1.66
7	46		1,259,080	1,259,080	1,368,727	1,368,727	2,158,951	0.77	1.66
8	47		1,265,660	1,265,660	1,392,391	1,392,391	2,169,456	0.89	1.67
9	48		1,272,100	1,272,100	1,416,269	1,416,269	2,180,126	0.98	1.68
10	49		1,278,440	1,278,440	1,440,407	1,440,407	2,190,964	1.06	1.69
20	59		1,336,300	1,336,300	1,696,344	1,696,344	2,300,975	1.35	1.77
30	69		1,376,460	1,376,460	1,968,696	1,968,696	2,416,853	1.40	1.86
40	79		1,387,720	1,387,720	2,236,258	2,236,258	2,538,053	1.37	1.96
50	89		1,369,560	1,369,560	2,486,602	2,486,602	2,665,695	1.31	2.06
60	99		1,331,500	1,331,500	2,723,777	2,723,777	2,799,670	1.24	2.16
70	109		1,344,640	1,344,640	3,099,142	3,099,142	3,110,722	1.25	2.40
71	110		0	0	0	0	3,148,050	1.26	2.43
					給付祝壽保險金 3,148,050 元				

資料來源：台灣人壽／金滿意利變型終身壽險／保單DM（男40歲，基本保額200萬元）

　　此表分為（一）基本保險金額部份和（二）（含增值回饋金）保險金額部份（@宣告利率1.95%）做比較，保險業務員只談增值回饋金部份，然而，增值回饋金部份，是非保證給付，僅供參考。

表 3-6 中（一）基本保險金額部份沒有增值回饋金，在第一年躉繳保費 1,296,736 元之後，至少要等到約 15 年，解約金才能多於總繳保費（1,296,736 元）。所以，此張利變型保單以增值回饋金為訴求，是基於宣告利率 1.95%（※目前銀行定存利率 0.85%）的保險商品，保單 DM 上已明顯標示「非保證給付」，在第 5 保單年度時之解約金（1,309,755 元），已高於總繳保費（1,296,736 元），在第 6 保單年度（46 歲）時，身故／完全失能的保險金（2,148,389 元），已高於基本保額（200 萬元）。

此份保單之給付項目包含「增值回饋分享金」，當（每年）宣告利率高於本契約預定利率（0.75%）時，則可獲得「增值回饋分享金」，反之，則無。要注意的是，宣告利率 1.95%，並非固定不變，是每月／每年調整，未來 5～50 年的利率走勢如何，沒人敢保證，唯一可確定的是，若依先進國家通膨率≦2%的標準，目前的 100 萬元，在 35 年後只剩 50 萬元（1／2），70 年後只剩 25 萬元（1／4）。

想等到 110 歲領祝壽保險金嗎？相信大多數要保人，多在盤算第幾年解約最划算？中途解約時的解約金投報率（IRR）是多少？在第幾年解約，是否能比銀行定期利率（0.85%）高的投報率？

平心而論，以 IRR 來評定保單的投資報酬率並不公平，因為所繳的保費中，有部份保費是用來買保障用，不能以買基金、股票等純投資商品的心態，來比較 IRR，頂多用來比較各種保險商品的投資報酬率而已，以目前的利率水準而言，絕大

多數的儲蓄型、投資型保單,期滿時的內部投報率(IRR)多低於 1.5%。

★例 2:(薹繳)利變型美元終身壽險

表 3-7 是新光人壽之「(美元)利變型終身壽險」,此為薹繳型(※一次繳清)商品,多是針對有錢人所開發的,一次付清 10 萬美金,並非人人買得起的保險;通常外幣計算之壽險商品的宣告利率,多比台幣保單高(※本例 2.95%),以宣告利率 2.95%計算時,第 15 保單年度(75 歲)時其 IRR 為 2.43%。此保單在繳費滿 3 年之解約金(101,718.6 美元),高於總繳保費 100,000 美元,但解約金 IRR 僅 0.57%。繳費 15 年後之 IRR≒((143,281.6 ÷ 100,000)$^{1/15}$－1)＝2.43%。第 40 保單年度(99 歲)IRR≒((289,938.9 ÷ 100,000)$^{1/40}$－1)＝2.70%。

表 3-7 「(躉繳)美元利變型終身壽險」效益分析表

保單年度	保險年齡	(A) 累積實繳保費	(B) 基本保額之解約金	(C) 增值回饋金	(D) 身故／完全失能總給付	(E) 年度末解約金 (E)=(B)+(C)	(F) 解約金 IRR (%)	(G) 1元保費保障比 (G)=(D)÷(A)
①	60	100,000	71,422.6	1,857.0	114,276.4	73,279.6	-	1.14
2	61	(躉繳)	76,855.6	3,783.2	107,737.2	80,638.8	-	1.08
③	62		95,938.3	5,780.3	110,796.0	⟨101,718.6⟩	⟨0.57⟩	1.11
4	63		96,764.1	7,849.8	113,928.9	104,613.9	1.13	1.14
5	64		97,584.2	9,992.8	117,135.0	107,577.0	1.47	1.17
6	65		98,397.2	12,210.6	120,414.1	110,607.8	1.69	1.20
7	66		100,204.0	14,504.5	123,766.1	114,708.5	1.98	1.24
8	67		101,007.0	16,875.4	127,190.6	117,882.4	2.08	1.27
9	68		101,797.4	19,324.1	130,685.5	121,121.5	2.15	1.31
10	69		102,572.7	21,851.2	134,248.4	124,423.9	2.21	1.34
⑮	㊀74㊀		107,246.5	36,035.1	143,352.0	⟨143,281.6⟩	⟨2.43⟩	1.43
20	79		112,176.0	52,884.6	165,141.6	165,060.6	2.54	1.65
25	84		117,027.0	72,628.7	189,748.8	189,655.7	2.59	1.90
30	89		121,595.4	95,441.3	217,143.2	217,036.7	2.62	2.17
35	94		127,414.7	123,064.6	245,688.6	250,479.3	2.66	2.46
㊀40㊀	㊀99㊀		133,911.7	156,027.2	284,393.3	⟨289,938.9⟩	⟨2.70⟩	2.84

假設宣告利率 2.95%（預估值）

註：男 60 歲，基本保額 100,000 美元。若身故／完全失能，可選擇分 5、10 或 15 年給付。
資料來源：新光人壽／美富利（躉繳）美元終身壽險（定期給付型）／保單DM

　　不過，請注意，本保單是以宣告利率（2.95%）計算，而且，此份保單是美元保單，解約時可能有匯兌損失的風險，例如，保險時若是以 1USD＝30 元台幣買進，若解約時 1USD＝27 元台幣取回，則解約時就至少虧損了 10%。※近 10 年來外幣保單之宣告利率多較高，此表示該外幣之長期趨勢看貶。

★例3：（6年繳）利變型終身壽險

表3-8為「利變型」終身壽險保單，是以宣告利率2.00%來預估增值回饋金等，但是，不僅宣告利率不保證，就連到五、六十年後的變化如何，也無法預估，沒有人敢斷定二、三十年以後，銀行的定存利率不會回漲到5%以上，果真如此，此張終身壽險保單還算數嗎？必然會修正，否則保險公司會變成超暴利；反之，如果跟日本一樣，已連續8年銀行定存年利率僅0.01%，則壽險公司的某些保險商品可能虧損而下架，或者下修宣告利率／預定利率，改頭換面之後再銷售。

表 3-8　（6 年繳）「○○利變型終身壽險」效益分析表

保單年度	保險年齡	(A) 累計實繳保險費	假設宣告利率 2.00%（預估值）（※ 增值回饋金採"增額繳清方式"）					
			(B) 增值回饋金	(C) 身故／完全失能保險金	(D) 大眾運輸意外身故保險金	(E) 解約金	(F) 解約金 IRR（%）	(G) 1元保費保障比 (G)=(C)÷(A)
1	40	273,734	854	307,500	1,000,000	128,955	-	1.12
2	41	547,468	2,255	802,742	1,000,568	363,120	-	1.47
3	42	821,202	3,681	1,295,664	1,002,047	629,841	-	1.58
4	43	1,094,936	5,133	1,786,257	1,004,431	929,662	-	1.63
5	44	1,368,670	6,610	2,273,909	1,007,713	1,263,123	-	1.66
6	45	1,642,404	8,112	2,758,202	1,011,887	1,614,471	-	1.68
7	46	1,642,404	8,255	2,773,414	1,016,946	1,659,063	0.22	1.69
8	47	1,642,404	8,397	2,787,894	1,022,031	1,687,798	0.50	1.70
9	48	1,642,404	8,542	2,801,527	1,027,141	1,716,780	0.68	1.71
10	49	1,642,404	8,687	2,814,502	1,032,277	1,746,010	0.82	1.71
20	59	1,642,404	10,256	2,727,970	1,085,068	2,016,361	1.18	1.66
30	69	1,642,404	12,009	2,906,254	1,140,562	2,413,805	1.41	1.77
40	79	1,642,404	13,740	3,112,185	1,198,892	2,761,721	1.40	1.89
50	89	1,642,404	15,451	3,268,067	1,260,206	3,105,728	1.35	1.99
60	99	1,642,404	17,247	3,544,217	1,324,655	3,466,517	1.31	2.16

註1：男40歲，基本保額100萬元，繳費期6年，年繳保費273,734元。

註2：(C)、(D)、(E)項均含增額繳清。

資料來源：新光人壽／安鑫富貴（6年繳）利變型終身壽險／保單DM

　　表3-8之（F）欄之解約金IRR，是以MY83網站計算器計算，與Triple-I life網站計算器之所得非常接近，僅有小數點之誤差而已，在第30保單年度（69歲）時，解約金IRR＝1.41%；儲蓄險保單含有保險保障成份，此份保單分6年繳交保費，若以第6保單年度開始，以躉繳概念計算（※前6年當成

買保障），則概算繳費 30 年後之 IRR≒（（2,413,805÷1,642,404）$^{1/24}$－1）＝1.62%。

「終身型」保單的變數太大，而且 IRR 值偏低，若再考慮通膨率，並不適合當理財工具用，若將表 3-8 商品在投保第 6 年繳費期滿後，視為躉繳商品，在 24 年後（※保單年度 30 年，69 歲）解約時，內部報酬率（IRR）只有 1.41%，通常，優質定存股的年化報酬率（≒保單 IRR）多在 5%以上。所以，還是將保險與投資分開為宜。

★例 4：（6 年繳）還本終身壽險

表 3-9 之「還本終身壽險」的解約金 IRR 值更低，以宣告利率 2.05%、相同年齡及相同繳費期計算，表 3-9 商品之第 30 保單年度（※69 歲）的 IRR 值僅有 0.09%，原因在於此為還本型壽險，每年先領回 6,000 元（50 萬元×1.2%）的生存還本金，削減了解約金複利率的增值功能。

表 3-9　（6 年繳）「還本終身壽險」效益分析表

保單年度	保險年齡	（A）累計實繳保險費	（B）年末生存還本保險金	（C）年末累計生存還本保險金	（D）身故／完全失能保險金	（E）解約金	（F）=（B）+（E）解約金（含生存還本保險金）	（G）解約金IRR（%）	（H）1元保費保障比=D÷A
					假設宣告利率 2.05%（預估值）				
1	40	478,665	6,000	6,000	585,600	274,500	280,500	-	1.22
2	41	957,330	12,000	18,000	1,198,400	684,800	702,800	-	1.25
3	42	1,435,995	18,000	36,000	1,885,940	1,145,100	1,181,100	-	1.31
4	43	1,914,660	24,000	60,000	2,574,180	1,654,900	1,714,900	-	1.34
5	44	2,393,325	30,000	90,000	3,263,120	2,214,300	2,304,300	-	1.36
6	45		36,000	126,000	3,952,620	2,795,100	2,921,100	0.48	1.38
7	46		36,000	162,000	3,954,860	2,824,900	2,986,900	0.87	1.38
8	47		36,000	198,000	3,956,680	2,826,200	3,024,200	0.94	1.38
9	48		36,000	234,000	3,957,940	2,827,100	3,061,100	0.98	1.38
10	49	2,871,990	36,000	270,000	3,958,500	2,827,500	3,097,500	1.01	1.38
20	59		36,000	630,000	3,412,200	2,843,500	3,473,500	1.09	1.19
30	69		36,000	990,000	3,141,380	2,855,800	3,845,800	1.07	1.09
59	98		36,000	2,034,000	2,916,000	2,915,500	4,949,500	0.97	1.02
60	99		-	2,034,000	2,916,000	2,915,500	4,949,500	0.95	1.02
總計		滿期保險金+累計生存還本保險金：2,034,000+2,916,000＝4,950,000 元							

註 1：男 40 歲，基本保額 100 萬元，繳費期 6 年，年繳 478,665 元。
註 2：在第 10 保單年度的解約金占比＝2,827,500÷2,871,900＝98.45%，詳見表 3-12d。
資料來源：南山人壽／威利年年（6 年繳）還本終身壽險保單 DM（6AFTE）

　　表 3-10 的解約金 IRR 比表 3-9 還低，主要原因是其（D）假設年度紅利（※現金給付）是逐年增加，而表 3-9 的（B）生存還本金是自第 6 保單年度開始就固定不變（36,000 元）；表 3-9 及表 3-10 保單均是在生存保障期間，每年可領回少許現金，落袋為安（※有人喜歡），不過，若想在二、三十年後，

可有較多的解約金 IRR，則以躉繳且不（現金）還本／分紅的終身壽險保單為宜。

★例5：（5年繳）增額（分紅）終身壽險

表 3-10 （5年繳）「增額（分紅）終身壽險」效益分析表

保單年度	保險年齡	(A)累計實繳保險費	(B)當年度末壽險保障	(C)當年度末解約金	(D)假設年度紅利	(E)累積假設年度紅利	(F)假設長青／長青解約紅利	(G)當年度末壽險保障及假設紅利(B)+(D)+(E)	(H)當年度末解約金及假設紅利(C)+(D)+(E)	(I)解約金IRR(%)	(J)1元保費保障比=G÷A
						非保證給付項目（假設投資報酬率3%）					
1	40	936,976	1,000,000	352,800	-	-	-	1,000,000	352,800	-	1.07
2	41	1,873,952	2,000,000	880,400	12,500	12,500	-	2,012,500	892,900	-	1.07
3	42	2,810,928	3,016,000	1,413,800	23,100	35,600	-	3,039,100	1,436,900	-	1.08
4	43	3,747,904	4,166,080	1,952,900	33,800	69,400	-	4,199,880	1,986,700	-	1.12
5	44	4,684,880	5,328,320	2,497,700	44,700	114,100	-	5,373,020	2,542,400	-	1.15
6	45	4,684,880	5,383,840	3,364,900	50,400	164,500	1,435,600	6,869,840	4,850,900	0.87	1.47
11	50	4,684,880	5,653,600	3,533,500	53,200	424,900	1,469,400	7,176,200	5,056,100	0.85	1.53
21	60	4,684,880	5,064,540	3,895,800	58,800	985,700	1,479,600	6,602,940	5,434,200	0.78	1.41
31	70	4,684,880	5,085,000	4,237,500	64,600	1,604,800	1,496,400	6,646,000	5,798,500	0.74	1.42
41	80	4,684,880	5,000,000	4,526,200	69,500	2,278,100	1,539,100	6,608,600	6,134,800	0.69	1.41
51	90	4,684,880	5,000,000	4,752,400	73,500	2,996,300	1,655,600	6,729,100	6,481,500	0.66	1.44
60	99	4,684,880	5,000,000	5,000,000	74,000	3,666,000	1,781,100	6,855,100	6,855,100	0.66	1.46

被保險人保險年齡達 100 歲當年之保單週年日且生存時，給付祝壽保險金 500 萬元、假設年度紅利（中分紅）74,000 元、假設長青紅利 1,781,100 元，共計 6,855,100 元（給付後保險契約效力終止）躉繳 16 年之 IRR=0.93%

註：基本保額 100 萬元，繳費期 5 年，年繳 936,976 元，增額紅利採現金給付方式。

資料來源：保誠人壽／五五登峰增額終身壽險／保單DM（109）

3-6. 保單 DM 之「宣告利率／投報率／解約金」合理否？

儘管「人身保險業辦理利率變動型保險商品業務應注意事項」，第三條明訂「宣告利率／訂金方式及法定依據」，因為其計算公式有多項可變動參數之數值範圍，所以，隨著銀行利率及股票市場行情等因素的變動，壽險公司也會機動性修正保險商品的宣告利率／（假設）投資報酬率之後，再推出新版本的保險商品，而將舊版本的同款保險商品下架。

金融消費評議中心於 2021 年 5 月 28 日曾發佈一則案例：「我的保單宣告利率調降幅度不合理（※由 2.94％降為 2.13％），可以申請評議嗎？」，結論是「決定不受理」；金融消費評議中心連理都不理，原因是宣告利率並非保證利率，在 DM／說明書／合約條款中，均已明確告知，保險公司有權依經營環境調降宣告利率，具有合理性。

所以，要保人要有心理準備，在銀行利率走勢看貶的情形下，非投資型保單的宣告利率有可能降的事實，至於投資型保單的「投資報酬率」，則更不用說了，隨時要有被追繳「危險保費」的心理準備，保險商品 DM 中的假設投資報酬率及宣告利率是否合理，似乎是保險公司說了算。

壽險保單 DM 上的假設宣告利率／投報率，是否過於樂觀，可參考各壽險公司公開的投資報酬率來判斷；表 3-11 是全台 22 家壽險公司之近 10 年來的實際投資報酬率，平均最高

4.21%，最低 0.16%，表 3-11 投資報酬率是各壽險公司之所有資金運用的平均總投報率，雖然各保單之投報率僅是其中的一部份，可能有所不同，但是，應不至於太離譜。因而合理推估，保險商品 DM 上的假設投資報酬率或宣告利率，大概也應不高於該公司之近 10 年的投資報酬率。

表3-11　人壽公司歷年之投資報酬率統計表

		2011	2012	2013	2014	2015	2016	2017	2018	2019	2020	平均
1	臺銀人壽	3.03	2.80	2.82	2.89	2.59	2.56	2.20	2.73	2.47	2.36	2.65
2	台灣人壽	3.27	4.09	3.45	3.87	3.05	5.07	3.86	3.42	3.67	3.58	3.73
3	保誠人壽	-0.30	7.63	2.90	4.53	1.61	4.19	5.18	-0.31	9.33	7.33	4.21
4	國泰人壽	2.82	3.37	3.54	3.81	3.68	3.55	3.64	3.50	3.58	3.60	3.51
5	中國人壽	3.52	3.38	3.47	4.00	4.35	3.78	3.45	3.30	3.64	3.34	3.62
6	南山人壽	3.85	4.31	4.16	4.54	4.43	4.48	3.82	3.90	4.00	3.78	4.13
7	新光人壽	3.92	4.22	4.19	4.12	3.48	3.59	3.75	3.23	4.16	3.62	3.83
8	富邦人壽	3.24	3.52	3.57	4.29	4.56	3.96	3.63	3.42	3.41	3.95	3.76
9	三商美邦	2.84	2.83	3.28	3.28	3.44	3.43	3.40	2.80	3.32	2.99	3.16
10	遠雄人壽	1.68	4.64	3.52	4.09	4.20	3.56	3.21	3.25	3.36	3.40	3.49
11	宏泰人壽	2.63	2.99	4.00	3.46	3.48	3.44	3.64	3.78	3.74	3.84	3.50
12	安聯人壽	-0.04	0.92	0.17	0.60	0.74	0.77	0.96	0.11	2.42	2.19	0.88
13	中華郵政	2.53	2.52	2.64	2.80	2.66	2.69	2.94	2.31	2.45	3.24	2.68
14	第一金	1.16	1.65	0.47	0.82	0.33	0.56	1.33	0.59	3.45	2.86	1.32
15	合作金庫	0.63	1.40	1.35	1.11	1.13	0.83	0.69	0.73	0.70	0.59	0.92
16	保德信	2.44	2.29	2.22	2.36	2.23	2.94	2.57	2.43	2.32	2.54	2.43
17	全球人壽	2.92	3.84	3.54	3.61	4.26	3.88	3.74	3.07	3.64	3.60	3.61
18	元大人壽	3.85	3.75	1.15	2.98	4.46	2.71	2.50	2.95	3.08	3.46	3.09
19	康健人壽	1.20	1.11	1.81	1.76	1.74	1.68	1.77	1.70	1.55	0.99	1.53
20	友邦台灣	4.31	3.08	3.36	3.23	3.50	3.53	3.35	2.86	4.16	4.89	3.63
21	巴黎台灣	0.15	0.13	0.13	0.16	0.19	0.16	0.18	0.17	0.16	0.17	0.16
22	安達台灣	1.50	-1.96	0.08	1.33	0.08	0.05	75.19	0.12	0.13	0.12	7.66

註：安達台灣之 2017 年投報率異常高（75.19%），需看財報進一步確認。

資料來源：保險業公開資訊觀測站

保險商品之假設投資報酬率／宣告利率的實際值，雖是每月／每季變動的，不會像保單 DM 上的固定假設值，但是，以目前的經濟大環境而言，不太可能 ≧ 5.0%，也應不至於為負值，然而，若扣除保險公司所有的附加費用，則有壽險公司的實際解約金 IRR，可能為負值。

壽險公司每一季均會寄一份「保單帳戶價值／保單價值準備金」通知單給要保人，由上面的累計總繳保費金額及期末之解約金額等，再以 MY83 或 Triple-I life 等網站的 IRR 計算器計算，即可知道目前的解約金報酬率；通常，繳費期 ≦ 6 年的保單，在保單年度超過一半的保障期之後，才可能有比銀行定存利息稍高的機會，所以，保障期未過半之前，不宜動解約還本的念頭。

把保險當儲蓄／投資工具的要保人，多會注意壽險保單 DM 上之範例說明或效益分析表中的解約金金額，看看在第幾年解約時可回本（※即解約金多於總繳保費），不過，範例說明中的解約金額，均在某一假設的宣告利率／投報率所計算出來的，想知道此解約金額是否合理，可參考保險商品 DM 之揭露事項／注意事項中的「成本分析（保費效益比）」的計算式及附表。

在非投資型之壽險／年金險商品 DM 上，多會看見一條出自「各項保險商品成本分析」法規的成本分析公式，並註明：「依據台財保字第 0920012416 號令及金管保一字第 09602083930 號函辦理，本保險商品之成本分析依下列公式揭露」。

$$\frac{CV_m + \sum Div_t(1+i)^{m-t} + \sum End_t(1+i)^{m-t}}{\sum GP_t(1+i)^{m-t+1}}，m＝5、10、15、20$$

註1：CVm 為第 m 保單年度之年末解約金。

註2：Divt 為第 t 保單年度之可能紅利金額。

註3：Endt 為第 t 保單年度之生存保險金。

註4：GPt 為第 t 保單年度之年繳保險費。

註5：i 為前一年 12 個月之台銀、一銀與合庫三家行庫的 2 年期儲蓄存款最高年利率之平均值。（※2016 年 i＝1.16%；2018 年 i＝1.08%；2020 年 i＝0.88%；仍呈下降趨勢）

有些保險商品 DM 稱此成本分析公式為保費效益比，若依此公式各項註解，此公式應稱為「總解約金對總繳保費占比」，完整的公式應為：

$$\frac{(解約金＋紅利＋生存金)}{累計總繳保費}＝$$

$$\frac{CV_m + \sum_{t=1}^{m} Div_t(1+i)^{m-t} + \sum_{t=1}^{m} End_t(1+i)^{m-t}}{\sum_{t=1}^{m} GP_t(1+i)^{m-t+1}}，\begin{matrix}m＝5、10、15、20\\(t\leq m)\end{matrix}$$

※有些保險商品無紅利（※即 $Div_t＝0$），亦無生存保險金（※即 $End_t＝0$），也可能只有其中之一，或兩項均有；依法令規定，此公式至少需揭露三個主要投保年齡的成本分析，例如，5 歲、35 歲及 65 歲（※表示 0 歲即可投保之保單），或 16 歲、35 歲及 65 歲（※表示 16 歲才可投保之保單）。

有些人可能看不懂此公式，不過沒關係（※有些 DM 並未列出此公式），此公式下面會有一張表格，即為解約金（含紅

利／生存金）對累計總繳保費之比值。

你或許會發現，此解約金占比，可能低於該保險商品 DM「範例說明」的解約金額占比，原因可能是此公式的計算利率 i＝0.88%（2020 年），而 DM「範例說明」之宣告利率高於 0.88%。

以表 3-6 為例，其宣告利率為 1.95%，但表 3-12a 之 i＝1.08%（2018 年），在第 20 保單年度，解約金對總繳保費之占比僅 82%（@男 35 歲），而表 3-6 在第 20 保單年度之（一）基本保險金額（C）解約金及（二）（含增值回饋金）保險金額（E）解約金，均已高於躉繳保費 1,296,736 元。

表 3-12a　利變型終身壽險之解約金比例

【不分紅人壽保險單資訊揭露：】
依財政部92.3.31台財保字第0920012416號令及行政院金融監督管理委員會93.12.30金管保三字第09302053330號函及96.7.26金管保一字第09602083930號函辦理，揭露解約金及生存金與總繳保險費比例關係如下：

$$\frac{CV_m + \Sigma End_t(1+i)^{m-t}}{\Sigma GP_t(1+i)^{m-t+1}} \quad m = 1、5、10、15、20$$

i：前一日曆年度之十二個月臺灣銀行股份有限公司、第一商業銀行股份有限公司與合作金庫商業銀行股份有限公司三家銀行每月初（每月第一個營業日）牌告之二年期定期儲蓄存款最高年利率之平均值（本年度所使用數值為1.08%）（2018 年 i 值）
CVm：第m保單年度之年末解約金
GPt：第t保單年度之年繳保險費
Endt：第t保單年度之生存保險金，但無生存保險金之給付者，其值為0
m：應揭露之年期

【範例】以躉繳，男、女性代表年齡之揭露數值如下：(%)

投保年齡	16歲		35歲		65歲	
保單年度	男	女	男	女	男	女
1	68	68	68	68	68	68
5	89	89	88	89	88	88
10	88	88	87	88	85	86
15	86	86	85	86	82	83
20	84	85	82	84	78	79

資料來源：台灣人壽／金滿意利率變動型終身壽險／保單DM

表 3-12b 是純保障的（10、15、20 年）定期壽險，保費便宜（※一去不回），解約金很少，且在繳費期滿（※即保障期滿）時，其解約金為 0。雖然解約金額低，但需要純保障（※省保費）的人，可考慮此種純保障的定期壽險。

表 3-12b　純保障定期壽險之解約金比例

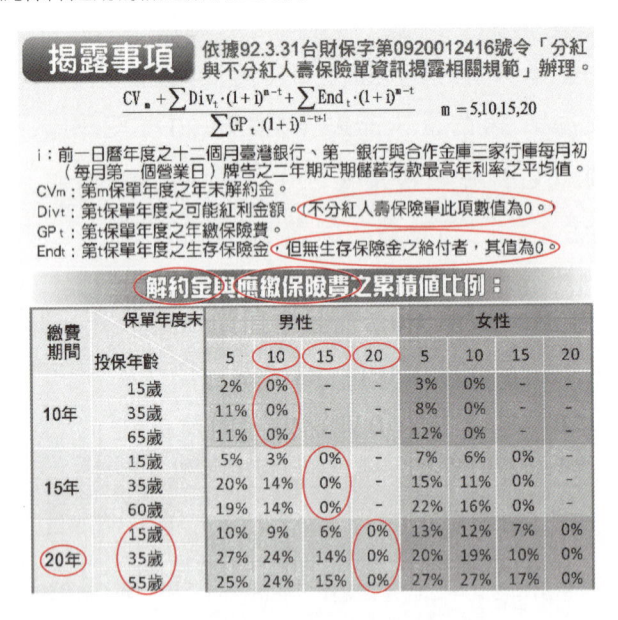

揭露事項 依據92.3.31台財保字第0920012416號令「分紅與不分紅人壽保險單資訊揭露相關規範」辦理。

$$CV_m + \sum Div_t \cdot (1+i)^{m-t} + \sum End_t \cdot (1+i)^{m-t} \over \sum GP_t \cdot (1+i)^{m-t+1}} \quad m = 5,10,15,20$$

i：前一日曆年度之十二個月臺灣銀行、第一銀行與合作金庫三家行庫每月初（每月第一個營業日）牌告之二年期定期儲蓄存款最高年利率之平均值。
CVm：第m保單年度之年末解約金。
Divt：第t保單年度之可能紅利金額。不分紅人壽保險單此項數值為0。
GPt：第t保單年度之年繳保險費。
Endt：第t保單年度之生存保險金。但無生存保險金之給付者，其值為0。

解約金與應繳保險費之累積值比例：

繳費期間	保單年度末 投保年齡	男性 5	10	15	20	女性 5	10	15	20
10年	15歲	2%	0%	-	-	3%	0%	-	-
	35歲	11%	0%	-	-	8%	0%	-	-
	65歲	11%	0%	-	-	12%	0%	-	-
15年	15歲	5%	3%	0%	-	7%	6%	0%	-
	35歲	20%	14%	0%	-	15%	11%	0%	-
	60歲	19%	14%	0%	-	22%	16%	0%	-
20年	15歲	10%	9%	6%	0%	13%	12%	7%	0%
	35歲	27%	24%	14%	0%	20%	19%	10%	0%
	55歲	25%	24%	15%	0%	27%	27%	17%	0%

資料來源：臺銀人壽／家倍保障定期壽險（甲型）（109A）／保單DM

表 3-12c 是（非投資型）萬能終身壽險保單的「解約金占比」，在第 20 保單年度，女 35 歲時為 120.55%，在女 65 歲時為 88.09%，若以內插法概算，則在 40 歲時之解約金占比為 115.14%；再與對應之表 3-3 比較，表 3-3 在第 20 保單年度之解約金占比為 117.07%（@宣告利率 2.05%），本表之解約金占比 115.14%（@試算宣告利率 1.88%），還算合理。想買儲蓄型壽險當理財工具者，宜找如表 3-12c，至少在第 10 保單年度時之

（35 歲）解約金占比，仍 ≧100% 的壽險保單。

表 3-12c　萬能終身壽險之解約金比例

揭露事項

依92.03.31台財保字第0920012416號令補充訂定分紅人壽與不分紅人壽保險單資訊揭露相關規範，揭露各保單年度末之解約金、生存保險金及預估紅利總和與加計利息之應繳保險費累積值之差異情形。

保單年度	15足歲男性	35歲男性	65歲男性	15足歲女性	35歲女性	65歲女性
1	89.89%	89.83%	88.85%	89.91%	89.88%	89.39%
5	101.22%	100.83%	94.59%	101.33%	101.15%	97.99%
10	108.23%	107.23%	90.56%	108.45%	108.02%	99.45%
20	121.28%	118.34%	55.29%	121.74%	120.55%	88.09%

40歲 115.14%

- 彈性繳100萬元，保險金額200萬元。
- 試算宣告利率＝ Min(本月宣告利率 2.05%，i+1%) = 1.88%
  　i：前一日曆年度之十二個月台灣銀行、第一銀行與合作金庫三家銀行每月初(每月第一個營業日)牌告之二年期定期儲蓄存款最高年利率之平均值（i=0.88%）（2020年）
- 「富邦人壽金好運萬能終身壽險(V1)」早期解約對保戶是不利的。

資料來源：富邦人壽／金好運萬能終身壽險（V1）／保單 DM（UWA2）

　　表 3-9 之第 10 保單年度的「解約金占比」為 98.45%（＝2,827,500 ÷ 2,871,990），其對應的「解約金占比」如表 3-12d 所示，在第 10 保單年度（35 歲）時，「解約金占比」為 99%，65 歲時 98%，若依內插法概算，40 歲時解約金占比為 98.67%，與表 3-9 的 98.45%很接近，表示表 3-9 及表 3-12d 中的解約金占比，均為合理值。

表 3-12d　還本終身壽險之解約金比例

揭露事項

依據台財保字第0920012416號令及金管保一字第09602083930號函，本商品之保險商品成本分析依右列公式揭露。

$$\frac{CV_m + \Sigma Div_t(1+i)^{m-t} + \Sigma End_t(1+i)^{m-t}}{\Sigma GP_t(1+i)^{m-t+1}} \quad (m=5/10/15/20)$$

i：前一日曆年度之十二個月台灣銀行、第一銀行與合作金庫三家銀行每月初（每月第一個營業日）牌告之二年期定期儲蓄存款最高年利率之平均值。i =0.88%
CV_m：第m保單年度之年末解約金
Div_t：第t保單年度之可能紅利金額（本商品Div_t=0）
GP_t：第t保單年度之年繳保險費
End_t：第t保單年度之生存還本保險金

性別及年齡	第5保單年度末	第10保單年度末	第15保單年度末	第20保單年度末
男性5歲	92%	99%	102%	104%
男性35歲	91%	99%	101%	103%
男性65歲	89%	97%	99%	100%
女性5歲	92%	99%	102%	104%
女性35歲	91%	99%	102%	104%
女性65歲	90%	98%	100%	102%

40歲 98.67%

資料來源：南山人壽／威利年年（定期給付型）還本終身保險／保單DM（6AFTE）

　　表3-12a～d之「解約金對總繳保費占比」，雖然可用來衡量非投資型保單DM上「範例說明」之解約金的合理性，但是，如圖3-5所示，合作金庫的2年期定存年利率，自1989年的9.5%，逐年下滑至2021年10月的0.765%；2022年1月，美國聯準會為解決嚴重的通膨壓力，宣佈「已做好升息準備」，台灣應該也會跟進，到時候保單的宣告利率／預定利率也會隨之調高，對壽險業者是利多於弊，而保戶是否亦能分一杯羹，仍是未知數，想藉由儲蓄型壽險保單來累積存款，效果並不樂觀。

圖 3-5　合作金庫（歷年）2 年期定存利率

資料來源：合作金庫官網

　　不論終身壽險的解約金 IRR 是多少，姑且先想一想，40 年前（高雄）同一家店的排骨飯便當是 35 元，如今是 100 元；40 年前 90 萬元可買一棟高雄市區 3 樓透天厝，如今連付頭期款都不夠⋯。

　　※買保險宜隨年齡、薪資、環境而做適度調整，才能符合現實需求。

第 4 章

地獄型保單：
無底錢坑等你跳！

4-1. 投資型保單的可能費用

投資型保單在保險法的分類只有三種，分別為人壽險的（1）變額壽險、（2）變額萬能壽險，以及年金險的（3）變額年金險；至於所謂的類全委保單、附保證保單，仍為投資型保險商品，只是保險公司為促銷業績所衍生的投資型商品，對消費者而言，多只是增加保費的高風險保單而已。

通常，投資型壽險保單的保費，由保險公司、投信公司、基金公司和銀行分享，至少被剝了四層皮，共包含了以下五種可能費用：

（1）前置費用：包含目標（基本）保費和超額保費⋯。

（2）保險相關費用：保單管理費、保險成本費⋯。

（3）投資相關費用：投資標的申購手續費、轉換費、贖回費⋯。

（4）投資標的管理機構相關費用：經理費、保管費⋯。

（5）後置費用：解約費、部份提領費⋯。

投資型保單之保險／投資架構如表 4-1 所示，人壽險及年金險均有投資型保單，只不過年金險之（投資型）變額年金險沒有保險功能，可能的損失風險較低。

表 4-1 投資型保單費用結構

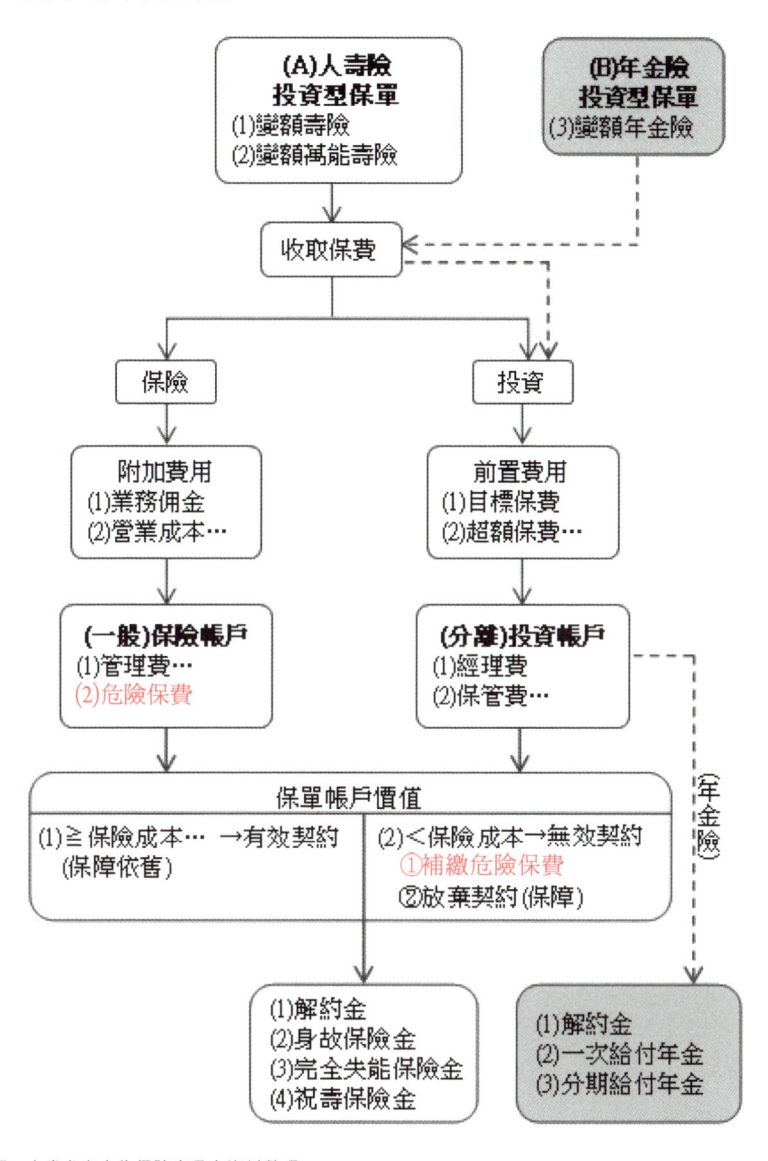

```
┌─────────────────────────┐    ┌─────────────────┐
│   (A)人壽險               │    │  (B)年金險        │
│   投資型保單              │    │  投資型保單       │
│   (1)變額壽險             │    │  (3)變額年金險    │
│   (2)變額萬能壽險         │    │                  │
└───────────┬─────────────┘    └────────┬────────┘
            │                            │
            ▼         ┌──────────────────┘
         ┌──────┐ ◄┄┄┘
         │收取保費│
         └──┬───┘
      ┌─────┴─────┐
      ▼           ▼
    ┌────┐     ┌────┐
    │保險 │     │投資 │
    └─┬──┘     └─┬──┘
      ▼           ▼
┌──────────┐  ┌──────────┐
│附加費用   │  │前置費用   │
│(1)業務佣金│  │(1)目標保費│
│(2)營業成本…│  │(2)超額保費…│
└────┬─────┘  └─────┬────┘
     ▼               ▼
┌──────────┐    ┌──────────┐
│(一般)保險帳戶│  │(分離)投資帳戶│
│(1)管理費…  │    │(1)經理費   │
│(2)危險保費 │    │(2)保管費…  │
└────┬─────┘    └─────┬────┘┄┄┄┐
     └───────┬─────────┘        ┆
             ▼                    ┆ (年金險)
┌────────────────────────────┐    ┆
│      保單帳戶價值             │    ┆
│(1)≧保險成本… →有效契約        │    ┆
│   (保障依舊)                 │    ┆
│(2)<保險成本→無效契約          │    ┆
│   ①補繳危險保費              │    ┆
│   ②放棄契約(保障)             │    ┆
└──────────┬─────────────────┘    ┆
           ▼                        ▼
    ┌──────────────┐        ┌──────────────┐
    │(1)解約金      │        │(1)解約金      │
    │(2)身故保險金  │        │(2)一次給付年金│
    │(3)完全失能保險金│      │(3)分期給付年金│
    │(4)祝壽保險金  │        │              │
    └──────────────┘        └──────────────┘
```

資料來源：本書參考市售保險商品之資料整理

每一投資型保單，均須依（金管會）相關法令規定，訂出各種費用的收費標準，因為各壽險公司／各保險商品的收費標準不盡相同，但多會揭露在各保險商品的說明書中；表 4-2 是富邦人壽公司／富貴吉祥變額萬能壽險（V2）說明書所列的費用表（※其他壽險公司之投資型保單的費用大同小異），由此表可知，第一年所繳的保險費（40,000 元），其中有 24,000 元（60%）是壽險公司所收取的保險費用，僅 16,000 元（40%）成為投資用款項。※金管會規定附加費用總額不得高於「前 5 年目標保險費總額之 150%」。

表4-2　投資型保單之費用表例

費用項目		收費標準及費用
一、保費費用	1.目標保險費	第1年度：目標保險費的60%；第4年度：目標保險費的15% 第2年度：目標保險費的30%；第5年度：目標保險費的15% 第3年度：目標保險費的30%；第6年度及以後：目標保險費的0%
	2.超額保險費	1,000萬（不含）以內：5%；　　3,000萬～未滿4,000萬：3.5% 1,000萬～未滿2,000萬：4.5%；　4,000萬（含）以上：3% 2,000萬～未滿3,000萬：4%；
二、保險相關費用	1.保單管理費	係指為維持本契約每月管理所產生且自保單帳戶價值中扣除之費用，此費用為每月新臺幣壹百元。
	2.保險成本	係指提供被保險人本契約身故、完全失能保障所需的成本（標準體之費 表如保險單條款附表五）。 由本公司於每一保單週月日根據訂 本契約時被保險人的性別、扣款當時之保險 齡、體況及淨危險保額計算。（※參考表4-5a例）
三、投資相關費用	1.申購手續費	指數股票型基金：由投資機構收取，請詳保險單條款附表二「投資機構收取之相關費用收取表」。 開放型基金及全權委託投資帳戶：本公司未另外收取
	2.經理費	已反應於投資標的淨值中 受委託管理之投信業者如有將 全委帳戶資產投資於該投信業者經理之基金時，則該部分帳戶資產之經理費不得計入年度委託報酬。
	3.保管費	已反應於投資標的淨值中
	4.贖回費用	開放型基金：本公司未另外收取，但若投資標的另有規定，且已反映於贖回時之單位淨值者，不在此限。 指數股票型基金：由投資機構收取，請詳保險單條款附表二「投資機構收取之相關費用收取表」。 全權委託投資帳戶：本公司未另外收取
	5.轉換投資標的之作業費	要保人申請轉換投資標的時，就每一次之轉換，本公司得分別收取新臺幣伍佰元之作業費。但同一保單年度內申請轉換投資標的計未超過六次者，就所為之轉換，本公司不收取前述之作業費。
	6.帳戶管理費	指數股票型基金：國內指數股票型基金每月收取0.06%；國外指數股票型基金每月收取0.1%。 開放型基金及全權委託投資帳戶：本公司未另外收取
四、其他費用	1.解約費用	本公司未另外收取
	2.部分提 費用	
	3.短線交 費用	由投資標的發 公司收取，本公司未另外收取。

※第一年度投入之目標保險費將僅有40%進入投資，如：保戶約定繳交之 目標保險費為10,000元，第一年度公司收取6,000元，保戶實際投資之目標保險費金額為4,000元。

資料來源：富邦人壽／富貴吉祥變額萬能壽險（V2）／保險商品說明書（UNAX1100701）

4-2. 投資型保單的風險揭露

　　投資型保單的「投資標的」，包含國內／外的共同基金、指數股票型基金、貨幣帳戶及全權委託投資帳戶等上百種的投資連結標的，「投資標的」會詳列在投資型保險商品的說明書中，少則近百檔，多則達 300 檔以上；表 4-3 是典型的投資型保單之「投資標的說明」，有 100 多種投資標的可選擇，美其名為投資標的多，操作彈性佳，買投資型保單前，宜先問自己對「基金」（※非保險）的了解程度有多少，複雜的不談，表 4-3 中的 10 個紅色問號知多少？※某投資型保單的說明書多達 700 頁以上，不知要保人如何去篩選「投資標的」？

表 4-3 典型的投資型保單之保險商品說明書例

四、投資標的簡介（欲查詢最新資料，請參閱本公司網站 http://www.fubon.com）

本公司為您精選的國內外基金及全權委託投資帳戶，您可依照自己人生不同階段的需求變化來挑選適合自己的投資組合，投資標的指定之配置比例須為百分之五以上的整數且總和應等於百分之一百

（一）、投資標的說明一【國內外基金、貨幣帳戶及專屬帳戶】

基金型態	種類	投資標的	投資地區地理分佈	基金規模	投資績效(%) 一年(或成立至今)	二年	三年	風險係數(年化標準差,%) 一年	二年	三年
開放型現金收益分配	股票型	富邦長紅證券投資信託基金	投資國內 台灣	1,134.1 百萬新臺幣	19.2	55.1	37.8	32.1	25.0	24.2
		富邦精準證券投資信託基金	投資國內 台灣	1,022.6 百萬新臺幣	21.6	55.2	38.2	30.9	23.6	23.2
		晉達環球策略基金－環球策略股票基金 C 收益股份	投資海外 全球-混合	1,467.3 百萬美元	1.7	7.6	2.5	25.0	21.8	18.9
	平衡型	安聯收益成長基金-AM 穩定月收類股(美元)(本基金配息來源可能為本金)	投資海外 單一國家-美國	26,316.8 百萬美元	13.2	22.7	25.8	18.6	15.1	13.3
		摩根投資基金-多重收益基金-JPM 多重收益(美元對沖)-A股(利率入息)(本基金配息來源可能為本金)	投資海外 全球-混合	26,702.9 百萬美元	-3.5	5.7	-	14.3	10.7	-
	債券型	摩根投資基金－環球高收益債券基金－JPM 環球高收益債券(美元)－A股(每月派息)(本基金配息來源可能為本金)	投資海外 已開發市場	9,295.7 百萬美元	0.5	8.3	9.4	13.1	10.0	8.3
		NN(L)環球高收益基金 X 股美元(月配息)(本基金配息來源可能為本金)	投資海外 全球-混合	2,030.5 百萬美元	2.0	6.7	5.1	17.1	12.5	10.5
		聯博-全球高收益債券基金 AA(穩定月配)級別美元(本基金配息來源可能為本金)	投資海外 全球-混合	19,702.9 百萬美元	-3.2	4.3	1.7	20.8	14.9	12.3
		聯博-美國收益基金 AT 股美元(本基金配息來源可能為本金)	投資海外 全球-混合	27,474.5 百萬美元	1.4	13.9	11.8	12.8	9.1	7.5
		NN(L)新興市場債券基金 X 股美元(月配)(本基金配息來源可能為本金)	投資海外 新興市場	6,409.6 百萬美元	0.1	12.5	5.0	18.8	13.8	11.9
		富達基金－亞洲高收益基金(A 股月配息)(本基金主要係投資於非投資等級之高風險債券)	投資海外 亞洲太平洋(不含日本)	4,458.8 百萬美元	0.9	12.3	6.8	19.2	13.8	11.6
	組合型	聯博收益傘型證券投資信託基金之聯博多元資產收益組合證券投資信託基金-AI 型(本基金配息來源可能為本金)	投資海外 台灣、外國	27,879.3 百萬新臺幣	-5.1	1.0	-	18.8	14.7	-
開放型(單位數收益分配)	股票型	摩根基金－中國基金 - JPM 中國(美元)－ A 股(本基金配息來源可能為本金)	投資海外 中國及香港	3,124.5 百萬美元	56.3	106.0	68.0	20.5	21.6	22.6
		霸菱全球新興市場基金-A 類美元配息型	投資海外 新興市場	702.2 百萬美元	9.5	29.3	7.5	28.2	23.0	21.5
		霸菱香港中國基金-A 類美元配息型	投資海外 中國及香港	1,913.7 百萬美元	44.1	72.3	41.3	24.5	22.2	22.0
		霸菱大東協基金 -A 類美元配息型	投資亞太地區(不含日本)	321.9 百萬美元	-0.7	16.5	6.2	34.1	25.3	22.4

資料來源：富邦人壽／富貴吉祥變額萬能壽險（V2）／保險商品 明書（UNAX1100701）

　　除非是基金理財老手，否則應該看不懂，如果不懂，就不宜購買投資型保單。所以，購買投資型保單時，多是保險業務員亂點鴛鴦譜，幫你挑選投資標的。※懂基金的人不會去買投資型保單（※自己買基金就可以，何必要讓保險公司從中賺一手），對一般民眾而言，投資型壽險保單是魔鬼保單，地獄錢

坑等你跳！

在「投資型人壽保險單示範條款」第 37 條，有投資風險的簡單提示，有些投資型保單 DM 上，也僅做簡單說明，但也有些投資型保單 DM 會詳細說明可能的風險事項。

投資型保單涉及基金投資的經營管理，對於只想保險儲蓄理財的消費者而言，有極高的潛在風險，金管會要求人壽保險公司應在保險商品 DM 上，揭露可能風險或注意事項，本單元共整理了 20 條第一金人壽、國泰人壽及富邦人壽等之投資型保單 DM 的風險揭露／注意事項。

1. 中途贖回風險：要保人於契約有效期間內申請部份提領或解約時，由於基金持有之債券易受到利率之變動而影響其次級市場價格，所以經由此贖回而退回之保單帳戶價值，可能有低於原始投入金額之風險。

2. 匯兌風險：要保人須留意當保單幣別與投資標的係不同幣別時，則投資標的之申購、孳息及贖回將會因時間、匯率的不同，產生匯兌上的差異，這差異可能使要保人享有匯兌價差的收益，或可能造成損失。

3. 流動性風險：若本商品連結之基金或投資帳戶買賣受到限制，無法進行交易時，將使得該投資標的物的變現性變差。

4. 信用風險：保單帳戶價值獨立於本公司之一般帳戶外，因此，要保人須自行承擔發行公司履行交付投資本金與收益義務之信用風險。

5. 市場價格風險：本商品連結之標的為基金或投資帳戶

時，該標的之表現將影響要保人之保單帳戶價值，最大可能損失為投資本金之全部。

6. 法律風險：國內外稅法相關規定或解釋與實質課稅原則認定，可能影響本保險所涉之投資報酬、給付金額及稅賦。

7. 利率風險：由於債券易受到利率之變動而影響其價格，故可能因利率上升導致債券價格下跌，而蒙受虧損，高收益債券亦然。故要保人所購買之保險商品連結之基金或投資帳戶子基金為債券基金時，可能因利率上升導致其價值下跌。

8. 清算風險：當本商品連結之基金或投資帳戶規模低於一定金額，不符合經濟效益時，該標的即終止，並將進行清算。

9. 外匯管制風險：基金若有投資於新興市場國家或地區之有價證券，亦可能存在外匯管制及投資地區政治、社會或經濟變動之風險。

10. 投資風險：本商品連結之投資標的皆無保本、提供定期或到期投資收益，最大可能損失為全部投資本金。要保人應承擔一切投資風險及相關費用。要保人於選定該項投資標的前，應確定已充分瞭解其風險與特性。高收益債券基金不適合無法承擔相關風險之投資人。

11. 本商品所連結之一切投資標的，其發行或管理機構以往之投資績效，不保證未來之投資收益，因不同時間進場，將有不同之投資績效，過去之績效亦不代表未來績效之保證。所有投資皆具投資風險，最大可能損失為投資本金之全部。

12. 本商品所連結之一切投資標的，係投資標的所屬公司依投資標的適用法律所發行之有價證券，其投資標的價值應由消費者直接承擔損益。消費者必須負擔投資之法律、匯兌、政治、投資標的市場價格變動，以及投資標的發行或經理機構之信用等風險，最大可能損失為全部投資本金。

13. 投資人投資高收益債券基金，可能因利率上升、市場流動性下降，或發行機構違約不支付本金、利息或破產而蒙受虧損，投資人應審慎評估。

14. 本商品所連結之投資標的，若有配息或資產撥回，該部分可能由收益或本金支付，任何涉及本金支出的部分可能導致原始投資金額減損。

15. 本公司委託代為運用與管理之全權委託帳戶的資產撥回比率，並不代表報酬率，本全權委託帳戶淨值，可能因市場因素而上下波動。

16. 投資標的發行或管理機構有解散、破產、撤銷等事由，不能繼續擔任該投資標的發行或管理機構之職務者，雖然投資標的發行或管理機構之債權人不得對該投資標的資產請求扣押或強制執行，但該投資標的仍可能因為清算程序之進行，而有資金短暫凍結無法及時反映市場狀況之風險。

17. 本商品所連結之一切投資標的，其發行或管理機構以往之投資績效不保證未來之投資收益，除保險契約另有約定外，本公司不負投資盈虧之責。

18. 保單帳戶價值可能因費用及投資績效變動，造成損失或為零；投資具風險，可能使投資金額發生虧損，且最大

可能損失為其原投資金額全部無法回收。

19. 受託投資機構／基金經理公司，除了盡善良管理人之注意義務外，不負責本投資標的之盈虧，亦不保證最低之收益，投資人申購基金前應詳閱基金公開說明書。
20. 本保險不提供未來投資收益、撥回資產或保本之保證；投資標的的收益分配，或本公司委託全權委託投資事業代為運用與管理之全權委託帳戶之資產撥回機制，可能由投資標的或該帳戶之收益或本金中支付；任何涉及由投資標的或該帳戶本金支出的部分，可能導致原始投資金額減損。部分投資標的進行收益分配前或資產撥回前，並未扣除應負擔之相關費用，詳情請參閱投資標的公開說明書或月報表。

「投資型保險商品銷售應注意事項」法規有很多的規定事項，其中的第六（五）項，規定保險業務員應「詢問客戶是否瞭解每年必須繳交之保費，以及在較差情境下之可能損失金額，並確認客戶是否負擔保費及承受損失」，由此可知，保險公司已盡告知義務，投資型保單確實有潛在風險，看完以上 20 條風險揭露／注意事項之後，再決定是否買投資型保單；總而言之，投資型保單並不適合沒有閒錢承擔風險的上班族。

4-3. 投資型壽險的隱形殺手：保險成本！

前一單元的 20 條「風險揭露／注意事項」，並未明顯告知「投資型壽險保單有保險成本的地獄級風險」；保險相關網站上，有網友們分享其自己（父母）因買了某投資型壽險保單，到最後總繳保費已高於保險金額（身故理賠金），而在猶豫是否要續繳危險保費，以保住未來的身故理賠金，或者，買了某投資型壽險保單，因投報率不如預期，且保單帳戶價值持續跌，而向金融消費評議中心申訴等的案例。

理論上，投資型壽險保單是保險兼投資，但是，風險是要保戶自行承擔，最大的風險可能不只是虧損所繳保費而已，而是不得不續繳危險保費，如果硬撐到最後，則可能連身故理賠金，全部由自繳保費給付，不僅血本無歸，還要倒貼危險保費贊助保險公司。

保險成本又稱保障費用，是源自投資型壽險保單特有的「淨危險保額」（※回顧第 3-2 單元（18）～（20）），淨危險保額＝身故理賠金額－保單帳戶價值；因為保險成本是內扣費用（※參照表 4-2），宛如溫水煮青蛙，要保人多不會察覺，投資型壽險保單並非活愈久、領愈多，而是活愈久、繳愈多，稱之為地獄型保單，並不誇張。

投資型壽險保單的「說明書或合約條款」中，有一張（年齡別）「保險成本費率表」，如表 4-4 所示，是用來計算保險

成本用的，保險成本之計算式，各保險公司略有不同，有些保險公司直接採用金管會公告之「台灣壽險公司第 N 回經驗生命表」作基礎，有些公司會再乘以壽險業自訂的經驗生亡指數（80%～110%）。

表 4-4 之保險成本的計算公式為：

（年）保險成本＝（淨危險保額÷10,000×12）× 保險成本費率

由此張「保險成本費率表」可知，投資型壽險保單的保險成本，是隨年齡增加而劇增，男性之 30 歲→50 歲→60 歲→70 歲→90 歲→99 歲的每萬元之月繳保險成本費率，分別為 0.9725 元→4.7083 元→10.0308 元→23.4267 元→127.6342 元→279.9983 元，如果真的不幸活到 99 歲以上，則被追補繳的總危險保費將會超過身故保險金了。

以表 4-4 為例，（男）85 歲開始計算到 99 歲，則每 100 萬元淨危險保額的總繳保險成本為：

（15 年）保險成本＝（1,000,000÷10,000×12）×
（男）＝（1,200）×2,452.9517 元＝2,943,542 元

這 2,943,542 元的保險成本是不管獲利與否，均會由保單帳戶價值中扣除的保障費用，至於要保人是否會被催繳危險保費，則看實際的投報率而定。

表 4-4　保險成本費率表　單位：每萬元淨危險保額之月繳保險成本（元）

年齡	男	女	年齡	男	女	年齡	男	女
			43	2.6358	0.9408	72	27.9742	16.0758
15	0.3150	0.1658	44	2.8775	1.0250	73	30.5158	17.9008
16	0.4175	0.1892	45	3.1333	1.1283	74	33.2417	19.9400
17	0.4950	0.2125	46	3.4042	1.2442	75	36.1917	22.2433
18	0.5350	0.2225	47	3.6967	1.3658	76	39.3367	24.8317
19	0.5567	0.2283	48	4.0158	1.5000	77	42.7417	27.6850
20	0.5717	0.2317	49	4.3692	1.6533	78	46.4408	30.8642
21	0.5875	0.2375	50	4.7083	1.8258	79	50.4992	34.3475
22	0.6125	0.2500	51	5.0633	2.0233	80	54.9467	38.1592
23	0.6508	0.2708	52	5.4442	2.2142	81	59.8142	42.3592
24	0.6983	0.2958	53	5.8217	2.4017	82	65.0575	46.9642
25	0.7525	0.3267	54	6.1908	2.5783	83	70.7700	52.0642
26	0.8117	0.3367	55	6.5900	2.7700	84	76.8642	57.6600
27	0.8492	0.3417	56	7.0483	3.0025	85	83.4650	63.8167
28	0.8850	0.3483	57	7.6267	3.2992	86	90.6358	70.7717
29	0.9242	0.3575	58	8.3267	3.6683	87	98.4067	78.3450
30	0.9725	0.3675	59	9.2033	4.0967	88	107.0042	86.8817
31	1.0333	0.3808	60	10.0308	4.5683	89	116.5975	96.2708
32	1.1083	0.4033	61	10.7067	5.0242	90	127.6342	107.0050
33	1.1967	0.4408	62	11.5425	5.4842	91	140.3942	119.9125
34	1.2950	0.4792	63	12.5575	6.0108	92	153.0467	135.8067
35	1.4042	0.5125	64	13.7325	6.6175	93	166.8408	151.2967
36	1.5225	0.5442	65	15.0367	7.3267	94	181.8767	168.5525
37	1.6533	0.5825	66	16.4008	8.1550	95	198.2675	187.7767
38	1.7867	0.6342	67	17.8725	9.1192	96	216.1375	209.1933
39	1.9150	0.6933	68	19.5450	10.2317	97	235.6158	233.0525
40	2.0658	0.7533	69	21.4125	11.4950	98	256.8508	259.6333
41	2.2267	0.8142	70	23.4267	12.9075	99	279.9983	289.2450
42	2,4167	0.8717	71	25.6308	14.4558	-	-	-

資料來源：新光人壽／天生贏家變額萬能壽險／保單說明書（2020／7 版）

※本書加註：本表約為表 4-6a（第五回經驗生命表）×110%。

因為淨危險保額＝身故保險金額－保單帳戶價值，所以，只有兩種情況可以降低淨危險保額與保險成本，亦即是以降低身故保險金額，或者增繳危險保費來提高保單帳戶價值，而這兩種方式均是要保人的夢魘，有人繳不起而向金融評議中心申訴，這種申訴案件多半沒有用，只能怪自己是保險文盲，沒有搞懂合約條款。

★保險成本／危險保費範例說明

表 4-5a、-5b、-5c 是新光人壽／天生贏家變額萬能壽險（甲型）保單：「男 30 歲，基本保額 110 萬元，躉繳 30 萬元，保障至 100 歲」（※保險成本費率表採用表 4-4）；表 4-5a 是基於「年平均淨報酬率 6%」時的效益分析表，在 50 歲以前，基本保額（110 萬元）高於保單帳戶價值，所以，身故保險金均為 110 萬元，自 60 歲開始，保單帳戶價值已高於基本保額（110 萬元），身故保險金改用保單帳戶價值計算（1,442,628元）；由 3-2「須知用語」（2）（A）可知，此為甲型投資型保單。

因為淨危險保額＝身故保險金－保單帳戶價值，自 60 歲開始，已無淨危險保額，所以，保險成本也等於 0，要保人沒有被催繳危險保費的危機，解約金報酬率（IRR）及 1 元保費保障比均高，要保人不會有怨言；然而，在目前的低利率大環境，想要未來 70 年均有 6%的淨投報率，似乎過於樂觀。

表 4-5a　（甲型）變額萬能壽險效益分析表（@投報率 6%）

年平均淨報酬率 6%

年齡	累積所繳保險費	每年保險成本	淨危險保額	年初保單帳戶價值	解約金	身故保險金額	解約金投報率（%）	1元保費保障比
30	300,000	928	800,000	300,000	285,000	1,100,000	-	3.67
31		974	789,855	310,145	297,739	1,100,000	-	3.67
32		1,028	778,953	321,047	314,626	1,100,000	1.60	3.67
33		1,090	767,243	332,757	332,757	1,100,000	2.63	3.67
34		1,151	749,640	350,360	350,360	1,100,000	3.15	3.67
40		1,510	621,018	478,982	478,982	1,100,000	4.35	3.67
50	（躉繳）	1,467	280,879	819,121	819,121	1,100,000	4.90	3.67
60		0	0	1,442,628	1,442,628	1,442,628	5.20	4.81
70		0	0	2,567,200	2,567,200	2,567,200	5.38	8.56
80		0	0	4,581,138	4,581,138	4,581,138	5.49	15.27
90		0	0	8,187,792	8,187,792	8,187,792	5.57	27.29
99		0	0	13,818,868	13,818,868	13,818,868	5.62	46.06
100 歲可領回		-	-	14,646,762	-	-	-	-

資料來源：新光人壽／天生贏家變額萬能壽險／保單說明書（2020／7 版）

　　表 4-5b 是假設年平均報酬率 3%之條件下的效益分析，在 87 歲時，保單帳戶價值（10,681 元）少於保險成本（10,720 元），表 4-5c 是假設年平均報酬率 0%之條件下的效益分析，67 歲時，保單帳戶價值（10,825 元）少於保險成本（11,735 元），表示保單帳戶價值之餘額，無法支付保險成本，需要開始補繳危險保費，以維持保單的契約效力。

表 4-5b　（甲型）變額萬能壽險效益分析表（@投報率 3%）

年齡	累積所繳保險費	每年保險成本	淨危險保額	年初保單帳戶價值	解約金	身故保險金額	解約金投報率（%）	1元保費保障比
30	300,000	936	800,000	300,000	285,000	1,100,000	-	3.67
31		986	798,669	301,331	289,278	1,100,000	-	3.67
32		1,056	797,008	302,992	296,932	1,100,000	-	3.67
33		1,138	795,028	304,972	304,972	1,100,000	0.41	3.67
34		1,220	788,254	311,746	311,746	1,100,000	0.77	3.67
40		1,840	745,234	354,766	354,766	1,100,000	1.54	3.67
50	（躉繳）	3,748	666,918	433,082	433,082	1,100,000	1.76	3.67
60		7,047	588,619	511,381	511,381	1,100,000	1.74	3.67
70		15,191	540,307	559,693	559,693	1,100,000	1.53	3.67
80		43,156	640,426	459,574	459,574	1,100,000	0.84	3.67
87		10,720	1,089,319	10,681	10,681	1,100,000	-	3.67
88		-	-	-	-	-	-	-

資料來源：新光人壽／天生贏家變額萬能壽險／保單說明書（2020／7版）

　　此份躉繳保單，理論上，第一年繳清 30 萬元保費之後，不用再繳保費，但是，前提是此保單之「年平均淨報酬率」要夠高，表 4-5b 基於「年平均淨報酬率 3%」，仍然會在 87 歲時，面臨被催繳危險保費的命運，這是保險業務員不會對你說清楚、講明白的潛在風險。

　　如果不補繳危險保費而使契約失效，表 4-5c（@年均投報率 0%）則相當於以躉繳 30 萬元保費，買 38 年（30 歲～67 歲）保額 110 萬元的定期壽險，因為仍然活著，領不到 110 萬元保險金，38 年前繳的 30 萬保費也沒有了，原本期待的退休用解約金也泡湯了。※許多的已持續 10 年以上之投資型壽險

保單，其實際 IRR 多≦1.5%（※第 5 章），被保人在 60 歲以後，多有面臨繳交危險保費的風險。

表 4-5c （甲型）變額萬能壽險效益分析表（@投報率 0%）

年齡	累積所繳保險費	每年保險成本	淨危險保額	年初保單帳戶價值	解約金	身故保險金額	解約金投報率（%）	1元保費保障比
30	300,000	936	800,000	300,000	285,000	1,100,000	-	3.67
31		1,006	807,474	292,526	280,825	1,100,000	-	3.67
32		1,088	814,540	285,460	279,751	1,100,000	-	3.67
33		1,178	821,233	278,767	278,767	1,100,000	-	3.67
34		1,284	823,611	276,389	276,389	1,100,000	-	3.67
40	（躉繳）	2,088	840,373	259,627	259,627	1,100,000	-	3.67
50		5,013	884,305	215,695	215,695	1,100,000	-	3.67
60		11,744	969,734	130,266	130,266	1,100,000	-	3.67
67		11,735	1,089,175	10,825	10,825	1,100,000	-	3.67
68		-	-	-	-	-	-	-

資料來源：新光人壽／天生贏家變額萬能壽險／保單說明書（2020／7版）

4-4. 保險成本費率 vs. 危險保費

　　在 2021 年以前推出的投資型壽險保單，多是以 2012 年 7 月 1 日開始實施的「台灣壽險業第五回經驗生命表」（※表 4-6a）為基準 × 某一百分比（90%～110%）訂定的；表 4-4 的「保險成本費率表」是 2015 年首次推出，並在 2020 年 7 月修正的保單，其保險費率大約是「台灣壽險業第五回經驗生命表」的 110%；金管會在 2021 年 7 月 1 日開始實施「台灣壽險業第六回經驗生命表」（※表 4-6b）。

　　自 2012 年 7 月以後推出的投資型壽險保單，多採用表 4-6a，相形之下，表 4-4 之數值比表 4-6a 約高出 10%，自 2021 年 7 月以後推出的新保單，多採用「台灣壽險業第六回經驗生命表」；台灣人壽於 2021 年 9 月 1 日修正的「金采 100 變額萬能壽險保單」，保單說明書還特別強調是「100% × 台灣壽險業第六回經驗生命表」（※表 4-6b），原因是，愈新的經驗生命表，壽險的保費愈便宜，保險成本愈低，但是意外險／醫療險的保費則愈貴。

表 4-6a 保險成本費率表（※第五回經驗生命表）

（每月萬元淨危險保額）

年齡	男性	女性	年齡	男性	女性	年齡	男性	女性	年齡	男性	女性
0	0.44	0.32	31	0.94	0.35	61	9.73	4.57	91	127.63	109.01
1	0.32	0.25	32	1.01	0.37	62	10.49	4.99	92	139.13	123.46
2	0.23	0.18	33	1.09	0.40	63	11.42	5.46	93	151.67	137.54
3	0.18	0.15	34	1.18	0.44	64	12.48	6.02	94	165.34	153.23
4	0.15	0.13	35	1.28	0.47	65	13.67	6.66	95	180.24	170.71
5	0.14	0.12	36	1.38	0.50	66	14.91	7.41	96	196.49	190.18
6	0.12	0.10	37	1.50	0.53	67	16.25	8.29	97	214.20	211.87
7	0.12	0.09	38	1.62	0.58	68	17.77	9.30	98	233.50	236.03
8	0.11	0.09	39	1.74	0.63	69	19.47	10.45	99	254.54	262.95
9	0.11	0.08	40	1.88	0.69	70	21.30	11.73	100	277.49	292.94
10	0.11	0.09	41	2.02	0.74	71	23.30	13.14	101	302.49	326.35
11	0.11	0.09	42	2.20	0.79	72	25.43	14.61	102	329.76	363.57
12	0.13	0.10	43	2.40	0.86	73	27.74	16.27	103	359.47	405.04
13	0.16	0.12	44	2.62	0.93	74	30.22	18.13	104	391.87	451.24
14	0.21	0.13	45	2.85	1.03	75	32.90	20.22	105	427.19	502.70
15	0.29	0.15	46	3.10	1.13	76	35.76	22.57	106	465.69	560.04
16	0.38	0.17	47	3.36	1.24	77	38.86	25.17	107	507.66	623.91
17	0.45	0.19	48	3.65	1.36	78	42.22	28.06	108	553.41	695.07
18	0.49	0.20	49	3.97	1.50	79	45.91	31.23	109	603.29	774.35
19	0.51	0.21	50	4.28	1.66	80	49.95	34.69	110	833.33	833.33
20	0.52	0.21	51	4.60	1.84	81	54.38	38.51			
21	0.53	0.22	52	4.95	2.01	82	59.14	42.70			
22	0.56	0.23	53	5.29	2.18	83	64.34	47.33			
23	0.59	0.25	54	5.63	2.34	84	69.88	52.42			
24	0.64	0.27	55	5.99	2.52	85	75.88	58.02			
25	0.68	0.30	56	6.41	2.73	86	82.40	64.34			
26	0.74	0.31	57	6.93	3.00	87	89.46	71.22			
27	0.77	0.31	58	7.57	3.34	88	97.28	78.98			
28	0.80	0.32	59	8.37	3.72	89	106.00	87.52			
29	0.84	0.33	60	9.12	4.15	90	116.03	97.28			
30	0.88	0.33									

資料來源：第一金人壽／前後給利變額萬能壽險／保單說明書（2021／7 版）
本書加註：本表依據為「100%台灣壽險業第五回經驗生命表」

表 4-6b　保險成本費率表（※第六回經驗生命表）

100%×臺灣壽險業第六回經驗生命表　　　　　　　　　　　單位：每月 每拾萬元 淨危險保額

年齡	男性	女性	年齡	男性	女性	年齡	男性	女性	年齡	男性	女性
0	2.667	2.083	31	5.817	2.792	61	66.708	30.000	91	996.017	804.158
1	1.575	1.208	32	6.242	2.983	62	71.750	32.650	92	1084.500	897.617
2	1.358	1.033	33	6.733	3.192	63	77.358	35.667	93	1180.958	1001.075
3	1.167	0.875	34	7.308	3.408	64	83.667	39.142	94	1286.108	1115.342
4	1.042	0.775	35	8.142	3.683	65	93.858	46.658	95	1400.733	1241.433
5	0.950	0.692	36	8.858	3.950	66	101.942	51.233	96	1525.692	1380.350
6	0.925	0.667	37	9.667	4.250	67	111.225	56.550	97	1661.908	1533.058
7	0.933	0.650	38	10.567	4.583	68	121.775	62.667	98	1810.400	1700.467
8	0.950	0.633	39	11.550	4.950	69	133.617	69.667	99	1972.275	1883.575
9	0.992	0.625	40	12.733	5.450	70	154.233	80.950	100	2148.742	2083.150
10	1.017	0.583	41	13.883	5.883	71	168.550	90.008	101	2335.550	2299.925
11	1.142	0.600	42	15.108	6.358	72	184.250	100.358	102	2528.167	2534.283
12	1.292	0.642	43	16.433	6.858	73	201.392	112.100	103	2732.842	2786.625
13	1.508	0.708	44	17.842	7.400	74	220.175	125.358	104	2949.467	3056.692
14	1.892	0.808	45	20.142	8.475	75	239.033	136.083	105	3177.975	3343.917
15	2.467	1.083	46	21.725	9.100	76	261.658	152.633	106	3525.200	3740.325
16	2.825	1.200	47	23.408	9.767	77	286.608	171.150	107	3902.567	4156.075
17	3.150	1.308	48	25.192	10.492	78	314.050	191.775	108	4271.242	4637.683
18	3.417	1.408	49	27.083	11.267	79	344.025	214.667	109	4654.900	5162.175
19	3.625	1.508	50	28.850	11.867	80	376.492	239.892	110	8333.333	8333.333
20	3.600	1.483	51	30.967	12.733	81	411.492	267.617			
21	3.725	1.558	52	33.225	13.650	82	449.325	298.225			
22	3.825	1.633	53	35.633	14.608	83	490.392	332.175			
23	3.883	1.692	54	38.208	15.633	84	535.283	370.142			
24	3.933	1.742	55	42.167	17.958	85	584.625	412.817			
25	4.133	2.000	56	45.133	19.208	86	638.992	460.925			
26	4.200	2.075	57	48.350	20.625	87	698.850	515.125			
27	4.317	2.167	58	51.850	22.233	88	762.525	575.975			
28	4.483	2.292	59	55.650	24.058	89	829.608	644.042			
29	4.708	2.442	60	62.175	27.692	90	906.783	719.883			
30	5.475	2.608									

資料來源：台灣人壽／金采100變額萬能壽險／保單說明書（2021／9／1版）
本書加註：本表依據為「100%台灣壽險業第六回經驗生命表」

※想買投資型壽險保單者，宜注意保單說明書的「保險成本費率表」，至少應不高於表 4-6b 之「台灣壽險業第六回經驗生命表」的數值。

第六回生命表之保險成本費率約比第五回生命表便宜 30% 左右，淨危險保額＝身故／完全失能保險金（保險金額）－保單帳戶價值，因為保單帳戶價值之計算有點複雜，一般人無法得知，唯獨乙型投資型壽險保單很單純，「淨危險保額＝基本保額」，固定不變，因此，本單元以「乙型投資型壽險保單，基本保額 100 萬元」來比較保險成本。為了了解投資型保單每 10 年的內扣保險成本費用，將表 4-6a 及表 4-6b 改編成 4-7a 及 4-7b，成為「*每年每百萬元之保險成本費率表*」。

表 4-7a　每年每百萬元保險成本費率表（每 10 年統計）

年齡	31〜40		41〜50		51〜60		61〜70		71〜80		81〜90		91〜100	
性別	男	女	男	女	男	女	男	女	男	女	男	女	男	女
第1年	1,128	420	2,424	888	5,520	2,208	11,676	5,484	27,960	15,768	65,256	46,212	153,156	130,812
第2年	1,212	444	2,640	948	5,940	2,412	12,588	5,988	30,516	17,532	70,968	51,240	166,956	148,152
第3年	1,308	480	2,880	1,032	6,348	2,616	13,704	6,552	33,288	19,524	77,208	56,796	182,004	165,048
第4年	1,416	528	3,144	1,116	6,756	2,808	14,976	7,224	36,264	21,756	83,856	62,904	198,408	183,876
第5年	1,536	564	3,420	1,236	7,188	3,024	16,404	7,992	39,480	24,264	91,056	69,624	216,288	204,852
第6年	1,656	600	3,720	1,356	7,692	3,276	17,892	8,892	42,912	27,084	98,880	77,208	235,788	228,216
第7年	1,800	636	4,032	1,488	8,316	3,600	19,500	9,948	46,632	30,204	107,352	85,464	257,040	254,244
第8年	1,944	696	4,380	1,632	9,084	4,008	21,324	11,160	50,664	33,672	116,736	94,776	280,200	283,236
第9年	2,088	756	4,764	1,800	10,044	4,464	23,364	12,540	55,092	37,476	127,200	105,024	305,448	315,540
第10年	2,256	828	5,136	1,992	10,944	4,980	25,560	14,076	59,940	41,628	139,236	116,832	332,988	351,528
合計	16,344	5,952	36,540	13,488	77,832	33,396	176,988	89,856	422,748	268,908	977,748	765,984	2,328,276	2,265,504

資料來源：100%台灣壽險業第五回經驗生命表（※表4-6a）。本書整理

表 4-7b　每年每百萬元保險成本費率表（每 10 年統計）

年齡	31～40		41～50		51～60		61～70		71～80		81～90		91～100	
性別	男	女	男	女	男	女	男	女	男	女	男	女	男	女
第1年	698	335	1,666	706	3,716	1,528	8,005	3,600	20,226	10,801	49,379	32,114	119,522	96,499
第2年	749	358	1,813	763	3,987	1,638	8,610	3,918	22,110	12,043	53,919	35,787	130,140	107,714
第3年	808	383	1,972	823	4,276	1,753	9,283	4,280	24,232	13,452	58,847	39,861	141,715	120,129
第4年	877	409	2,141	888	4,585	1,876	10,040	4,697	26,421	15,043	64,234	44,417	154,333	133,841
第5年	977	442	2,417	1,017	5,060	2,155	11,263	5,599	28,684	16,330	70,155	49,538	168,088	148,972
第6年	1,063	474	2,607	1,092	5,416	2,305	12,233	6,148	31,399	18,316	76,679	55,311	183,083	165,642
第7年	1,160	510	2,809	1,172	5,802	2,475	13,347	6,786	34,393	20,538	83,862	61,815	199,429	183,967
第8年	1,268	550	3,023	1,259	6,222	2,668	14,613	7,520	37,686	23,013	91,503	69,117	217,248	204,056
第9年	1,386	594	3,250	1,352	6,678	2,887	16,034	8,360	41,283	25,760	99,553	77,285	236,673	226,029
第10年	1,528	654	3,462	1,424	7,461	3,323	18,508	9,714	45,179	28,787	108,814	86,386	257,849	249,978
合計	10,514	4,709	25,160	10,496	53,203	22,608	121,936	60,622	311,613	184,083	756,945	551,631	1,808,080	1,636,827

資料來源：100%台灣壽險業第六回經驗生命表（※表 4-6b）。本書整理

　　以表 4-7a 為例，如果是男性，在 31 歲 100 萬元基本保額時，不管投報率是多少，31 歲至 40 歲的 10 年間「保單帳戶價值」將會被扣 16,344 元，似乎是無關痛癢，等到 71 歲～80 歲的 10 年間，「保單帳戶價值」將會被扣 422,748 元，等到 81 歲～90 歲的 10 年間，將被內扣 977,748 元（※如果保單還未被停效的話），由 30 歲活到 90 歲，每 100 萬元淨危險保額，將被扣了 1,708,200 元的投資利潤，已遠多於躉繳的 100 萬元保費；若真的活到 100 歲，光是在 91 歲到 100 歲的 10 年間，危險保費就高達 2,328,276 元。

　　投資高獲利，與保險公司分享（※他吃肉你喝湯）尚可接受，萬一在 61 歲以後開始被催繳危險保費呢？61 歲～70 歲

（10 年間）要補 176,988 元危險保費…。<u>由表 4-7a 及 4-7b 來看，擁有投資型壽險保單的人，不管賺或賠，最遲在男 50 歲、女 60 歲以前宜解約退場，以避免被催繳危險保費的風險。</u>

★表 4-7a、-7b 應用例

表 4-8 是富邦人壽／富貴吉祥（乙型）變額萬能壽險（V2）「男性 40 歲，基本保額 100 萬元，保險型態為乙型，每年繳交目標保險費 40,000 元，繳費期 15 年。在扣除保費費用、保險成本及保單管理費後，剩餘之金額進入分離帳戶進行投資。」

乙型投資型保單的特點是淨危險保額＝基本保額，不管投資報酬率是多少，＋2％、0％或表 3-2b 的＋5％，淨危險保額均是固定不變的 100 萬元，所以，不管投資報酬率是＋2％、0％或＋5％，在同一年齡時的保險成本"均相同。對照表 4-8 中的保險成本，例如 45 歲時是 2,412 元，近似於表 4-7b 的 45 歲（2,417 元），84 歲時的 64,236 元，近似於表 4-7b 的 84 歲（64,234 元）。

此外，此張保單並非躉繳保單，而是每年繳 40,000 元，繳費期 15 年，所以，在假設投資報酬率 0％時，前 15 保單年度之保單帳戶價值持續增加，且第 16 年開始，才逐漸減少，到第 40 保單年度（79 歲）時，就得再補繳危險保費，以維持保單的效力。

表 4-8 乙型變額萬能壽險範例（※基本保額 100 萬元，年繳 4 萬元，繳費期 15 年）

保單年度	保險年齡	保險費用	假設投資報酬率 +2%							假設投資報酬率 0%				
			A 保險成本	保單管理費	B 保單帳戶價值	C 身故/完全失能保險金	解約金	D 淨危險保額（基本保額）= C-B	A 保險成本	保單管理費	B 保單帳戶價值	C 身故/完全失能保險金	解約金	D 淨危險保額（基本保額）= C-B
1	40	23,600	1,524	1,200	13,975	1,013,975	13,975	1,000,000	1,524	1,200	13,676	1,013,671	13,676	1,000,000
2	41	11,600	1,668	1,200	40,323	1,040,323	40,323	1,000,000	1,668	1,200	39,208	1,039,208	39,208	1,000,000
3	42	11,600	1,812	1,200	67,053	1,067,053	67,053	1,000,000	1,812	1,200	64,596	1,064,596	64,596	1,000,000
4	43	5,600	1,968	1,200	100,280	1,100,280	100,280	1,000,000	1,968	1,200	95,828	1,095,828	95,828	1,000,000
5	44	5,600	2,136	1,200	134,001	1,134,001	134,001	1,000,000	2,136	1,200	126,892	1,126,892	126,892	1,000,000
6	45	-	2,412	1,200	173,830	1,173,830	173,830	1,000,000	2,412	1,200	163,280	1,163,280	163,280	1,000,000
7	46	-	2,604	1,200	214,262	1,214,262	214,262	1,000,000	2,604	1,200	199,476	1,199,476	199,476	1,000,000
8	47	-	2,808	1,200	255,296	1,255,296	255,296	1,000,000	2,808	1,200	235,468	1,235,468	235,468	1,000,000
9	48	-	3,024	1,200	296,932	1,296,932	296,932	1,000,000	3,024	1,200	271,244	1,271,244	271,244	1,000,000
10	49	-	3,252	1,200	339,171	1,339,171	339,171	1,000,000	3,252	1,200	306,792	1,306,792	306,792	1,000,000
15	54	-	4,584	1,200	559,472	1,559,472	559,472	1,000,000	4,584	1,200	480,764	1,480,764	480,764	1,000,000
20	59	-	6,684	1,200	580,759	1,580,759	580,759	1,000,000	6,684	1,200	445,568	1,445,568	445,568	1,000,000
25	64	-	10,044	1,200	589,351	1,589,351	589,351	1,000,000	10,044	1,200	396,152	1,396,152	396,152	1,000,000
30	69	-	16,032	1,200	573,626	1,573,626	573,626	1,000,000	16,032	1,200	322,664	1,322,664	322,664	1,000,000
35	74	-	26,424	1,200	510,184	1,510,184	510,184	1,000,000	26,424	1,200	205,220	1,205,220	205,220	1,000,000
40	79	-	41,280	1,200	375,152	1,375,152	375,152	1,000,000	41,280	1,200	25,772	1,025,772	25,772	1,000,000
45	84	-	64,236	1,200	123,181	1,123,181	123,181	1,000,000						
50	89	-												
55	94	-												
60	99	-												

保險成本 = 1,000,000÷100,000×12×535.283（表 4-5b）
= 64,234 元（表 4-7b）≒ 64,236 元

自 85 歲開始將被催繳淨危險保費

保險成本 = 1,000,000÷100,000×12×344.025（表 4-5b）
= 41,283 元（表 4-7b）≒ 41,280 元

自 79 歲開始將被催繳淨危險保費

出處：富邦人壽／富貴吉祥變額萬能壽險（V2）／保險商品說明書 ※保險成本費率採第六回生命表（4-6b）或表 4-7b。
註：D 淨危險保額是本書依乙型變額萬能壽險保單定義計算，驗算 A 保險成本使用。
D 淨危險保額（基本保額）= C-B

161

4-5. 地獄型保單 DM 之範例分析

當在某些年齡時（表 4-5b 的 87 歲及表 4-5c 的 67 歲），保險公司即會發函通知催繳危險保費，建議你補足危險保費，以提高保單帳戶價值（※即降低淨危險保額），如果不繳清足額的危險保費，而不幸身故／完全失能時，則無法獲得 110 萬元理賠金，這時候，是否要續繳危險保費以維持保單效力，必然會有一番痛苦的掙扎。

★（甲乙丙型）變額壽險範例說明

表 4-9a、4b、4c 是採用（最新）第六回經驗生命表（※表 4-6b）的甲、乙、丙型投資保單的範例說明，同樣是男 35 歲，躉繳 50 萬元保費，但是，基本保額是「甲型 80 萬元，乙型 30 萬元，丙型僅 10 萬元」，看似丙型的保險金額（保障金額）最低，其實並非如此；基本保額只是各型保單設計的基準，保險金額要看型別定義而異；請回顧第 3-2（B）、（C）、（D）單元。

（甲型）保險金額＝max（基本保額，保單帳戶價值）
（乙型）保險金額＝基本保額＋保單帳戶價值
（丙型）保險金額＝max（基本保額，保單帳戶價值 × 最低比率）

再看表 4-9a、-9b、-9c 中之「保單帳戶價值」與「身故／完全失能保險金」，用計算機算一算即可了解。

至於哪一型保單較佳，老實說，很難下定論，因為在預定投資報酬率6%時，甲型的「解約金」及「身故／完全失能保險金」最高，丙型次之，乙型最低；然而，若由各表下面的「註」來看，「丙型」在預估投資報酬率0%時，還不至於被催繳危險保費，到110歲還領得到祝壽保險金352,769元，雖然已低於35歲（76年前）的躉繳保費50萬元，但至少不會繼續倒貼下去；哪一型最佳？不知道，在預估投資報酬率0%時，甲型在84歲時被催繳危險保費，而乙型在91歲時才被催繳，似乎「甲型」保單的風險最高，然而，萬一身故／完全失能時，甲型卻有較高的理賠金額。

表 4-9a （甲型）變額壽險例

假設熊先生為 35 歲男性，標準體位，躉繳保險費 50 萬元投保「遠雄人壽樂活吉利變額壽險」甲型，基本保額 80 萬元，投資標的之年配息率為 5%，收益分配方式選擇「累積單位數」，保單帳戶價值、解約金及身故、完全失能保險金試算如下表：（※採用第六回經驗生命表（※表 4-6b））

（單位：新臺幣元）

保單年度末	保險年齡	預估投資報酬率 6%				預估投資報酬率 2%			
		保險成本	保單帳戶價值	解約金	身故、完全失能保險金	保險成本	保單帳戶價值	解約金	身故、完全失能保險金
1	35	283	520,584	478,937	800,000	288	500,908	460,835	800,000
2	36	286	542,402	509,858	800,000	312	502,100	471,974	800,000
3	37	287	566,562	543,900	800,000	348	504,475	484,296	800,000
4	38	281	591,867	580,030	800,000	372	506,845	496,708	800,000
5	39	272	618,381	612,197	800,000	408	509,196	504,104	800,000
10	44	19	819,642	819,642	819,642	539	553,315	553,315	800,000
15	49	0	1,089,886	1,089,886	1,089,886	663	601,302	601,302	800,000
20	54	0	1,451,530	1,451,530	1,451,530	698	653,954	653,954	800,000
30	64	0	2,583,143	2,583,143	2,583,143	303	777,432	777,432	800,000
40	74	0	4,609,687	4,609,687	4,609,687	0	934,145	934,145	934,145
50	84	0	8,238,918	8,238,918	8,238,918	0	1,125,441	1,125,441	1,125,441
60	94	0	14,738,329	14,738,329	14,738,329	0	1,358,625	1,358,625	1,358,625
70	104	0	26,377,774	26,377,774	26,377,774	0	1,642,872	1,642,872	1,642,872
76	110	0	37,408,741	37,408,741	37,408,741	0	1,842,487	1,842,487	1,842,487
祝壽保險金				37,408,741（賺大錢）				1,842,487（賺小錢）	

保單年度末	保險年齡	預估投資報酬率 0%				預估投資報酬率 -6%			
		保險成本	保單帳戶價值	解約金	身故、完全失能保險金	保險成本	保單帳戶價值	解約金	身故、完全失能保險金
1	35	298	491,066	451,781	800,000	310	461,544	424,620	800,000
2	36	333	482,519	453,568	800,000	378	426,127	400,559	800,000
3	37	372	475,195	456,187	800,000	450	394,190	378,422	800,000
4	38	417	467,916	458,558	800,000	532	364,447	357,158	800,000
5	39	465	460,677	456,070	800,000	621	336,741	333,374	800,000
10	44	744	451,541	451,541	800,000	1,183	237,880	237,880	800,000
15	49	1,164	440,546	440,546	800,000	2,049	162,046	162,046	800,000
20	54	1,702	427,209	427,209	800,000	3,173	102,136	102,136	800,000
30	64	4,120	386,655	386,655	800,000	7,944	3,525	3,525	800,000
40	74	13,204	292,424	292,424	800,000	-	-	-	-
50	84	-	-	-	-	-	-	-	-
60	94	-	-	-	-	-	-	-	-
70	104	-	-	-	-	-	-	-	-
76	110	-	-	-	-	-	-	-	-
祝壽保險金									

（開始補繳"危險保費"）　（@65 歲開始補繳"危險保費"）

註：在假設投資報酬率 0% 及 -6% 時，要保人將於 84 歲及 65 歲時，因保單帳戶價值不足而停效。

資料來源：遠雄人壽／樂活吉利變額壽險／保險商品說明書（VF2）（2021／7）

第 4 章 地獄型保單：無底錢坑等你跳！

表 4-9b （乙型）變額壽險）例

假設熊先生為 35 歲男性，標準體位，躉繳保險費 50 萬元投保「遠雄人壽樂活吉利變額壽險」乙型，基本保額 30 萬元，投資標的之年配息率為 5%，收益分配方式選擇「累積單位數」，保單帳戶價值、解約金及身故、完全失能保險金試算如下表：（※採用第六回經驗生命表（※表4-6b））

（單位：新臺幣元）

保單年度末	保險年齡	預估投資報酬率 6%				預估投資報酬率 2%			
		保險成本	保單帳戶價值	解約金	身故、完全失能保險金	保險成本	保單帳戶價值	解約金	身故、完全失能保險金
1	35	288	520,579	478,933	820,579	288	500,908	460,835	800,908
2	36	324	542,357	509,816	842,357	324	502,088	471,963	802,088
3	37	348	566,453	543,795	866,453	348	504,463	484,284	804,463
4	38	384	591,647	579,814	891,647	384	506,819	496,683	806,819
5	39	420	617,997	611,817	917,997	420	509,157	504,065	809,157
10	44	648	816,885	816,885	1,116,885	648	552,967	552,967	852,967
15	49	972	1,081,325	1,081,325	1,381,325	972	599,777	599,777	899,777
20	54	1,380	1,433,119	1,433,119	1,733,119	1,380	649,569	649,569	949,569
30	64	3,012	2,521,617	2,521,617	2,821,617	3,012	754,734	754,734	1,054,734
40	74	7,932	4,429,769	4,429,769	4,729,769	7,932	848,220	848,220	1,148,220
50	84	19,272	7,742,709	7,742,709	8,042,709	19,272	875,078	875,078	1,175,078
60	94	46,296	13,428,411	13,428,411	13,728,411	46,296	701,093	701,093	1,001,093
70	104	106,176	23,040,264	23,040,264	23,340,264	106,176	13,175	13,175	313,175
76	110	300,000	31,506,913	31,506,913	31,806,913	-	（@105歲開始補繳"危險保費"）		
祝壽保險金			31,506,913 （賺大錢）				-		

保單年度末	保險年齡	預估投資報酬率 0%				預估投資報酬率 -6%			
		保險成本	保單帳戶價值	解約金	身故、完全失能保險金	保險成本	保單帳戶價值	解約金	身故、完全失能保險金
1	35	288	491,076	451,790	791,076	288	461,565	424,640	761,565
2	36	324	482,537	453,585	782,537	324	426,200	400,628	726,200
3	37	348	475,239	456,229	775,239	348	394,357	378,583	694,357
4	38	384	467,992	458,632	767,992	384	364,748	357,453	664,748
5	39	420	460,796	456,188	760,796	420	337,213	333,841	637,213
10	44	648	452,061	452,061	752,061	648	239,962	239,962	539,962
15	49	972	441,838	441,838	741,838	972	167,302	167,302	467,302
20	54	1,380	429,814	429,814	729,814	1,380	112,424	112,424	412,424
30	64	3,012	396,034	396,034	696,034	3,012	34,795	34,795	334,795
40	74	7,932	330,338	330,338	630,338	（虧很慘，@70歲開始補繳"危險保費"）			
50	84	19,272	184,846	184,846	484,846				
60	94	（虧大了，@91歲開始補繳"危險保費"）				-	-	-	-
70	104	-	-	-	-	-	-	-	-
76	110	-	-	-	-	-	-	-	-
祝壽保險金		-				-			

註：在假設投資報酬率 2%、0%、-6% 時，要保人將於 105 歲、91 歲及 70 歲時，因保單帳戶價值不足而停效。

資料來源：遠雄人壽／樂活吉利變額壽險／保險商品說明書（VF2）（2021／7）

表 4-9c　（丙型）變額壽險例

假設熊先生為 35 歲男性，標準體位，躉繳保險費 50 萬元投保「遠雄人壽樂活吉利變額壽險」丙型，基本保額 10 萬元，投資標的之年配息率為 5%，收益分配方式選擇「累積單位數」，保單帳戶價值、解約金及身故、完全失能保險金試算如下表：（※ 採用第六回經驗生命表（※ 表 4-6b））

（單位：新臺幣元）

保單年度末	保險年齡	預估投資報酬率 6%				預估投資報酬率 2%			
		保險成本	保單帳戶價值	解約金	身故、完全失能保險金	保險成本	保單帳戶價值	解約金	身故、完全失能保險金
1	35	299	520,567	478,922	832,907	288	500,908	460,835	801,453
2	36	339	542,330	509,790	867,728	324	502,088	471,963	803,341
3	37	385	566,386	543,731	906,218	348	504,463	484,284	807,141
4	38	439	591,523	579,693	946,437	384	506,819	496,683	810,910
5	39	502	617,784	611,606	988,454	420	509,157	504,065	814,651
10	44	678	816,501	816,501	1,143,101	468	553,634	553,634	775,088
15	49	1,362	1,079,549	1,079,549	1,511,369	775	601,524	601,524	842,134
20	54	1,272	1,430,941	1,430,941	1,717,129	595	654,720	654,720	785,664
30	64	2,454	2,518,532	2,518,532	2,770,385	772	776,214	776,214	853,835
40	74	2,278	4,447,134	4,447,134	4,536,077	482	923,141	923,141	941,604
50	84	9,814	7,877,322	7,877,322	8,034,868	1,402	1,102,117	1,102,117	1,124,159
60	94	0	13,941,909	13,941,909	13,941,909	0	1,316,055	1,316,055	1,316,055
70	104	0	24,951,509	24,951,509	24,951,509	0	1,590,980	1,590,980	1,590,980
76	110	0	35,385,551	35,385,551	35,385,551	0	1,784,050	1,784,050	1,784,050
祝壽保險金			35,385,551 （賺大錢）				1,784,050 （賺小錢）		

保單年度末	保險年齡	預估投資報酬率 0%				預估投資報酬率 -6%			
		保險成本	保單帳戶價值	解約金	身故、完全失能保險金	保險成本	保單帳戶價值	解約金	身故、完全失能保險金
1	35	288	491,076	451,790	785,722	282	461,571	424,645	738,514
2	36	312	482,549	453,596	772,078	284	426,245	400,670	681,992
3	37	336	475,263	456,252	760,421	286	394,457	378,679	631,131
4	38	360	468,040	458,679	748,864	290	364,933	357,634	583,893
5	39	384	460,881	456,272	737,410	293	337,506	334,131	540,010
10	44	384	453,081	453,081	634,313	214	241,578	241,578	338,209
15	49	576	444,456	444,560	622,384	232	171,160	171,160	239,624
20	54	396	436,508	436,508	523,810	115	119,888	119,888	143,866
30	64	420	419,828	419,828	461,811	434	54,012	54,012	100,000
40	74	216	403,521	403,521	411,591	2,322	9,833	9,833	100,000
50	84	504	388,019	388,019	395,779	（慘很慘，@77 歲開始補繳"危險保費"）			
60	94	0	371,970	371,970	371,970	-	-	-	-
70	104	0	359,969	359,969	359,969	-	-	-	-
76	110	0	352,769	352,769	352,769	-	-	-	-
祝壽保險金			352,769 （雖然領得到，但已少於總繳保費）			-			

註：在假設投資報酬率 -6% 時，要保人將於 77 歲時，因保單帳戶價值不足而停效。

資料來源：遠雄人壽／樂活吉利變額壽險／保險商品說明書（VF2）（2021／7）

第 4 章　地獄型保單：無底錢坑等你跳！

目前市售的投資型壽險保單，以金管會訂定的「甲型、乙型」居多，為了弄清楚甲、乙型的差異，我找了一張相同條件的甲、乙型保單作分析；表 4-10a（甲型）及表 4-10b（乙型）是三商美邦的「優利精選變額萬能壽險」，保單條件相同：「王先生 30 歲，基本保額 200 萬元，年繳保費 10 萬元，繳費期 10 年」，表 4-10a 及 4-10b 分別將甲／乙型在假設投資報酬率+2%及 0%時的效益分析擺在一起，即可看出甲型的保單解約金略勝一籌，且危險性也低於乙型保單，但是，當身故／完全失能時，乙型保單有較高的理賠金。

表 4-10a　A／B 型投資型壽險保單之比較（@投資報酬率 2%）（※年繳 10 萬元×10 年）

單位：新臺幣

年度	年齡	（A型）投資報酬率+2%						（B型）投資報酬率+2%			
		A保單管理費	B保險成本	C保險帳戶價值	D解約金	E身故保險金	淨危險保額 F=E-C	A保單管理費	B保險成本	C保單帳戶價值	D解約金	E身故保險金	淨危險保額 F=E-C
1	30	3,560	2,005	96,373	91,072	2,000,000	1,903,627	3,559	2,112	96,267	90,972	2,096,267	2,000,000
2	31	4,130	2,040	194,064	186,301	2,000,000	1,805,936	4,126	2,256	193,741	185,991	2,193,741	2,000,000
3	32	3,849	2,064	293,971	288,092	2,000,000	1,706,029	3,840	2,424	293,285	287,419	2,293,285	2,000,000
4	33	1,200	2,100	398,514	398,514	2,000,000	1,601,486	1,200	2,616	397,294	397,294	2,397,294	2,000,000
5	34	1,200	2,123	505,126	505,126	2,000,000	1,494,874	1,200	2,832	503,165	503,165	2,503,165	2,000,000
6	35	1,200	2,137	613,856	613,856	2,000,000	1,386,144	1,200	3,072	610,911	610,911	2,610,911	2,000,000
7	36	1,200	2,122	724,778	724,778	2,000,000	1,272,222	1,200	3,312	720,568	720,568	2,720,568	2,000,000
8	37	1,200	2,104	837,935	837,935	2,000,000	1,162,065	1,200	3,600	832,127	832,127	2,832,127	2,000,000
9	38	1,200	2,051	953,408	953,408	2,000,000	1,046592	1,200	3,888	945,626	945,626	2,945,626	2,000,000
10	39	1,200	1,959	1,071,283	1,071,283	2,000,000	928,717	1,200	4,176	1,061,104	1,061,104	3,061,104	2,000,000
20	49	1,200	3,568	1,262,254	1,262,254	2,000,000	737,746	1,200	9,528	1,206,696	1,206,696	3,206,696	2,000,000
30	59	1,200	5,385	1,476,187	1,476,187	2,000,000	523,813	1,200	20,088	1,300,111	1,300,111	3,300,111	2,000,000
40	69	1,200	6,956	1,716,258	1,716,258	2,000,000	283,742	1,200	46,728	1,217,099	1,217,099	3,217,099	2,000,000
50	79	1,200	161	2,025,179	2,025,179	2,025,179	0	1,200	110,184	622,413	622,413	2,622,413	2,000,000
60	89	1,200	0	2,455,406	2,455,406	2,455,406	0	1,200	(154,416)	70,869	70,869	2,070,869	2,000,000
70	99	1,200	0	2,979,849	2,979,849	2,979,849	0	-	-	-	-	-	-
75	104	1,200	0	3,283,681	3,283,681	3,283,681	0						

@83歲，C<B，開始催繳危險保費

註：紅色字為本書加註。資料來源：三商美邦人壽／優選變額萬能壽險／保險商品說明書（2021／9）

第 4 章 地獄型保單：無底錢坑等你跳！

表 4-10b　A／B 型投資型壽險保單之比較（@投資報酬率 0%）（※年繳 10 萬元 × 10 年）

單位：新臺幣

年度	年齡	（A型）投資報酬率 0%							（B型）投資報酬率 0%						
		A保單管理費	B保險成本	C保單帳戶價值	D解約金	E身故保險金	淨危險保額 F=E-C		A保單管理費	B保險成本	C保單帳戶價值	D解單帳戶價值	D解約金	E身故保險金	淨危險保額 F=E-C
1	30	3,539	2,009	94,452	89,257	2,000,000	1,905,548		3,537	2,112	94,351	94,351	89,162	2,094,351	2,000,000
2	31	4,075	2,040	188,337	180,804	2,000,000	1,811,663		4,072	2,256	188,023	188,023	180,502	2,188,023	2,000,000
3	32	3,771	2,076	282,490	276,840	2,000,000	1,717,510		3,767	2,424	281,832	281,832	276,195	2,281,832	2,000,000
4	33	1,200	2,117	379,173	379,173	2,000,000	1,620,827		1,200	2,616	378,016	378,016	378,016	2,378,016	2,000,000
5	34	1,200	2,159	475,814	475,814	2,000,000	1,524,186		1,200	2,832	473,984	473,984	473,984	2,473,984	2,000,000
6	35	1,200	2,190	572,424	572,424	2,000,000	1,427,576		1,200	3,072	569,712	569,712	569,712	2,569,712	2,000,000
7	36	1,200	2,200	669,024	669,024	2,000,000	1,330,976		1,200	3,312	665,200	665,200	665,200	2,665,200	2,000,000
8	37	1,200	2,220	765,604	765,604	2,000,000	1,234,396		1,200	3,600	760,400	760,400	760,400	2,760,400	2,000,000
9	38	1,200	2,208	862,196	862,196	2,000,000	1,137,804		1,200	3,888	855,312	855,312	855,312	2,855,312	2,000,000
10	39	1,200	2,172	958,824	958,824	2,000,000	1,041,176		1,200	4,176	949,936	949,936	949,936	2,949,936	2,000,000
20	49	1,200	5,172	910,954	910,954	2,000,000	1,089,046		1,200	9,528	870,616	870,616	870,616	2,870,616	2,000,000
30	59	1,200	11,810	817,151	817,151	2,000,000	1,182,849		1,200	20,088	714,568	714,568	714,568	2,714,568	2,000,000
40	69	1,200	32,389	595,596	595,596	2,000,000	1,404,404		1,200	46,728	377,824	377,824	377,824	2,377,824	2,000,000
45	(74)	1,200	59,775	351,662	351,662	2,000,000	1,648,338		1,200	72,528	64,648	64,648	64,648	2,064,648	2,000,000
48	77	1,200	87,886	115,323	115,323	2,000,000	1,884,677		-	-	-	-	-	-	-
49	(78)	1,200	100,645	13,478	13,478	2,000,000	1,986,522		-	-	-	-	-	-	-
75	104	-							-						

→ @78 歲，C<B，開始催繳危險保費　　@74 歲，C<B，開始催繳危險保費

註：紅色字為本書加註。資料來源：三商美邦人壽／優　選變額萬能壽險／保險商品 明書（2021／9）

169

★（丁型）變額萬能壽險範例說明

安達壽險公司／「天生贏家變額萬能壽險（丁型）」保單是在 2015 年首次推出，最後一次修正是在 2021 年 1 月 1 日，仍然是採用「台灣壽險業第五回經驗生命表」（※表 4-6a），未來再修正時，若採用「台灣壽險業第六回經驗生命表」（※表 4-6b），則保險成本應會降低 30%左右。

「陳先生今年 35 歲，投保天生贏家變額萬能壽險（丁型），躉繳保險費新臺幣 100 萬元，基本保額 160 萬元，投資標的配置比例為 100%的共同基金」。其投資效益分析表如表 4-11 所示。

丁型投資型壽險保單的定義：
保險金額＝max（基本保額，保單帳戶價值 × 最低比率，累計保費）
淨危險保額＝身故／完全失能保險金－保單帳戶價值
　　　　　＝[max（基本保額，保單帳戶價值 × 最低比率，累計保費）－保單帳戶價值]，且需≧0

依丁型定義，淨危險保額如表 4-11 所示，可參照保單說明書之各項費用，驗算保險成本是否正確。

表 4-11 （丁型）變額萬能壽險例（@假設投報率 2%及 0%）（※躉繳保費 100 萬元，基本保額 160 萬元）

保單年度	年齡	累積所繳保險費	假設投資報酬率 2%					假設投資報酬率 0%			
			A保險成本	B保單帳戶價值	身故/完全失能保險金 C	解約金	淨危險保額 (=C-B)	A保險成本	B保單帳戶價值	身故/完全失能保險金 C	解約金	淨危險保額 (=C-B)
1	35	1,000,000	924	997,859	1,600,000	930,005	602,141	935	978,263	1,600,000	911,742	621,737
2	36	1,000,000	1,002	995,641	1,600,000	942,673	604,359	1,050	956,840	1,600,000	905,937	643,160
3	37	1,000,000	1,092	993,330	1,600,000	953,697	606,670	1,178	935,709	1,600,000	898,375	664,291
4	38	1,000,000	1,188	990,926	1,600,000	990,926	609,074	1,313	914,859	1,600,000	914,859	685,141
5	39	1,000,000	1,263	1,008,254	1,613,206	1,008,254	604,952	1,433	912,226	1,600,000	912,226	687,774
6	40	1,000,000	1,374	1,025,817	1,641,307	1,025,817	615,490	1,552	909,474	1,600,000	909,474	690,526
7	41	1,000,000	1,375	1,043,731	1,600,000	1,043,731	556,629	1,680	906,594	1,600,000	906,594	693,406
8	42	1,000,000	1,446	1,061,929	1,600,000	1,061,929	538,071	1,832	903,562	1,600,000	903,562	696,438
9	43	1,000,000	1,523	1,080,415	1,600,000	1,080,415	519,585	2,005	900,357	1,600,000	900,357	699,643
10	44	1,000,000	1,604	1,099,189	1,600,000	1,099,189	500,811	2,201	896,956	1,600,000	896,956	703,044
15	49	1,000,000	2,262	1,197,210	1,676,094	1,197,210	478,884	3,437	876,467	1,600,000	876,467	723,533
20	54	1,000,000	2,082	1,304,120	1,600,000	1,304,120	295,880	5,052	848,564	1,600,000	848,564	751,436
25	59	1,000,000	2,826	1,421,246	1,705,495	1,421,246	284,249	7,882	809,959	1,600,000	809,959	790,041
30	64	1,000,000	2,302	1,551,152	1,706,267	1,551,152	155,115	12,597	751,651	1,600,000	751,651	848,349
35	69	1,000,000	3,911	1,689,536	1,858,490	1,689,536	168,954	21,722	657,616	1,600,000	657,616	942,384
40	74	1,000,000	1,328	1,849,565	1,886,556	1,849,565	36,991	39,276	494,881	1,600,000	494,881	1,105,119
45	79	1,000,000	2,211	2,026,206	2,066,730	2,026,206	40,524	75,037	196,290	1,600,000	196,290	1,403,710
50	84	1,000,000	3,679	2,214,880	2,259,178	2,214,880	44,298	停效	停效	停效	停效	-
55	89	1,000,000	6,083	2,412,801	2,461,057	2,412,801	48,256	停效	停效	停效	停效	-
60	94	1,000,000	0	2,650,210	2,650,210	2,650,210	0	停效	停效	停效	停效	-
66	100	1,000,000	0	2,976,916	2,976,916	2,976,916	0	停效	停效	停效	停效	-

註：假設投資報酬率 -6% 之淨危險保額是本書加註。驗算保險成本用。保險成本≒淨危險保險保額 ÷ 10,000 × 12 × 表 4-6a（第五回經驗生命表）。

資料來源：安達人壽／天生贏家變額萬能壽險／保險商品說明書（2021／1／1 版）

如表 4-11 所示，在假設投報率為 2%時，自第 60 保單年度（94 歲）開始，保險成本已減少 0 元，所以沒有被催繳危險保費的風險；如表 4-11 所示，在假設投報率分別為 0%時，則在第 50 保單年度（84 歲）時，因保單帳戶價值將低於保險成本，而開始「停效」（※停效兩字比畫--更震撼），若不補繳危險保費，則本保單就宣告終止，不僅保障全失，所繳的 100 萬元躉繳保費也再見了。

　　表 4-5a、-5b、-5c、4-9a、-9b、-9c、-10a、-10b 及 4-11 的保險成本並不是特例，而是每一張投資型壽險保單必有的可能風險，當保單的投資報酬率高（※例如投報率≧6%），保險成本是由獲利中內扣，保險公司有利潤，要保人也分紅，皆大歡喜；反之，如果保單的年投報率平均為 0%時，必然會被催繳危險保費，即使在年投報率 2%時，也可能被催繳危險保費，如表 4-8 所示，（乙型）自 85 歲開始，就得被催繳危險保費，繳多少就看被保人活多久。<u>投資型壽險保單活愈久、繳愈多，因而稱之為地獄型保單並不誇張！詳見第五章：「保險哀歌：783 萬元保費全槓龜」</u>！

第 5 章

保險哀歌：
783萬元保費全槓龜！

5-1.「保單價值對帳單」的玄機

　　第四章所述的地獄型保單，就是「投資型壽險保單」，網路上有許多的失敗經驗分享，只是要保人多自認倒楣，多不知道問題出在哪裡；本章以 7 張保單之實例做說明；<u>要了解地獄型保單，就得先解讀「保單（帳戶）價值對帳單」的 2 大陷阱，（1）基金獲利 ≠ 保單獲利 ≠ 要保人獲利、（2）保險成本的無底洞，活愈久、繳愈多！</u>

　　<u>保險成本是投資型壽險保單特有的內扣成本，要保人難以警覺，多等到催繳保費通知單時，才會知道</u>；在第四章已說明如何知道快被催繳危險保費。依金管會規定，投資型保單（※變額壽險、變額萬能壽險及變額年金險）至少每一季，須以書面或電子郵件，寄對帳單／通知書給要保人，「保單價值對帳單」的內容包括：※變額年金險無第七項之保險成本。

　　一、期初及期末計算基準日
　　二、投資組合現況
　　三、期初單位數及單位淨值
　　四、本期單位數及淨值之異動
　　五、期末單位數及單位淨值

六、本期收受之保險費金額

七、本期已扣除之各項費用明細

（含保費費用、保單管理費、保險成本）

八、期末之保險金額、解約金金額

九、期末之保險單借款本息

十、本期收益分配情形

保單價值對帳單的報酬率可分為三個層次來看：①基金（觀點）報酬率、②保單（觀點）報酬率和③要保人（觀點）報酬率，①及②報酬率是以基金及保單的立場，來計算（總）報酬率，各公司之計算式可能不太一樣，但多在玩弄數字遊戲；因為大多數情況下「總繳保險費＞總淨保險費≧總持有成本」，所以，報酬率①＞②≧③（※分母愈大，（總）報酬率愈小）。基金可能換來換去，持有年數不詳，與保單生效迄今的年數不同，故基金之累積總報酬率的參考價值不大，僅需看各檔基金之累積報酬率，若連續2季虧損大於10%時，宜考慮捨棄，另選其他基金。

基本上，其計算公式分別為：

①基金總報酬率＝目前市值÷總持有成本－1

②保單總報酬率＝（保單帳戶價值＋收益分配金額）÷總淨保險費－1

③要保人總報酬率＝（保單帳戶價值＋收益分配金額）÷總繳保險費－1

①與②的報酬率可由對帳單看出，當顯示正值時，並不表示對③要保人而言，亦有獲利，對③要保人而言，保單帳戶價

值在扣除基金公司及保險公司的管銷費用之後，可能為虧損狀態。※③要保人報酬率多要自己算，但少數對帳單會提供，稱為總繳保費報酬率，如表 5-2，要保人之總保費報酬率（J）＝27.7%（※IRR 僅 1.43%）。

寫本章時，共由友人處取得 7 份 10 年以上的「投資型壽險保單對帳單」，最高的實際 IRR 僅 1.43%，最慘的是購買 1,000 萬元的投資型壽險，共虧損了 783 萬元保費而棄單，由此應可推斷，投資型保單實際 IRR 不太可能達到保單 DM／說明書上所寫的平均假設投資報酬率＋6%，但是，－6%的報酬率卻大有可能！※此 7 張保單的共通點是目前均已停售。

提供對帳單的友人們，多不太了解「保單價值對帳單」的內容，除了稍看第一頁的「保單帳戶價值」金額，及②保單總報酬率之外，其他部份則未仔細看；事實上，由「保單價值對帳單」，可推算出保單迄今的③要保人之實際總報酬率、IRR 及何時可能會被催繳危險保費，必要時需更換基金，或提前解約領回剩餘的解約金（≒保單帳戶價值），以免日後被催繳危險保費，愈陷愈深。

投資型（終身）壽險保單的繳費期多≦20 年（※躉繳者多為類全委保單），而保障／投資期限多到 110 歲為止（※依生命經驗表，110 歲的死亡率是 100%）；要保人多希望投資型壽險保單能有高獲利，但多半事與願違，多是低獲利或被催繳危險保費，到最後只能提前解約，認賠退場，這可能是投資型壽險保單多難以持續販售 10 年以上，而需改頭換面、新包裝，推出新名稱保單以吸引客源的原因。

由表 5-1 之「保單帳戶價值實例」摘要總表可知，表 5-2（例 1）及表 5-3（例 2）實例之實際報酬率（IRR），僅略優於近 10 年的平均銀行定存利率（1.12%），表 5-4（例 3）實例之 IRR（0.15%），則遠低於目前的銀行定存利率（0.85%），表 5-5（例 4）則小虧損 2.03%，表 5-6（例 5）則虧損 30.5%、表 5-7（例 6）則虧損 94.86%（※虧損保費 261 萬元），而表 5-8（例 7）的虧損竟然高達 99.8%，共繳了 783 萬元保費，全槓龜。7 張保單中，前三例的低 IRR，加上後三例的保費全歸零，因此，將「投資型壽險保單」稱為「地獄型保單」並不誇張。

表 5-1 「保單價值對帳單」之實例摘要總表

表次	保單摘要
表 5-2（例 1）	○○○變額萬能壽險（乙型） 女 61 年次，基本保額 200 萬元，投保日期 93 年 3 月，迄今 17.25 年 ①基金報酬率：44.12%、②保單報酬率：44.36%、 ③要保人報酬率：27.7%（IRR＝1.43%）
表 5-3（例 2）	○○○躉繳變額壽險（乙型） 男 91 年次，基本保額 50 萬元，投保日期 95 年 12 月，迄今 14.75 年 ①基金報酬率：71.73%、②保單報酬率：27.43%、 ③要保人報酬率：18.76%（IRR＝1.17%）
表 5-4（例 3）	○○○變額萬能終身壽險（甲型） 女 71 年次，基本保額 65 萬元，投保日期 95 年 5 月，迄今 14.83 年 ①基金報酬率：12.18%、②保單報酬率：14.67%、 ③要保人報酬率：2.26%（IRR＝0.15%）
表 5-5（例 4）	○○○變額萬能終身壽險（乙型） 男 83 年次，基本保額不詳，投保日期 97 年 8 月，迄今 13 年 ①基金報酬率：13.77%、②保單報酬率：17.79%、 ③要保人報酬率：－2.03%（IRR＝--）
表 5-6（例 5）	○○○變額萬能終身壽險（甲型） 男 67 年次，基本保額 50 萬元，投保日期 95 年 2 月，迄今 15.67 年 ※2 年後將停效！ ①基金報酬率：－0.58%、②保單報酬率：33.93%、 ③要保人報酬率：－30.5%（IRR＝--）

表次	保單摘要
表 5-7 （例 6）	○○○變額萬能終身壽險（甲型） 女 41 年次，基本保額 500 萬元，投保日期 97 年 1 月，迄今 9.92 年 ※虧損保費 261 萬元！ ①基金報酬率：0.53%、②保單報酬率：－16.89%、 ③要保人報酬率：－94.86%（IRR＝--）
表 5-8 （例 7）	○○○變額萬能終身壽險（甲型） 男 38 年次，基本保額 1,000 萬元，投保日期 97 年 3 月，迄今 10.25 年 ※虧損保費 783 萬元！ ①基金報酬率：－19.9%、②保單報酬率：－3.81%、 ③要保人報酬率：－99.8%（IRR＝--）

　　為了方便比對，本書將補充說明，加註在如下的各張保單價值對帳單上，針對「保單價值對帳單」作分析說明，不僅網路上找不到，保險書籍也看不到（※因為保險公司／業務員不希望你懂太多），讀者可依本書做法，對自己的「保單價值對帳單」作分析，了解③要保人的總報酬率及 IRR 究竟是多少，對於累積報酬率已連續 2 季虧損 10%以上的基金（※表 5-4～表 5-8），則宜汰換為近 3 年之投資績效均≧20%的基金（如表 8-4 摘要 3，或查各基金之月報／公開說明書）。

5-2.「保單價值對帳單」實例分析

表5-2 投資型壽險商品對帳單（例1／乙型）（※（粉）紅色字為本書加註）

親愛的保戶 您好：

感謝您投保本公司的投資型商品，為了讓您了解目前保單帳戶價值及投資績效等資訊，特以本信函通知，您也可以從官網首頁登入會員專區查詢最新的保單概況，若對於對帳單內容有任何疑問，可撥打⋯，將有客服人員為您提供服務。

●保單基本內容

商品名稱：○○○變額萬能壽險（乙型）
保單號碼：-
被保人姓名：女性（1972年生）
投保始期：2004／03／XX（32足歲）
繳別：月繳（2,000元×12×13年＝312,000元）
基本保額：200萬元 X（＝淨危險保額）
保單幣別：新台幣

●保單概況（至期末日2021／9／1）

期末保單帳戶價值：50,891元 Y
淨現金解約價值：50,891元
身故保險金：2,050,891元
保單借款本金：- ∵X+Y＝Z
保單借款利息：- ∵為乙型保單

●保單績效（至期末日 2021／9／1）49足歲，投保日迄今17.25年

期末保單帳戶價值（A）：50,891元	總投資成本（G）＝(E)-(F)＝276,000元
累計提領金額（B）：347,540元 已領回現金，多於總繳保費	②保單總報酬率＝(A+B+C)÷G－1＝44.36% IRR＝2.15%
累計收益分配或撥回資產（C）：-	參考總投資報酬率（I）＝[A+B+C+D]÷G－1＝63.45%（＋D計算，不合理）
公司累計收取費用（D）：52,692元 ※加計收取費用而提高報酬率	
總繳保險費（E）：312,000元	參考總保費報酬率（J）＝[A+B+C]÷E－1（③要保人）IRR 1.43% ＝27.70%
累計保費費用（契約附加費用）（F）：36,000元	
註1：期末保單帳戶價值(A)之明細，詳見「保單帳戶價值明細」，累計收益分配或撥回資產（C）之明細，為投保至期末資產評價日期現金給付配息金額總計。	※參考總投資報酬率計算原則，係以實際參與投資之金額為本金作計算，而參考總保費報酬率則依保戶實際繳交保險費為本金作計算。
註2：公司累計收取費用（D）收取細項，詳「本保單收受保險費金額與各項費用明細」之投資後各項費用加總。	

1／2（表5-2）

● 本保單收受保險費金額與各項費用明細

保險成本費率（x）：296 = 2,000,000 × x ÷ 10,000
x = 1.48 元（每月每萬元）@49 歲

項目	本期（2021/6/1～2021/9/1）	累計（2004/3/31～2021/9/1）
公司累計收取費用（D）=	-1,078 元	-52,692 元
保險成本（危險保險費）合計　3,552元/年=	-888元←296元/月	-35,738 元
保單管理費（行政管理費）合計　760元/年=	-190 元	-16,954 元
投資標的轉換費用合計	0 元	0 元
部份提領／解約費用合計	0 元	0 元
豁免保費合計	0 元	0 元
總繳保險費（E）	0 元	+312,000 元
累計保費費用(契約附加費用)（F）	0 元	-36,000 元

※本期收益分配或撥回資產再購金額合計0元。

● 保單帳戶價值明細（期初日期2021／06／01、期末日期（2021／09／01）

→ 48,784元（期初保單帳戶價值）

標的名稱 標的幣別	期初單位數 期末單位數 (A)	期初單位淨值 期末單位淨值 (B)	期初匯率 期末匯率 (C)	期初市值 期末市值 (D)= (A)×(B)×(C)	期初成本 期末成本 (E)（新台幣）	期初報酬率 期末報酬率 (F)= (D)÷(E)-1
○○歐元優質債券基金	0.44	30.52	33.61	457	302	51.32%
	0.43	30.87	32.53	436	294	48.29%
○○大中華基金	670.28	35.40	1.00	23,728	12,394	91.44%
	656.25	40.93	1.00	26,860	12,134	121.36%
○○成長基金美元	34.29	26.01	27.58	24,599	22,372	5.25%
	33.57	25.39	27.68	23,595	22,882	3.12%
期末標的總計				50,891	35,310	44.12%
（投資前）期末保單帳戶價值（1）				0	①基金報酬率	
（投資後）期末保單帳戶價值（2）				50,891		
期末保單帳戶價值=（1）+（2）+交易中金額				50,891		

※期末保單帳戶價值包含交易中金額，交易中金額代表期末時有契約轉換或投資標的轉換等交易作業中的金額。　期末（50,891元）－期初（48,784元）＝2,107元
　　　　　　　　　　　　　　　　　　　　　　　　　　　　　　（本期增加金額）
※若報酬率為*，則表示該基金持有成本為0。
※投資標的財務報表、淨投資報酬率、相關改變及異動之詳情及各交易日期下，交易項目之詳細資料，可至本公司網站「會員專區」查詢。

※此保單迄今之③要保人IRR＝1.43%，高於一般水準，可惜投資獲利選擇"現金提領"，**保單帳戶價值僅剩50,891元，若投資效益不變，將約在58歲被催繳危險保費**。

2／2（表5-2）

表5-3 投資型壽險商品對帳單（例2／乙型）（※（粉）紅色字為本書加註）

●保單基本內容　　　　　　　　●保單概況（至期末日2021／9／15）

保單基本內容：
- 商品名稱：○○○躉繳變額壽險（乙型）
- 保單號碼：-
- 被保人姓名：男性（2002／06／XX生）
- 投保始期：2006／12／XX（4足歲）
- 繳別：躉繳
- 基本保額：50萬元 X（＝淨危險保額）

保單概況：
- 期末保單帳戶價值：58,058元 Y
- 淨現金解約價值：58,058元
- 身故保險金：558,058元 Z
- 保單借款本金：∵ X+Y = Z
- 保單借款利息：∴為乙型保單

●保單績效（至期末日 2021／9／15）18足歲，投保日迄今14.75年

保單績效：
- 期末保單帳戶價值（1）：58,058元
- 累計贖回金額（2）：416,989元 已領回現金，
- 累計收取費用（3）：9,198元 多於總繳保費
- 總繳保險費（4）：400,000元
- 總投資成本（C）：380,000元（扣5%保費）

- 總投資現值（V）＝（1）+（2）+（3）＝484,245元
- 總投資成本參考報酬率（②保單）(I)＝(V÷C-1)×100%＝27.43%
- ③要保人總報酬率（J）IRR = 1.66%
- (J) = (475,047÷400,000-1) = ((1) + (2) ÷ (4) - 1
- = 18.76%　IRR = 1.17%

●保單帳戶明細（※註）（自 2021／06／16 至 2021／09／15）

保單帳戶價值(1)	淨累計贖回金額(2)	累計費用(3)	累計現金配息或撥回資產(4)	總投資現值V=(1)+(2)+(3)+(4)	總投資成本C	總投資成本參考報酬率 [(V÷C)-1]×100% （新台幣）
58,058	416,969	9,198	0	484,225	380,000	+27.43% ②保單報酬率

註：①淨累計贖回金額＝累計部份贖回金額-累計贖回費用。
　　②累計費用＝轉換費用+解約費用+保障費用／保單行政費用／管理費用等。
　　③總投資成本C＝累計投資標的買入金額（不含加值給付部份及可分配收益）。

●保單帳戶明細（※註）（自2021／06／16至2021／09／15）

保費種類	基本保費	增額保費	合計
所繳保費	0	0	0
保費費用	0	0	0
投資金額	0	0	0
解約費用			0 保險成本費率@18歲（※見3／3頁）
保障費用 保險成本	576元／年 (144)（＝48元／月×3）48元／月 ÷ (50) = 0.96元／月萬元 基本保額50萬元
保單管理費用	360元／年 (90)（＝30元／月×3）
轉換費用	固定不變　　　　　0
總計費用	(234)（＝78元／月×3）見2／3頁本季費用明細

1／3（表5-3）

● 本季交易／費用明細（自 2021／06／16 至 2021／09／15）　　　　　　　(+) = 5.154843

作業日	投資標的	交易日	單位淨值	單位數	金額
110/6/15	○○○基金	110/6/17	TWD 45.7300	1.705664	78
110/7/15	○○○基金	110/7/19	TWD 47.4200	1.644876	78
110/8/15	○○○基金	110/8/17	TWD 43.2300	1.804303	78
總計			每月應繳費用，由基金淨值內扣 ←		234

● 保單帳戶價值（自 2021／06／16 至 2021／09／15）

投資標的名稱	季初單位數(1) 季初投資標的價值 (4)=(1)×(2)×(3)	參考單位淨值(2) 參考匯率(3)	本季單位數增／減 (+/−)	季末單位數(5) 季末投資標的價值 (8)=(5)×(6)×(7)	參考單位淨值(6) 參考匯率(7)
○○○基金	1,298.790866 TWD 59,043	TWD 45.4600 1.0000	−5.154843	1,293.636023 TWD 58,058	TWD 44.8800 1.0000

※（季末）58,058−（季初）59,043＝−985元，本季虧損985元，保單帳戶價值將逐漸減

● 個別投資標的明細（※註）（※原有4檔基金，目前僅保留此檔基金）

投資標的	保單帳戶價值(1)	淨累計贖回／轉出金額(2)	累計費用(3)	累計現金配息或撥回資產(4)	總投資現值 V＝(1)+(2)+(3)+(4)	總投資成本 C	總投資成本參考報酬率 [(V÷C)−1]100%（新台幣） ①基金報酬率
○○○基金	58,058	105,600	8,627	0	172,285	100,321	+71.73%

註：①個別投資標的之帳戶價值＝個別投資標的之單位數×單位淨值×評價匯率。
　　②個別投資標的之淨累計贖回／轉出金額（含轉換費用）＝累計部分贖回金額－累計解約費用+累計轉出金額。
　　③個別投資標的之累計費用＝解約費用+保障費用／保單行政費用／管理費用等。
　　④個別投資標的之總投資成本C＝累計投資標的的買入金額（不含加值給付部份及⑤可分配收益）+投資標的的轉入金額。

※本保單迄今之③要保人IRR＝1.17%，因投資獲利（416,989元）選擇"現金提領"，入袋為安，**保單帳戶價值僅剩58,058元**。目前年齡僅18歲，保險成本每月僅48元（576元／年），"危險保費"尚不具威脅性，**保單帳戶價值所剩不多，此保單僅剩下50萬元之身故／完全失能理賠金的功能，若基金投報率不變，約在53歲時，就會被催繳危險保費**（※見3／3頁）。

2／3（表5-3）

● 保險成本費率表   0.966元×50 = 48.3元／月

單位：每月每萬元淨危險保額

保險年齡	男性 保險成本費率	女性 保險成本費率	保險年齡	男性 保險成本費率	女性 保險成本費率
16	0.7620	0.2940	36	1.5278	0.6983
17	0.9450	0.3248	37	1.6508	0.7508
18	0.9660	0.3608	38	1.7805	0.8055
19	0.9788	0.3848	39	1.9200	0.8648
20	0.9848	0.3975	40	2.0708	0.9300
21	0.9863	0.4020	41	2.2350	1.0020
22	0.9840	0.3998	42	2.4150	1.0838
23	0.9803	0.3938	43	2.6130	1.1753
24	0.9758	0.3863	44	2.8283	1.2803
25	0.9735	0.3803	45	3.0630	1.4003
26	0.9743	0.3780	46	3.3158	1.5368
27	0.9803	0.3825	47	3.5880	1.6928
28	0.9923	0.3953	48	3.8813	1.8683
29	1.0133	0.4170	49	4.1978	2.0603
30	1.0448	0.4448	50	4.5420	2.2628
31	1.0890	0.4785	51	4.9185	2.4705
32	1.1475	0.5160	52	5.3310	2.6790
33	1.2225	0.5573	53	5.7848	2.8860
34	1.3125	0.6015	54	6.2850	3.1050
35	1.4145	0.6488	55	6.8385	3.3518

註：本表係以臺灣壽險業第四回經驗生命表死亡率90%計算。

出處：例3之○○○變額壽險說明書（2017／2）

※1：@18歲，保險成本＝0.966×12×50＝580元／年。

※2：@54歲，保險成本＝6.2850×12×50＝3,771元／年。

※3：19歲～54歲間，保險成本費率總和為 82.0029 元，故共需繳保險成本（危險保費）＝82.0029×12×50＝49,202 元，以及保單管理費 90 元／季×4×36 年＝12,960 元。

※4：目前的保單帳戶價值為 58,058 元，約在 53 歲時，保單帳戶價值將低於保險成本（※表4-8），而被催繳危險保費。

※5：此費率表約為目前最新第六回經驗生命表（※表4-6b）的1.6倍。

3／3（表5-3）

表5-4　投資型壽險商品對帳單（例3／甲型）（※（粉）紅色字為本書加註）

●保單基本資料

保險種類：○○○變額萬能終身壽險	投資風險屬性：積極型	列印日期：110／4／22
繳費期20年　A型 甲型	23 足歲 基本保額	幣別：新台幣
保單號碼：3,000元／月×12×20＝72萬元 淨危險保額＝650,000-561,838 ＝88,162元	生效日：095／05／XX 身故保險金額：$650,000	借款本金：$0 借款利息：$0　38 足歲
要保人：-	解約金：560,664元	期末日期：110／3／31
被保人：女性（生日：71／12／XX）		

甲型保險金額＝ max（基本保額，保單帳戶價值）

【欄位說明】　解約金＜保單帳戶價值，表示某基金仍需扣投資相關費用（※見表5-4）
・解約金：計算至期末日期之參考值，已扣除解約費用、投資相關費用及借款本利和，實際給付金額仍需以保單條款約定計算。已＝0元

●保單績效（截至 110／3／31）迄今14.83年

保單帳戶價值（A）：561,838元	累積保單子價值減少／部份提領（F）：	0元
累積收受總繳保費（B）：549,415元	累積每月扣除額（G）：	24,597元
累積收受豁免保費（C）：0元	累積現金配息／撥回資產（H）：	0元
累積保費費用總和（D）：38,024元	累積投資損益（A+F+G+H-E）：	75,044元
累積淨保險費總和（E＝511,391元 B+C-D）：	保單累積報酬率（含息）　※②保單 （A+F+G+H）／E-1：	14.67% IRR＝0.93%

【欄位及計算說明】　※③要保人累積報酬率＝（A÷B）－1＝2.26%, IRR＝0.15%
・累積淨保險總和：自保單生效日起累積之投資金額總和。
・累積保費費用總和：自保單生效日起累積之收受保費時扣除費用總和。
・累積現金配息／撥回資產：自保單生效日起累積之現金給付之收益分配／撥回資產總和。
・每月扣除額＝每月管理費＋每月人壽保險成本。管理費包含保單管理費、投資標的管理費。
・保單累積報酬率（含息）：自保單生效日起，對應累積淨保險費總和之報酬率。

●本期收受之保險費暨已扣除之各項費用明細（自 110／1／1 至 110／3／31 止）

本期收受總繳保費：　3,000元／月×3＝9,000元	本期管理費合計：　450元
（加）本期收受豁免保險費：　0元	本期人壽保險成本合計：4元／月×3＝12元
（減）首次保險成本暨保單管理費：　0元	本期手續費合計：　0元
（減）本期目標保費費用：　0元	保險成本費率（x）：
（減）本期超額保費費用：150元／月×3＝450元	12÷3≒（650,000-561,838）×x÷10,000
（合計）本期淨保費總和：527,343-518,793＝8,550元	x＝0.4537元／每月每萬元／@38歲

（見次頁累積申購金額（I）總計）

●本期投資收益分配或資產撥回明細（自110年1月1日至110年3月31日止）

標的代碼 標的幣別	投資標的 名稱	基準日	持有 單位數	每單位 分配金額	匯率日	匯率	配息 金額	給付 方式	入帳日
000020 美元	○○天然資 源基金C股 年配權	109/12/31	26.8964	0.0259	110/1/4	28.35	20	累積 單位數	

獲利轉投資，符合投資複利增值原則

1／2（表5-4）

● 本期初保單帳戶價值明細（110/1/1）生效日迄今，有3檔基金虧損中

標的代碼 標的幣別	投資標的名稱	持有單位數 A	參考淨值 B	累積贖回金額G 參考匯率 C	累積配息/撥回資產 H 帳戶價值D =A*B*C	累積申購金額I 持有成本E	累積投資損益（含息）D+G+H-I 未實現損益（不含息）D-E	累積報酬率（含息）J=(D+G+H)/I-1 報酬率（不含息）F = D／E-1
000050 歐元	○○歐洲基金（年配權）	280.2252	15.1500	6,154 34.8600	0 147,995	124,301 118,694	29,848 29,301	24.01% 24.69%
000030 美元	○○大東協基金A類（年配權）	24.2508	247.2500	13,664 28.4300	0 170,467	124,301 114,241	59,830 56,226	48.13% 49.22%
000070 歐元	○○全球資源基金	184.1439	14.9800	4,728 34.8500	0 96,160	124,302 118,673	-23,414 -22,513	-18.84% -18.97%
000020 美元	○○○拉丁美洲基金	101.9718	32.9900	4,048 28.4300	0 95,640	114,042 109,619	-14,354 -13,979	-12.59% -12.75%
000100 美元	○○拉丁美洲基金	13.2754	52.7300	646 28.4300	0 19,901	25,156 24,360	-4,609 -4,459	-18.32% -18.30%
000020 美元	○○天然資源基金C股（年配權）	26.8964	8.7000	42 28.4300	0 6,653	6,691 6,647	4 6	0.06% 0.09%
總計				29,282	0 536,816	518,793 492,234	47,305 44,582	9.12% 9.06%

● 本期末保單帳戶價值明細（110/3/3）（標的明細同上，略）

| 總計 | | | | 29,744 | 0 561,838 | 527,343 500,372 | 64,239 61,466 | 12.18% 12.28% |

【欄位說明】保單帳戶價值：期末 561,838- 期初 536,816=25,022 元

累積報酬率（含息）：自持有單位數起，至期末日期，對應該投資標的累積申購金額之報酬率。

※①此保單迄今之要保人IRR=0.15%，若投資效益不變，**保險成本**將在 2 年後歸 0，不再有被催繳**危險保費**之危機，但仍有**投資虧損**之可能。
※②總繳保費 72 萬元（=3,000 元／月×20 年），若投資效益不變，保單帳戶價值及身故保險金額，繳費期滿後，就能超過總繳保費（72 萬元）。
※③此為女性保單，若被保人為（同齡）男性，保險成本至少增為 2.5 倍，約在 70 歲以後，可能被催繳危險保費（※見表 4-5b 例）。
※④本保單有三檔基金，虧損已達 10% 以上，宜改換其他「賺錢的」基金。

2／2（表5-4）

表 5-5　投資型壽險商品對帳單（例 4／乙型）（※（粉）紅色字為本書加註）

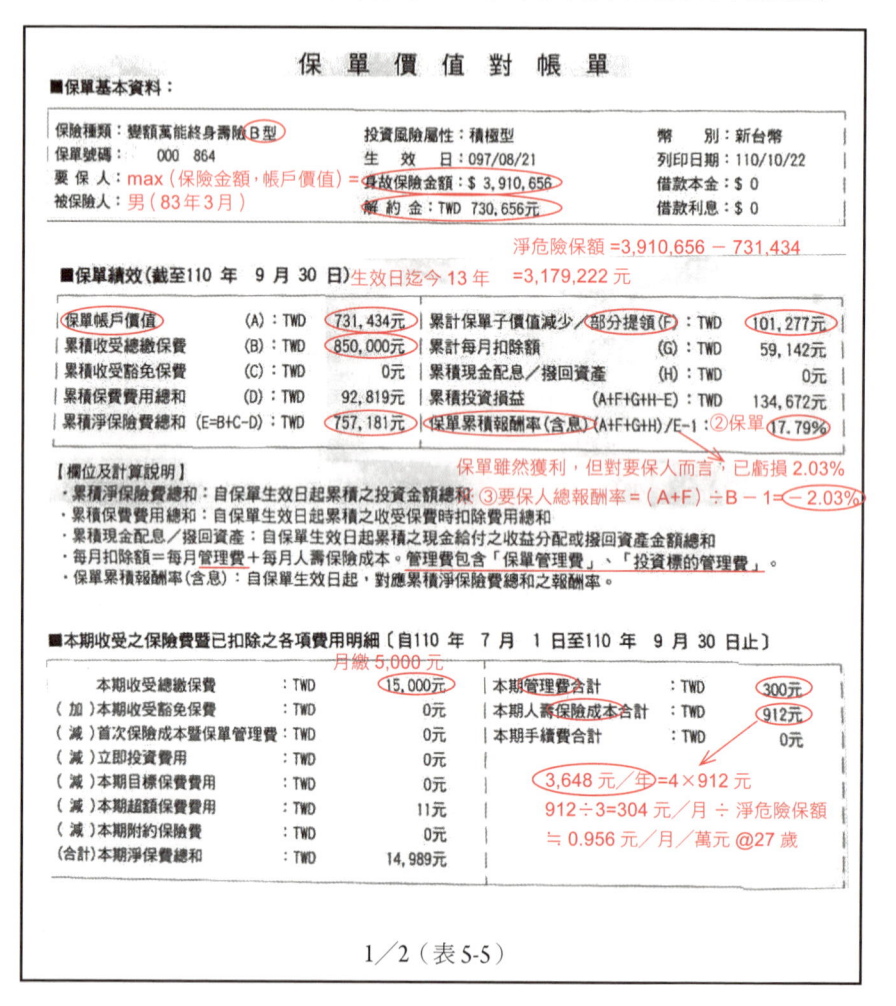

保 單 價 值 對 帳 單

■保單基本資料：

保險種類：變額萬能終身壽險 B 型	投資風險屬性：積極型	幣　別：新台幣
保單號碼：　000　864	生　效　日：097/08/21	列印日期：110/10/22
要 保 人：max（保險金額，帳戶價值）＝身故保險金額：$ 3,910,656		借款本金：$ 0
被保險人：男（83 年 3 月）	解 約 金：TWD 730,656元	借款利息：$ 0

淨危險保額 =3,910,656 － 731,434
　　　　　　=3,179,222 元

■保單績效（截至110 年　9 月 30 日）生效日迄今 13 年

保單帳戶價值　　　　　　(A)：TWD　731,434元	累計保單子價值減少／部分提領 (F)：TWD　101,277元
累積收受總繳保費　　　　(B)：TWD　850,000元	累積每月扣除額　　　　　　(G)：TWD　59,142元
累積收受豁免保費　　　　(C)：TWD　　　0元	累積現金配息／撥回資產　　(H)：TWD　　　0元
累積保費費用總和　　　　(D)：TWD　92,819元	累積投資損益　　　(A+F+G+H-E)：TWD　134,672元
累積淨保險費用和 (E=B+C-D)：TWD　757,181元	保單累積報酬率(含息)(A+F+G+H)/E-1：②保單　17.79%

保單雖然獲利，但對要保人而言，已虧損 2.03%

【欄位及計算說明】
・累積淨保險費用和：自保單生效日起累積之投資金額總和　③要保人總報酬率＝（A+F）÷B－1＝－2.03%
・累積保費費用總和：自保單生效日起累積之收受保費時扣除費用總和
・累積現金配息／撥回資產：自保單生效日起累積之現金給付之收益分配或撥回資產金額總和
・每月扣除額＝每月管理費＋每月人壽保險成本。管理費包含「保單管理費」、「投資標的管理費」。
・保單累積報酬率（含息）：自保單生效日起，對應累積淨保險費總和之報酬率。

■本期收受之保險費暨已扣除之各項費用明細〔自110 年　7 月　1 日至110 年　9 月 30 日止〕

　　　　　　　　　　　　　　　月繳 5,000 元
本期收受總繳保費　　　　：TWD　15,000元	本期管理費合計　　　：TWD　　300元
（加）本期收受豁免保費　：TWD　　　0元	本期人壽保險成本合計：TWD　　912元
（減）首次保險成本暨保單管理費：TWD　　0元	本期手續費合計　　　：TWD　　　0元
（減）立即投資費用　　　：TWD　　　0元	
（減）本期目標保費費用　：TWD　　　0元	3,648 元／年＝4×912 元
（減）本期超額保費費用　：TWD　　11元	912÷3=304 元／月 ÷ 淨危險保額
（減）本期附約保險費　　：TWD　　　0元	≒ 0.956 元／月／萬元 @27 歲
（合計）本期淨保費總和　：TWD　14,989元	

1／2（表 5-5）

188　　第 5 章　保險哀歌：783 萬元保費全槓龜！

■本期末保單帳戶價值明細：〔110 年 9 月 30 日〕

投資標的名稱	持有單位數 A	參考淨值 B	參考匯率	帳戶價值 D=A*B*C	累積贖回金額G/贖回資產H	累積配息/	累積申購金額I 持有成本 E	累積投資損益(含息) D+G+H−I 未實現損益(不含息) D−E	累積報酬率(含息) J=(D+G+H)/I−1 報酬率(不含息) F=D/E−1
拉丁美洲基金 美元	40.9762	31.2900	27.7900	35,631	4,724	0	51,262 45,905	−10,907 −10,274	−21.28% −22.38%
全球資源基金 歐元	13.9115	17.5600	32.1400	7,851	85,154	0	102,524 8,900	−9,519 −1,049	−9.28% −11.79%
太平洋基金(年配權) 美元	89.1029	51.3200	27.7900	127,077	112,956	0	152,755 78,831	87,278 48,246	57.14% 61.20%
歐洲基金(年配權) 歐元	261.3628	17.1500	32.1400	144,063	41,614	0	152,755 118,903	32,922 25,160	21.55% 21.16%
全球債券基金(月配權) 美元	704.5867	13.7900	27.7900	270,015	15,772	0	319,433 304,650	−33,646 −34,635	−10.53% −11.37%
永續能源基金A2 美元	139.5160	17.4300	27.7900	67,579	65,993	0	76,367 37,041	57,205 30,538	74.91% 82.44%
安穩投資帳戶 美元	101.2088	13.7700	27.7900	38,729	535	0	37,677 37,161	1,587 1,568	4.21% 4.22%
積極投資帳戶 美元	99.9973	14.5700	27.7900	40,489	349	0	37,666 37,340	3,172 3,149	8.42% 8.43%
總計				327,097 731,434	930,439 668,731	0	128,092 62,703	13.77% J 9.38%	

※ 若連續二季虧損宜汰換

配基金單位，不配現金

①基金報酬率
本期末（110/9/30）

【欄位說明】
・「累積報酬率（含息）」：自持有單位數起，截至期末日期，對應該投資標的累積申購金額之報酬率。
・「報酬率（不含息）」：自持有單位數起，截至期末日期，對應該投資標的持有成本之報酬率。

※(1) 保單之①基金報酬率仍有 13.77%（J），②保單累積報酬率 17.79%，但③要保人總報酬率已為負值（−2.03%），應注意三檔已虧損的基金，若下一季仍持續虧損，宜考慮改換其他"賺錢的"基金。

※(2) 保單之**身故保險金額**為 3,910,656 元，累計總繳保費為 85 萬元，目前年繳保險成本 3,648 元，遠低於保單帳戶價值（731,434 元），因被保人僅 27 歲，尚無被催繳**危險保費**的危機。

※(3) 保單已領回現金 101,277 元，基於**投資複利增值**原則，日後獲利宜改為配基金單位，才能加速累積保單帳戶價值。因保險成本隨年齡以幾何級數增加，故在 50 歲之前宜結清此保單，以免被催繳**危險保費**。

2/2（表5-5）

表 5-6　投資型壽險商品對帳單（例 5／甲型）（※（粉）紅色字為本書加註）

保 單 價 值 對 帳 單

■保單基本資料：

保險種類：變額萬能終身壽險 A型	投資風險屬性：積極型	幣　　別：新台幣
保單號碼：　00000 826	生　效　日：095/02/20	列印日期：110/10/22
要 保 人：	身故保險金額：$ 500,000	借款本金：$ 0
被保險人：男（67年2月）	解　約　金：TWD 2,235元	借款利息：$ 0

■保單績效（截至110 年 9 月 30 日）　生效日迄今 15.67 年

保單帳戶價值	(A)：TWD	2,242元	累計部分提領	(F) TWD 30,416元
累積收受總繳保費	(B)：TWD	47,000元	累計每月扣除額	(G) TWD 13,309元
累積收受豁免保費	(C)：TWD	0元	累積現金配息／撥回資產	(H)：TWD 0元
累積保險費用總和	(D)：TWD	12,678元	累積投資損益 (A+F+G+H-E)：TWD 11,645元
累積淨保險費總和(E=B+C-D)：TWD		34,322元	保單累積報酬率(含息) (A+F+G+H)/E-1=保單 33.93%

投資用金額　　　　保單雖然獲利，但對要保人而言，已虧損 30.5%
【欄位及計算說明】
・累積淨保險費總和：自保單生效日起累積之投資金額總和　※③要保人總報酬率＝(A+F)÷B－1＝－30.5%
・累積保費費用總和：自保單生效日起累積之收受保費時扣除費用總和
・累積現金配息／撥回資產：自保單生效日起累積之現金給付之收益分配或撥回資產金額總和
・每月扣除額＝每月管理費＋每月人壽保險成本。管理費包含「保單管理費」、「投資標的管理費」。
・保單累積報酬率(含息)：自保單生效日起，對應累積淨保險費總和之報酬率。

■本期收受之保險費暨已扣除之各項費用明細〔自110 年 7 月 1 日至110 年 9 月 30 日止〕

本期收受總繳保費	：TWD 0元	本期管理費合計	：TWD 由基金 6元
（加）本期收受豁免保費	：TWD 0元	本期人壽保險成本合計	：TWD 內扣除 192元
（減）首次保險成本暨保單管理費	：TWD 0元	本期手續費合計	：TWD 見次頁 0元
（減）立即投資費用	：TWD 0元		768元／年＝4×192元
（減）本期目標保費費用	：TWD 0元	★若基金報酬率未提升，約在 2 年後，
（合計）本期淨保費總和	：TWD 0元	保單帳戶價值將低於保險成本而停效。

★①基金本身已虧損（－6.88%），雖然②保單累積報酬率高達 33.93%，但③要保人總報酬率已為－30.5%，若未改善投資標的之基金的獲利率，將於 2 年後被催繳危險保費。

★②保單總繳保費僅 47,000 元，已領回現金 30,416 元，保單帳戶價值僅剩 2,242 元，且被保人已 44 歲，宜認賠棄單，以免愈陷愈深。

1／2（表5-6）

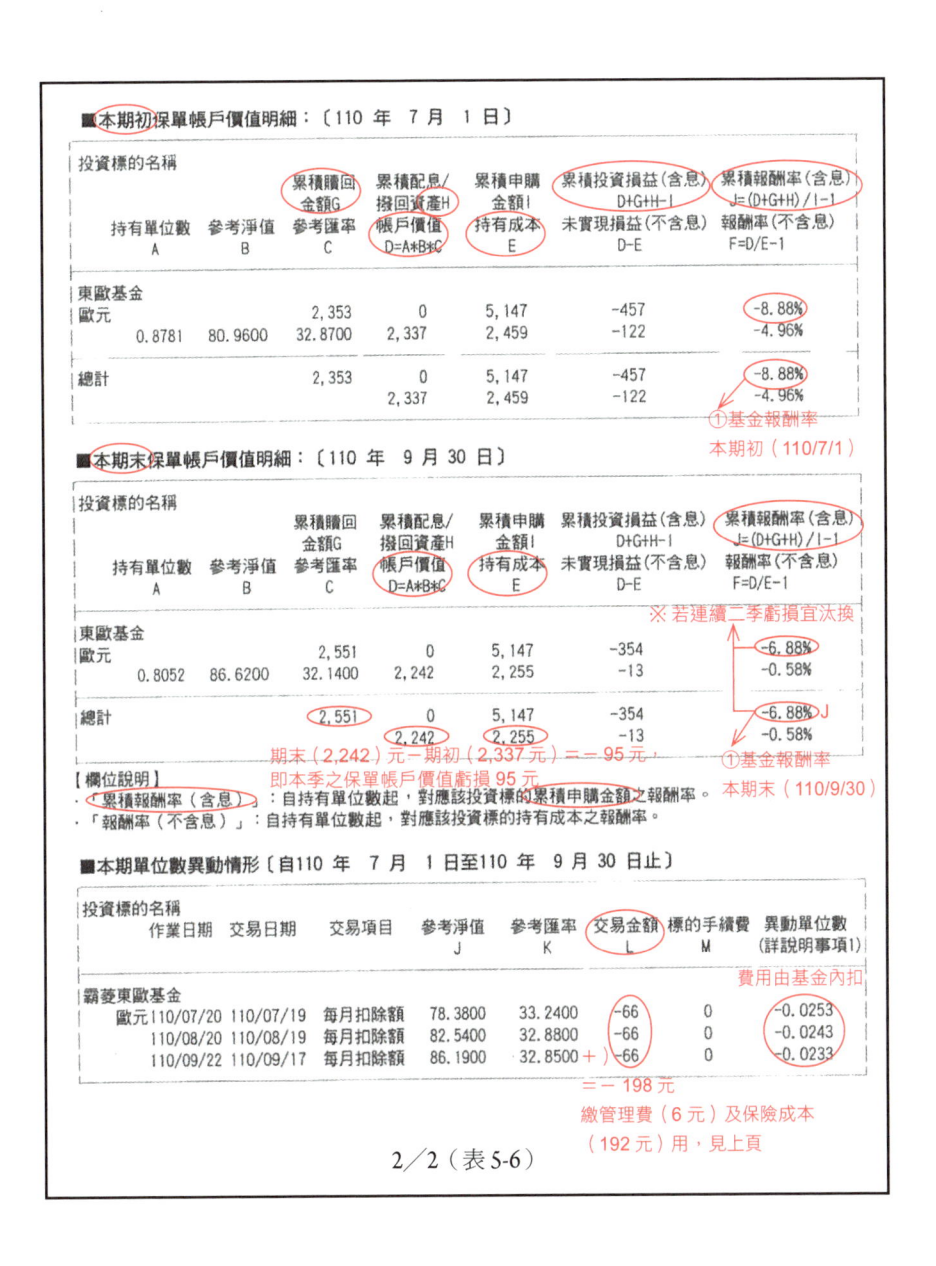

■本期初保單帳戶價值明細：〔110 年 7 月 1 日〕

投資標的名稱	持有單位數 A	參考淨值 B 參考匯率	累積贖回金額G 參考匯率 C	累積配息/撥回資產H 帳戶價值 D=A*B*C	累積申購金額I 持有成本 E	累積投資損益(含息) D+G+H-I 未實現損益(不含息) D-E	累積報酬率(含息) J=(D+G+H)/I-1 報酬率(不含息) F=D/E-1
東歐基金 歐元	0.8781	80.9600	2,353 32.8700	0 2,337	5,147 2,459	-457 -122	**-8.88%** -4.96%
總計			2,353	0 2,337	5,147 2,459	-457 -122	**-8.88%** -4.96%

①基金報酬率
本期初（110/7/1）

■本期末保單帳戶價值明細：〔110 年 9 月 30 日〕

投資標的名稱	持有單位數 A	參考淨值 B 參考匯率	累積贖回金額G 參考匯率 C	累積配息/撥回資產H 帳戶價值 D=A*B*C	累積申購金額I 持有成本 E	累積投資損益(含息) D+G+H-I 未實現損益(不含息) D-E	累積報酬率(含息) J=(D+G+H)/I-1 報酬率(不含息) F=D/E-1
東歐基金 歐元	0.8052	86.6200	2,551 32.1400	0 2,242	5,147 2,255	-354 -13	**-6.88%** -0.58%
總計			2,551	0 2,242	5,147 2,255	-354 -13	**-6.88%** J -0.58%

※ 若連續二季虧損宜汰換

期末（2,242）元－期初（2,337 元）＝－95 元，
即本季之保單帳戶價值虧損 95 元

①基金報酬率
本期末（110/9/30）

【欄位說明】
・「累積報酬率（含息）」：自持有單位數起，對應該投資標的累積申購金額之報酬率。
・「報酬率（不含息）」：自持有單位數起，對應該投資標的持有成本之報酬率。

■本期單位數異動情形〔自110 年 7 月 1 日至110 年 9 月 30 日止〕

投資標的名稱	作業日期	交易日期	交易項目	參考淨值 J	參考匯率 K	交易金額 L	標的手續費 M	異動單位數 (詳說明事項1)
霸菱東歐基金 歐元	110/07/20	110/07/19	每月扣除額	78.3800	33.2400	-66	0	-0.0253
	110/08/20	110/08/19	每月扣除額	82.5400	32.8800	-66	0	-0.0243
	110/09/22	110/09/17	每月扣除額	86.1900	32.8500 ＋	-66	0	-0.0233

費用由基金內扣

＝－198 元
繳管理費（6 元）及保險成本
（192 元）用，見上頁

2/2（表5-6）

表 5-7　投資型壽險商品對帳單（例6／甲型）（※（粉）紅色字為本書加註）
★總繳保費 261 萬元，經 9.92 年後，帳戶價值僅剩 134,147元！

保 單 價 值 對 帳 單

■保單基本資料：

保險種類：	變額萬能終身壽險A型	投資風險屬性：積極型	幣　別：新台幣
保單號碼：	30001961	生　效　日：097/01/31	列印日期：107/01/26
要保人：		身故保險金額：$ 5,000,000	借款本金：$ 0
被保險人：	女（41年8月）	解　約　金：TWD 139,913元	借款利息：$ 0

■保單帳戶總覽（截至106 年 12 月 31 日）生效日迄今 9.92 年

保單帳戶價值	（A）：TWD	134,147元	累計部分提領	（C）：TWD	0元
保單累積淨保險費總和	（B）：TWD	2,059,024元	累計每月扣除額	（D）：TWD	1,577,122元
保單累積保費費用總和	（F）：TWD	550,976元	累計現金投資收益或資產撥回	（E）：TWD	0元
保單累積收受總繳保費	（G）：TWD B+F=	2,610,000元	※③要保人總報酬率=A÷G－1=（－94.86%）
保單之參考累積絕對報酬率（A+C+D+E）/B－1：－16.89%			總繳保費 261 萬元，經 9.92 年僅剩 134,147 元
此為②保單報酬率（－16.89%）			

【欄位及計算說明】
・保單累積淨保險費總和：自保單生效日起累積之投資金額總和
・保單累積保費費用總和：自保單生效日起累積之收受保費時扣除費用總和
・累積現金投資收益或資產撥回：自保單生效日起累積之現金給付之投資收益或資產撥回金額總和
・保單之參考累積絕對報酬率：保單自生效日起，對應保戶繳入淨保險費總和之累積台幣參考報酬率
・每月扣除額=每月管理費＋每月人壽保險成本。管理費包含「保單管理費」、「投資標的管理費」。

■本期收受之保險費暨已扣除之各項費用明細〔自106 年 10 月　1 日至106 年 12 月 31 日止〕

為避免保單被停效，增繳了25萬元保費。

本期收受總繳保費 （H）=TWD	250,000元	本期管理費合計	：TWD	200元
（減）首次保險成本暨保單管理費：TWD	0元	本期人壽保險成本合計：TWD	27,662元
（減）立即投資費用	0元	本期手續費合計	：TWD	0元
（減）本期目標保費費用 （I）：TWD	85,000元	（保險用）110,648 元／年 =4×27,662元
（合計）本期淨保費總和 （J）：TWD	165,000元	（投資用）	★明年，保單帳戶價值（134,147 元）將低於保險成本而再度停效！

1／2（表 5-7）

■本期末保單帳戶價值明細：﹝106 年 12 月 31 日﹞

投資標的名稱 持有單位數 A	參考淨值 B	參考匯率 C	帳戶價值 D=A*B*C	持有成本 E	報酬率 F=D/E-1	累積現金配息/撥回資產G	淨投資報酬率 I=(D+G)/H-1
拉丁美洲基金						淨投資金額 H： 81,228	
美元 13.0598	34.5100	29.7300	13,399	13,338	0.46%	0	-83.50%
東歐基金						淨投資金額 H： 74,430	
歐元 5.0448	75.2500	35.4400	13,454	13,354	0.75%	0	-81.92%
全球資源基金						淨投資金額 H： 168,990	
歐元 21.4736	17.6200	35.4400	13,409	13,350	0.44%	0	-92.07%
太平洋基金						淨投資金額 H： 19,415	
美元 11.5810	39.1000	29.7300	13,462	13,343	0.89%	0	-30.66%
歐洲基金						淨投資金額 H： 16,248	
歐元 24.1784	15.3600	35.4400	13,162	13,326	-1.23%	0	-18.99%
目標基金2020						淨投資金額 H： 17,871	
美元 19.0369	23.4800	29.7300	13,289	13,327	-0.29%	0	-25.64%
世界能源基金 A2						淨投資金額 H： 78,166	
美元 24.4393	18.6700	29.7300	13,565	13,353	1.59%	0	-82.65%
世界礦業基金 A2						淨投資金額 H： 46,947	
美元 11.3415	40.9300	29.7300	13,801	13,374	3.19%	0	-70.60%
新能源基金 A2						淨投資金額 H： 32,433	
美元 46.9424	9.5500	29.7300	13,328	13,331	-0.02%	0	-58.91%
環球資產配置基金 A2						淨投資金額 H：	
美元 7.8135	57.1600	29.7300	13,278	13,340	-0.46%	0	***
東協基金						淨投資金額 H：	
美元 0.0001	34.3000	29.7300	0	0	0.00%	0	***
總計			134,147	133,436	0.53%	0	

虧損大於10%時，宜汰換。

①基金報酬率

【欄位說明】
- 持有成本：各投資標的於每次投資時（含配息累積單位數/轉投資標的）所紀錄之成本。
- 淨投資金額：該標的實際投資金額，不含保單持續特別紅利、配息累積單位數/轉投資標的，若淨投資金額為0，則淨投資報酬率以***顯示。

★1：①基金報酬率為+0.53%時，但③要保人報酬率卻已為-94.86%。
★2：保單總繳保費高達261萬元，可能是業務員早已離職，而成為"保單孤兒"，任憑所有基金大幅虧損而未更換，加上每年的保險成本已超過10萬元,已回天乏術。※女性被保人逾60歲時，不宜再持有投資型壽險保單。

2／2（表5-7）

表5-8. 投資型壽險商品對帳單（例7／甲型）（※（粉）紅色字為本書加註）

★總繳保費 782.5 萬元，經 10.25 年後，帳戶價值僅剩 12,156 元！

保 單 價 值 對 帳 單

■保單基本資料：

保險種類：鑽額萬能終身壽險A型	投資風險屬性：積極型	幣　　別：新台幣
保單號碼：　30001960	生　效　日：097/03/05	列印日期：107/07/30
要保人：	身故保險金額：$ 10,000,000	借款本金：$ 0
被保險人：男（38年1月）	解約金：TWD 0元	借款利息：$ 0

■保單帳戶總覽（截至107 年 6 月 30 日）　生效日迄今 10.25 年

保單帳戶價值　　　　（A）：TWD　　　12,156元　累計保單子價值減少／部分提領（C）：TWD　　　　　0元
保單累積淨保險費總和（B）：TWD　　6,044,737元　累計每月扣除額　　　　　　　　（D）：TWD　5,802,495元
保單累積保費費用和（F）：TWD　　1,780,625元　累積現金配息／撥回資產　　　　（E）：TWD　　　　　0元
保單累積收受總繳保費（G）：TWD　B+F=7,825,362元　※③要保人總報酬率=A÷G－1=－99.8%
保單之參考累積絕對報酬率(A+C+D+E)/B-1＝ －3.81%　總繳保費 7,825,362元，經過 10.25 年僅剩 12,156 元
　　　　②保單總報酬率（－3.81%）　　　　　　　　②保單總報酬率（－3.81%）看似虧損不多，但對③
　　　　　　　　　　　　　　　　　　　　　　　　要保人而言，已虧損 99.8%。

【欄位及計算說明】
・保單累積淨保險費總和：自保單生效日起累積之投資金額總和。
・保單累積保費費用總和：自保單生效日起累積之收受保費時扣除費用總和。
・累積現金配息／撥回資產：自保單生效日起累積之現金給付之收益分配或撥回資產金額總和。
・保單之參考累積絕對報酬率：保單自生效日起，對應保單幣別撤入淨保險費總和之累積台幣參考報酬率。
・每月扣除額＝每月管理費＋每月人壽保險成本。管理費包含「保單管理費」、「投資標的管理費」。

■本期收受之保險費暨已扣除之各項費用明細（自107 年 4 月 1 日至107 年 6 月 30 日止）

本期收受總繳保費	：TWD	0元	本期管理費合計	：TWD	300元
（減）首次保險成本暨保單管理費	：TWD	0元	本期人壽保險成本合計	：TWD	103,825元
（減）立即投資費用	：TWD	0元	本期手續費合計	：TWD	0元
（減）本期目標保費用	：TWD	0元	415,300元／年=4×103,825元
（合計）本期淨保費總和	：TWD	0元	★保單帳戶價值（12,156元）已低於
			保險成本（415,300元）而停效，忍痛棄單！

★保險成本高達 415,300 元／年，保單已難有如此高的獲利率，註定了棄單的命運。※男性被保人逾 50 歲時，不宜再持有投資型壽險保單。

1／2（表5-8）

第 5 章　保險哀歌：783 萬元保費全槓龜！

■本期初保單帳戶價值明細：〔107 年 4 月 1 日〕

投資標的名稱	持有單位數 A	參考淨值 B	參考匯率 C	帳戶價值 D=A*B*C	累積現金配息/撥回資產G	持有成本 E 淨投資金額 H	未實現損益 D-E 淨投資損益 D+G-H	報酬率 F=D/E-1 淨投資報酬率 I=(D+G)/H-1
歐洲基金 歐元	52.6165	14.5600	35.7400	27,380	0	29,000 33,010	-1,620 -5,630	-5.59% -17.06%
環球資產配置基金 A2 美元	16.9423	56.3300	29.0600	27,734	0	28,924 31,673	-1,190 -3,939	-4.11% -12.44%
環球新興市場債券基金 美元	36.1709	27.6664	29.0600	29,081	0	29,153 27,203	-72 1,878	-0.25% 6.90%
環球新興亞洲基金 美元	26.4580	38.5856	29.0600	29,667	0	29,571 13,921	96 15,746	0.32% 113.11%
總計				113,862	0	116,648 105,807	-2,786 8,055	-2.39% 7.61%

①基金報酬率
（107/4/1）

■本期末保單帳戶價值明細：〔107 年 6 月 30 日〕

投資標的名稱	持有單位數 A	參考淨值 B	參考匯率 C	帳戶價值 D=A*B*C	累積現金配息/撥回資產G	持有成本 E 淨投資金額 H	未實現損益 D-E 淨投資損益 D+G-H	報酬率 F=D/E-1 淨投資報酬率 I=(D+G)/H-1
歐洲基金 歐元	5.4249	15.8200	35.2500	3,025	0	2,990 7,323	35 -4,298	1.17% -58.69%
環球資產配置基金 A2 美元	1.7587	55.9400	30.4300	2,994	0	3,003 6,333	-9 -3,339	-0.30% -52.72%
環球新興市場債券基金 美元	3.9128	25.9954	30.4300	3,095	0	3,154 1,520	-59 1,575	-1.87% 103.62%
環球新興亞洲基金 美元	2.6621	37.5523	30.4300	3,042	0	2,975 0	67 3,042	2.25% ***
總計				12,156	0	12,122 15,176	34 -3,020	0.28% -19.90%

①基金報酬率
（107/6/30）

【欄位說明】
・持有成本：各投資標的於每次投資時（含配息累積單位數/轉投資標的）所紀錄之成本。
・淨投資金額：該標的實際投資金額，不含保單持續特別紅利、配息累積單位數/轉投資標的，
　若淨投資金額為0，則淨投資報酬率以***顯示。

2/2（表5-8）

5-3. 與魔鬼交易前，
先看看自己的口袋有多深！

　　上述的 7 張投資型保單，均是由友人提供，例 1、例 2 及例 3 之要保人實際 IRR 分別為 1.43%、1.17% 及 0.15%，暫無被催繳危險保費的危機，但是，若再延後 10 年、15 年，或者當基金本身之獲利減少，則可能被催繳危險保費；例 5 之②保單本身雖然仍然獲利（33.93%），但對要保人而言，已虧損 30.5%；例 6（保險金額 500 萬元）及例 7（保險金額 1,000 萬元），分別已虧損 94.86% 及 99.8%，保費虧損金額高達 261 萬元及 783 萬元，相當嚇人。所幸 2 位友人的財力雄厚，忍痛棄單，原本想藉保單獲利，轉移資產給子女（※業務員建議）的夢想也破滅了。

　　需補繳危險保費的主因是投資標的（基金）的投資報酬率不佳，投資標的是要保人自己挑或委託投資專家操盤，在投資型保單的 DM／說明書／合約條款中，均已明確告知：「……保單帳戶價值可能因投資績效變動造成虧損，最大可能損失為喪失總繳保費，投資風險由客戶自行承擔……」，白紙黑字，怨不得人。唉！幾十年下來，不但身故／完全失能理賠金自己出，還要資助保險公司的業績成長。

　　補繳危險保費是投資型壽險保單的最多糾紛事項之一，保戶埋怨業務員沒有說清楚，業務員辯稱客戶已簽名確認，為解決此一常見的糾紛，金管會規定自 2020 年 10 月 1 日開始，65

歲以上高齡長者在購買投資型保單時，業務員必須錄音／錄影，存證 5 年，並非沒有道理。

投資型保單的 DM／說明書中，會依金管會規定，列出或多或少的風險注意事項，提醒消費者，儘管字體很小，但是，保險公司已盡到基本的告知義務，然而，此風險注意事項卻完全不提保險成本（危險保費）的風險，對於熟齡族而言，保險成本才是最大的潛在風險（※和胰臟癌一樣，很難早期發現，一旦被發現，多已進入末期）。

投資型保單可概分為兩種，一是保戶要自選基金標的之傳統投資型保單，另一種是由投信公司（專家）操盤的類全委保單，保證月配息，但配息可能來自本金，也就是說：「保證月配息 ≠ 保障獲利」。「投資型保單」的正式名稱只有三種：①變額壽險、②變額萬能壽險和③變額年金險，保單 DM 上不會註明是類全委保單，但是，類全委保單的最大特徵是躉繳保費，或者首次繳費有下限規定，且保戶不用自選基金標的，而變額年金險的類全委保單多為附保證型保單。

投資型保單連結的類全委帳戶，多有贖回目標之設計，亦即當獲利達到約定報酬目標時，就全部贖回現金，或者強調月月配息（4%～6%），讓要保人誤以為投資型保單是高報酬率的保單，而成為目前最夯的保單。然而，「保險」的本質是保障，並非投資，顯然，投資型保單已本末倒置，而偏離保險應有的保障功能了。

金管會也注意到投資型保單的異常現象，於 2021 年 8 月

24 日發佈如表 5-9 之新聞稿，提醒民眾注意，可是效果似乎不大，如表 5-10 所示，2021 年投資型保單仍然大賣 5,774.5 億元，比 2020 年成長 69.7%，要保人只能自求多福了！因而迫使金管會於 2022 年第二季祭出三大禁令，出手管控這種可能誤導民眾之「重投資、輕風險」的投資型保險商品。

表 5-9　金管會提醒投資型保險商品之注意事項
　　　　（金融監督管理委員會網站；2021 年 8 月 24 日新聞稿）

> 　　金管會提醒消費者，因投資型保險商品之種類及費用結構有多種型態，且投資相關風險係由保戶承擔，消費者在投保之前，應審慎評估各商品之風險且詳細瞭解各種商品費用結構，選擇適合自己之商品，以避免日後產生爭議。
>
> 　　投資型保單得連結之標的包括共同基金、金融債券、公司債及結構型商品等，保戶需自行承擔連結標的價值下跌、流動性等多項風險，消費者在投保前應審慎評估保險需求，……，需確認自己具備相關投資知識及風險承擔能力，勿受到高報酬率誘惑而連結不適合之投資標的。金管會提醒，投資型保單本質為長期性保險契約，以「解舊買新」或「借舊買新」方式投保新保單，不僅可能無法獲得更好保障或投資效益，反而可能面臨更多風險，如舊保單可能因辦理部分解約（提領）造成保單帳戶價值不足致停效而造成保障中斷，另外購買之新保單初期可能須負擔較高之保費費用或解約費用，且附加之健康保險附約會有一定等待期間之保障空窗期等風險。
>
> 　　金管會並特別提醒高齡者，……，應瞭解每年的壽險保障費用，會隨年紀提高或保單帳戶價值投資虧損而導致大幅上升，尤其切忌僅因期待投資報酬率可能優於銀行存款利率就決定投保，而忽略投資型保險商品具自負盈虧、且不保證投資收益之特性。

資料來源：金融監督管理委員會網站；2021／08／24 新聞稿

　　自 2020 年 7 月 1 日金管會開始實施「死亡給付對保單價值準備金（保單帳戶價值）之最低比率規範」之後，傳統壽險保單縮減了 23.1%，取而代之的是投資型保單；如表 5-10 所示，

依壽險公會的統計資料，2021年之傳統型保險的總計比2020年衰退了18.4%，而投資型保險卻成長了69.7%，顯然，不少人仍然選擇了投資型保單，不知業務員是否對要保人說清楚（1）保險成本／危險保費和（2）月配息（撥回）機制來源可能為本金等風險？

表 5-10　壽險業 2021 年各險別之保費收入統計表（單位：百萬元）

險別		110年1~12月	109年1~12月	成長率
壽險	傳統型	367,522	477,628	-23.1%
	投資型	127,158	98,797	28.7%
	小計	494,681	576,425	-14.2%
傷害險	傳統型	10,513	11,117	-5.4%
健康險	傳統型	37,944	42,880	-11.5%
年金險	傳統型	54,606	44,965	21.4%
	投資型	450,296	241,404	86.5%
	小計	504,902	286,369	76.3%
合計	傳統型	470,586	576,590	-18.4%
	投資型	577,454	340,201	69.7%
	總計	1,048,040	916,790	14.3%

資料來源：人壽保險商業同業公會網站／壽險業 110 年統計表

　　由最新版（2021／7／1）的表 4-6b「第六回經驗生命表」可知，50歲（男生）的保險成本費率（28.850元）是30歲（5.475元）的5.27倍，60歲的保險成本費率（62.175元）是30歲時的11.37倍，再看看表 4-7b 的保險成本費率表，在61歲～70歲的10年間，每100萬元的淨危險保額，就得繳交121,963元（男）／60,623元（女）給保險公司，若要保人買一張200萬元投資型壽險保單，從61歲～90歲，不管基金賺錢

199

與否,要保人均要繳交 2,380,988 元(男)的危險保費,比保險金額(200 萬元)還多,「投資型(終身)壽險」是名符其實的地獄型保單,無底錢坑等你跳!

　　買地獄型保單,如同與魔鬼交易,終究要付出代價的!因為投資型壽險是屬於終身型壽險,依「保險成本費率表」來看,除非是有閒錢(※虧錢時不痛不癢)的人,否則男 50 歲、女 60 歲以後,不宜再持有任何投資型壽險保單;總而言之,一般上班族不宜購買投資型壽險保單(※變額壽險及變額萬能壽險),那麼,上班族宜購買何種保險?保險歸保險,投資歸投資,詳見後續三章。

第 6 章

定期壽險 vs. 小額終身壽險 vs. 傳統年金險

6-1. 傳統儲蓄險之轉型

「保險」的本質是「保障」，因此，高風險的「投資型保單」，並不適合大多數的上班族，不過，「保險」已成為現代人生活不可或缺的選項，除了純保障的一年期保障險之外，本章所談的是具有儲蓄功能，且符合金管會規定的低風險保險商品，定期壽險、小額終身壽險及傳統年金險，算是強迫儲蓄的保障險。

由保險法第 13 條可知，人壽保險和年金保險是不同的保險類別（※見 1-2 節），但是，一般人多將年金保險視為人壽保險之一，人壽保險又常被當成是儲蓄壽險，亦即保險期間身故時，可領理賠金，保險期滿生存時，可領回本金加增值；實務上，只要所繳的保費有（≧銀行存款年利率）增值效果的保單，均可稱為儲蓄險。

傳統的人壽保險是以儲蓄為主、保障為輔，適用表 6-1a 的最低給付比率，金管會為改正把儲蓄壽險當成保障壽險的不當觀念，自從 2020 年 7 月 1 日，包括調降保單責任準備金利率、提高死亡保障門檻等多項保險新規，儲蓄險保費變貴，保險公司的利潤減少，一般保險成癮的民眾，改買投資型、外幣型及

年金型的保單,因而使得原來頗受民眾歡迎的傳統儲蓄壽險被迫退出市場,取而代之的是族繁不及備載的(投資型)終身壽險保單。

表 6-1　壽險商品之最低給付比例(門檻)

(a) 舊壽險商品

被保人到達年齡	2010/2/10 標準 投資型壽險
15～40 歲	130%
41～70 歲	115%
71 歲以上	101%
被保人到達年齡	2012/7/1 標準 非投資型壽險
15～40 歲	155%
41～70 歲	130%
71 歲以上	105%

(b) 新壽險商品(2020/7/1 標準)

被保人到達年齡	(1)投資型/非投資型	(2)保障型/高齡型
≤30 歲	190%	220%※
31～40 歲	160%	180%
41～50 歲	140%	160%
51～60 歲	120%	130%
61～70 歲	110%	120%
71～90 歲	102%	105%
91 歲以上	100%	100%

※ 郵政壽險為 210%

資料來源:法規:「人壽保險商品死亡給付對保單價值準備金(保單帳戶價值)之最低比率規範之最低比率規範」

新「人壽保險商品死亡給付對保單價值準備金(保單帳戶價值)之最低比率規範」如表 6-1b 所示;儘管如此,依金管會保險局的公布資料,壽險業者 2021 年前 3 季仍大賺 3,597 億元,比 2020 年同期增加 80%,22 家壽險公司中,僅 2 家虧損,最慘的是僅販售簡易壽險(不含投資型、年金型及外幣型暢銷保單)的郵政壽險,郵政壽險業務約占郵局總業務的 50%,因而成為實施壽險新規之後的重災戶。

(1) 投資型保單:

最低給付比率(%)=死亡給付金額÷保單帳戶價值 × 100%

（2）非投資型保單：

最低給付比率（％）＝死亡給付金額÷保單價值準備金 × 100%

舉例來說，依表 6-1a 如果是 35 歲買了一張「基本保額 100 萬元」的投資型壽險保單，而不幸在 50 歲身故，則適用 115%（※即 1.15 倍），假設在 50 歲時的保單帳戶價值金是 120 萬元，則最低理賠金額為 120 萬元×1.15＝138 萬元；如果依表 6-1b，則最低理賠金額為 120 萬元×1.4＝168 萬元，依此類推。比較特殊的是，對於新壽險商品之最低給付門檻（2020 年 7 月 1 日），終身壽險商品多採用（1）投資型／非投資型之門檻，而郵政定期壽險則採用（2）保障型／高齡型之門檻。

依照表 6-1b 的新規，人壽商品的保費全面上漲，因此，在 2019 年底確定此項訊息時，保險業務員的另一招攬話術是「此一保單快下架了，新保單的保費要調漲了，要買要快喔！」而吸引一票人購買，你買了此種因保障不足而即將停售的保單，以為是賺到了，但是，等到不幸出了事故需要理賠時，才會發現理賠金額超低，是上當了。

法定的人壽保險商品中，沒有所謂的儲蓄壽險名稱，目前市售的「儲蓄壽險」，就是冠以增額、分紅、利變或投資等的「終身壽險」，「投資型壽險」在某一年度解約時，解約金（可能）不到總繳保費的一半，市售的壽險商品是賣方市場，因此，以利潤高的「投資型終身壽險」居多；至於（保障型）≦10 年繳的定期（10～20 年）壽險，是保障重於分紅，如果繳費期與保障期相同，則中途解約時，解約金必然低於總繳保費，僅在（繳費）保障期滿時，才可能領取比目前銀行定存利

率（0.85%）稍高的利息。

　　本章指名傳統型，是為了與投資型作區隔，如表5-9所示，壽險分為傳統型及投資型壽險，年金險分為傳統型與投資型年金險，而終身型壽險和投資型保單已在前兩章中說明，不再贅述，本章分別探討定期壽險、小額終身壽險及（傳統）年金險，三種有增值儲蓄效果的新儲蓄險。

　　新儲蓄險的不成文定義是「保障期有限制之非終身型／非投資型的壽險商品，保單的預定利率固定不變」，其增值效果雖然沒有其他型保單DM上假設投報率或宣告利率那麼誇張，沒有風險且至少具有保本及保障的功能，而投資型保單的實質投資績效多≦2%，甚至虧損不保本；加上自2021年7月1日開始實施的「第六回經驗生命表」，壽險保費降低（※意外險及醫療險保費增加），所以，新儲蓄險仍然有固定的保守客戶群。

　　依2020年7月1日的壽險新規，市面上的定期壽險多為純保障（※保費有去無回）的1年期壽險，6年期／10年期的定期壽險已消失了，碩果僅存的定期壽險大概只有20年期／30年期之定期壽險，民營壽險多改售較有錢途的投資型終身壽險（※有危險保費之風險）。中華郵政的代表性定期壽險，有「金歡喜增額保險」、「常樂增額保險」以及「常富123」三種不同類型的定期新儲蓄險，仍受不願意承擔任何虧損風險之保守型民眾的喜愛；中華郵政挾其眾多據點，廣泛接觸民眾，在其目前僅有的7種主約、4種附約的簡易壽險領域中，仍擁有一片天。

6-2. 定期壽險（新儲蓄壽險）

郵政壽險之定期壽險的「身故／完全失能」給付金額，取下列三者之最大值：

(A) 當時之保險金額（※如圖 6-1 之每年增加基本保額 × 5%）

(B) 保單價值準備金 × 保障型商品之最低門檻（※表 6-1（B）／（2））

(C) 累積所繳保險費之 1.06 倍

※上述的（B）、（C）兩點，多優於民營之終身壽險商品（※（B）用表 6-1（B）／（1），（C）用 1.00 倍），只是要保人多不了解。

★中華郵政「金歡喜增額」（20 年期）壽險

圖 6-1 是中規中矩、不要花招（※無投資型、年金型及外幣型之保險商品）之中華郵政的「金歡喜增額壽險：30 歲的郵小姐，基本保額 50 萬元，繳費期間 10 年，保險期間 20 年，年繳保險費為 87,730 元」，保險金額每年增加 2.5 萬元（※基本保額 × 5%），到第 20 保單年度，保險金額（※滿期金）成為基本保額 × 2 倍。※由郵政壽險的官網可知，此保單之預定利率為 1.48%，20 年固定不變。

圖 6-1　郵政「金歡喜增額保險」文宣

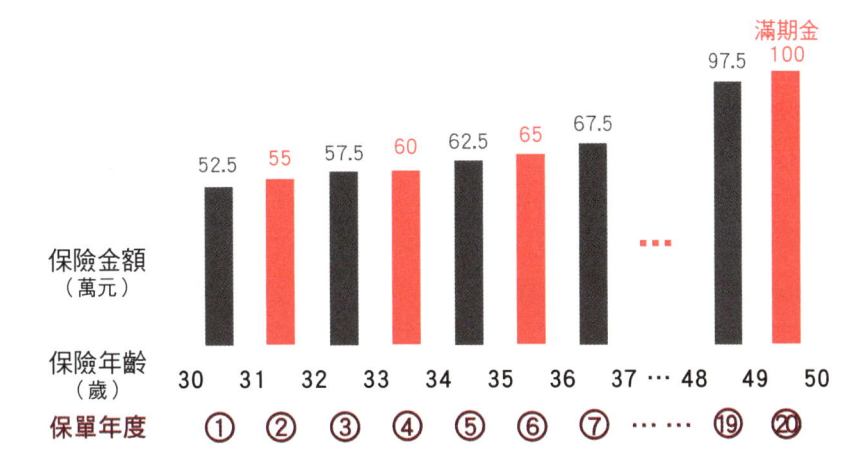

保險年齡（歲）	30	31	32	33	34	35	36	37…48	49	50
保險金額（萬元）	52.5	55	57.5	60	62.5	65	67.5	…	97.5	100（滿期金）
保單年度	①	②	③	④	⑤	⑥	⑦	……	⑲	⑳

資料來源：中華郵政

　　定期壽險的優點是時間終點明確，知道何時保單會到期，有多少滿期金可領；增額是保險金額逐年增加的意思，其圖示如圖 6-1 所示，當然，解約金也會逐年增加，此保單的效益分析如表 6-2a（10 年繳）及表 6-2b（20 年繳）所示。

　　如表 6-2a 所示，「女性 40 歲投保 20 年定期壽險、基本保額 100 萬元、繳費期 10 年」，到 20 年保障期滿時的滿期金 200 萬元，10 年總繳保費（1,744,680 元），若在第 20 保單年度，依躉繳 10 年後到期計算（※10 年繳費期間當成純保障壽險看待），IRR 為 1.38%，比表 3-6「利變型終身壽險／躉繳」之 10 年後的解約金 IRR（1.06%）還高 30%。※表 6-2a 中（D）欄中之（）內數值，即是第 10 年繳費期滿後，依躉繳年數計算所得的 IRR，均高於表 3-6 躉繳後第 1～10 年的解約金 IRR，而表 3-6 還是以宣告利率 1.95%計算（※表 6-2a 的預定利率僅 1.48%）。

由此可知，表 6-2a 的「20 年定期壽險／10 年繳」之 CP 值高於部份利變型終身壽險保單。「金歡喜增額保險」之 IRR 值雖然不高，但保障十足，「死亡給付最低門檻」採用保障型標準之表 6-1（B）／（2）；如果不幸在第 11 保單年度（50 歲）身故／完全失能時，理賠金額為 2,827,712 元，是總繳保費 1,744,680 元的 1.62 倍，不亞於號稱宣告利率 2%～3%之表 3-9、3-10 的 1 元保費保障比。

表 6-2a 郵政「金歡喜增額保險」試算表
(繳費 10 年，女 40 歲，20 年定期壽險，基本保額 100 萬元)

適用最低門檻	保單年度	保險年齡	(A) 累積保險費	(B) 身故／失能保險金	(C) 解約金	(D) 解約金 IRR (%)	1元保費保障比 (E)＝B÷A
180%	1	40	174,468	1,050,000	146,880	---	6.02
160%	2	41	348,936	1,100,000	295,965	---	3.15
	3	42	523,404	1,150,000	452,279	---	2.20
	4	43	697,872	1,200,000	614,312	---	1.72
	5	44	872,340	1,345,696	782,186	---	1.54
	6	45	1,046,808	1,626,896	955,801	---	1.55
	7	46	1,221,276	1,911,920	1,135,203	---	1.57
	8	47	1,395,744	2,200,752	1,320,451	---	1.58
	9	48	1,570,212	2,493,392	1,511,619	---	1.59
	10	49	1,744,680	2,789,808	1,708,757	---	1.60
130%	11	50	1,744,680	2,827,712	1,749,647	0.04（0.28）	1.62
	12	51	1,744,680	2,329,977	1,792,290	0.36（1.36）	1.34
	13	52	1,744,680	2,362,750	1,817,500	0.48（1.37）	1.35
	14	53	1,744,680	2,395,822	1,842,940	0.58（1.38）	1.37
	15	54	1,744,680	2,429,232	1,868,640	0.65（1.38）	1.39
	16	55	1,744,680	2,462,941	1,894,570	0.72（1.38）	1.41
	17	56	1,744,680	2,496,936	1,920,720	0.77（1.38）	1.43
	18	57	1,744,680	2,531,152	1,947,040	0.81（1.38）	1.45
	19	58	1,744,680	2,565,524	1,973,480	0.85（1.38）	1.47
	20	59	1,744,680	2,600,600	2,000,000	0.88（1.38）	1.49

註1：第 20 年度，依 MY83 IRR 計算器，IRR＝0.88%
註2：第 20 年度，依 Triple-I IRR 計算器，IRR＝0.90%
註3：第 20 年度，依躉繳後 10 年計算，IRR＝$((C \div A)^{1/10}-1)$＝1.38%
資料來源：郵政簡易人壽／金歡喜增額保險／郵局壽險櫃台列印

　　表 6-2b 是繳費期 20 年的「金歡喜增額保險」，因為繳費期延長為 20 年，因此，期滿時（第 20 保單年度）的 IRR 只有 0.73%，不過，在前 10 年保單年度，若萬一不幸身故／完全失能時，其平均「1 元保費保障比」則遠優於繳費期 10 年的表 6-2a。

211

表 6-2b　郵政「金歡喜增額保險」試算表
（繳費 20 年，女 40 歲，20 年定期壽險，基本保額 100 萬元）

適用最低門檻	保單年度	保險年齡	（A）累積保險費	（B）身故／失能保險金	（C）解約金	（D）解約金 IRR（％）	（E）1元保費保障比 (E)=(B)÷(A)
180%	1	40	92,595	1,050,000	78,354	---	11.34
160%	2	41	185,190	1,100,000	157,842	---	5.94
	3	42	277,785	1,150,000	241,132	---	4.14
	4	43	370,380	1,200,000	327,410	---	3.24
	5	44	462,975	1,250,000	416,724	---	2.70
	6	45	555,570	1,300,000	509,123	---	2.34
	7	46	648,165	1,350,000	604,666	---	2.08
	8	47	740,760	1,400,000	703,421	---	1.89
	9	48	833,355	1,450,000	805,459	---	1.74
	10	49	925,950	1,500,000	910,832	---	1.62
	11	50	1,018,545	1,647,824	1,019,591	0.02	1.62
130%	12	51	1,111,140	1,600,000	1,131,870	0.28	1.44
	13	52	1,203,735	1,650,000	1,235,370	0.37	1.37
	14	53	1,296,330	1,742,598	1,340,460	0.45	1.34
	15	54	1,388,925	1,881,100	1,447,000	0.51	1.35
	16	55	1,481,520	2,021,422	1,554,940	0.57	1.36
	17	56	1,574,115	2,163,512	1,664,240	0.62	1.37
	18	57	1,666,710	2,307,357	1,774,890	0.66	1.38
	19	58	1,759,305	2,452,866	1,886,820	0.69	1.39
	20	59	1,851,900	2,600,000	2,000,000	0.73	1.40

註 1：第 20 年度，依 MY83 IRR 計算器，IRR ＝ 0.73%
註 2：第 20 年度，依 Triple-I IRR 計算器，IRR ＝ 0.74%
資料來源：郵政簡易人壽／金歡喜增額保險／郵局壽險櫃台列印

★中華郵政「常樂增額」壽險（※20 年期）

「常樂增額」壽險保單，雖然名為增額壽險，但實際上應為增額還本壽險（※參照表 3-9），此保單與表 6-2a、-2b 一樣

有保險金的增額功能,每年還可領回部份生存保險金;圖 6-2 是其 DM 的圖示,除了保險金額每年增加(5%×基本保額)之外,每 3 年還可領回 3 萬元,第 10 年至第 20 年,每年可領回 3 萬元,這就是還本的意思。※此保單之預定利率 1.48%,20 年固定不變,與「金歡喜增額保險」相同。

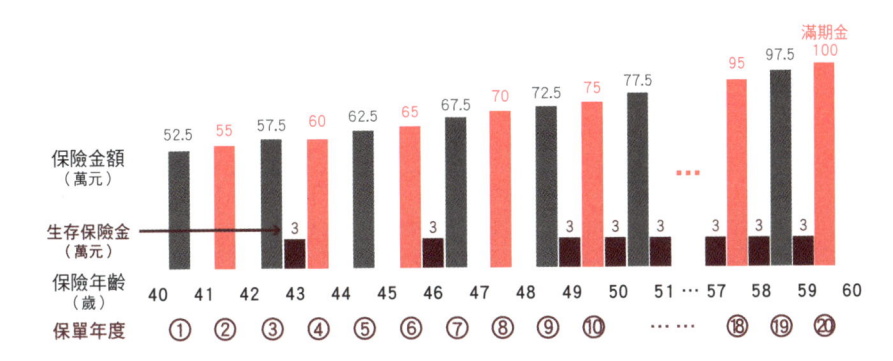

圖 6-2　郵政「常樂增額保險」文宣

資料來源:中華郵政

　　表 6-3 是「常樂增額」定期壽險保單的效益分析表,「女 40 歲,基本保額 50 萬元,保險期間 20 年,繳費期 10 年,每滿 3 年可領回 30,000 元的生存保險金,第 10 年起,每年又可領回 30,000 元(※為"類年金險保單")」,在繳費期滿(10 年)的隔年,第 11 保單年度解約時就能不虧本,可領回 1,125,259 元,高於總繳保費 1,106,960 元[＝1,226,960(A)－120,000(C)]。若提前解約,且依第 10 年度躉繳 1,226,960 元計算,其 IRR 如表 6-3 之(F)欄所示,約為目前的銀行整存整付年利率(0.85%)的 2 倍。

213

表 6-3　郵政「常樂增額保險」試算表（※女 40 歲，保額 50 萬元）

保單年度	保險年齡	(A)累計保險費	(B)生存保險金	(C)累計生存保險金	(D)身故／失能保險金	(E)年度末解約金	(F)解約金IRR(%)	1元保費保障比 G＝D÷(A-C)
1	40	122,696	--	--	525,000	105,026	--	4.28
2	41	245,392	--	--	550,000	211,644	--	2.24
3	42	368,088	--	--	575,000	323,437	--	1.56
4	43	490,784	30,000	30,000	715,288	411,291	--	1.55
5	44	613,480	--	30,000	912,640	530,472	--	1.56
6	45	736,176	--	30,000	1,112,720	653,723	--	1.58
7	46	858,872	30,000	60,000	1,266,912	752,229	--	1.59
8	47	981,568	--	60,000	1,471,896	883,138	--	1.60
9	48	1,104,264	--	60,000	1,679,680	1,018,306	--	1.61
10	49	1,226,960	30,000	90,000	1,841,608	1,127,985	--	1.62
11	50	1,226,960	30,000	120,000	1,818,600	1,125,259	1.65	1.64
12	51	1,226,960	30,000	150,000	1,459,231	1,122,485	2.09	1.35
13	52	1,226,960	30,000	180,000	1,440,543	1,108,110	1.91	1.38
14	53	1,226,960	30,000	210,000	1,421,537	1,093,490	1.83	1.40
15	54	1,226,960	30,000	240,000	1,402,206	1,078,620	1.79	1.42
16	55	1,226,960	30,000	270,000	1,382,492	1,063,455	1.77	1.44
17	56	1,226,960	30,000	300,000	1,362,426	1,048,020	1.77	1.47
18	57	1,226,960	30,000	330,000	1,342,016	1,032,320	1.77	1.50
19	58	1,226,960	30,000	360,000	1,321,236	1,016,335	1.78	1.52
20	59	1,226,960	30,000	390,000	1,313,711	1,000,000	1.80	1.57

資料來源：郵政簡易人壽／常樂增額保險／保單 DM；女 40 歲，保額 50 萬元，繳費 10 年，保證期 20 年。

　　表 6-3 在 20 年期滿時，可領回滿期金 100 萬元（※基本保額 × 2），若含累計生存保險金 39 萬元（C），合計共領回 139 萬元。此保單之設計，是以預定利率（※1.48%固定不變）計算，因此，將來所領的生存保險金及滿期金均不會變動，亦

即將來即使銀行利率上升或下降，均由中華郵政自負盈虧。

此張保單因為繳費的 20 年間，分 13 次共領回 390,000 元生存金，網路上找不到適用的 IRR 計算器來試算，較合理的 IRR 計算方式，是將前 10 年的繳費期間，當成買保障，而第 11 年開始，當成「躉繳，保險期 10 年」的壽險看待，則可用未來值公式計算，所以，第 20 年期期滿時適用的 IRR 計算式為：

$$IRR = ((E \div (A-C))^{1/年} - 1) = ((1,000,000 \div (1,226,960 - 390,000))^{1/10} - 1) = 1.80\%$$

實際的總繳保費僅 836,960 元（＝1,226,960－390,000），故實質投報率（IRR）為 1.80%，以目前的定存利率（0.85%）來看，應可算是一份高 CP 值的定期壽險保單。

★中華郵政「常富 123」壽險（※繳費期 12 年，保障至 80 歲）

30 歲的郵小姐投保「郵政簡易人壽常富 123 保險」基本保額 30 萬元，年繳保險費為 35,193 元，繳費期間為 12 年，保障至 80 歲。※依保險法規定，保障至 95 歲以上，才算是終身壽險，所以，此保單仍屬於（長期的）定期壽險。

如圖 6-3 所示，郵小姐於繳費期間（含繳費期滿當次），每屆滿 3 年之保單週年日，領回 15,000 元生存保險金，繳費期滿後，中華郵政公司不再給付生存保險金；保險年齡達 80 歲之保單週年日，領回 600,000 元滿期保險金，中華郵政公司給付期滿保險金後，本契約效力即行終止。

圖 6-3　郵政「常富 123 保險」文宣

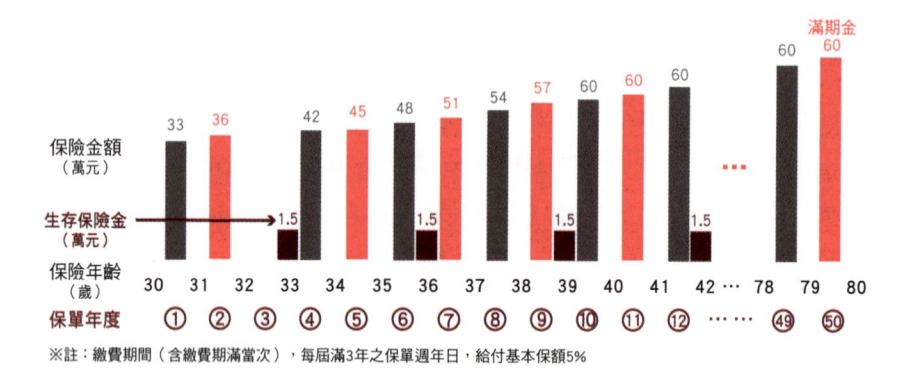

保險年齡（歲）	30	31	32	33	34	35	36	37	38	39	40	41	42	…	78	79	80
保險金額（萬元）	33	36		42	45	48	51	54	57	60	60	60	…		60	60 滿期金	
生存保險金（萬元）				1.5			1.5			1.5			1.5				
保單年度	①	②	③	④	⑤	⑥	⑦	⑧	⑨	⑩	⑪	⑫	……		㊺	㊿	

※註：繳費期間（含繳費期滿當次），每屆滿3年之保單週年日，給付基本保額5%。

註：繳費期間（含繳費期滿當次），每屆滿 3 年之保單週年日，給付基本保額 5%。

資料來源：中華郵政

　　此保單的特色是：「不管幾歲開始投保（※投保年齡上限：男 60 歲／女 65 歲），均是保障至 80 歲」，是目前保障期（年歲）最長的定期壽險保單；或許有人會問：「80 歲以後怎麼辦」？

　　一般人到 65 歲退休或 70 歲時，對子女的責任已了！80 歲以後的事，就交給自己的儲蓄存款、健保及以後政府的「長照 N 點零（※目前是不切實際的長照 2.0）」來關照了，不用浪費高額的保費去買保障至 110 歲的終身型壽險（※≥100 歲者僅 4,242 人），如果是 80 歲以上的中流老人，仍擁有千萬元以上的存款，只要不被子女哄騙去幫忙買房、創業，尚仍可獲得子女的關愛眼神。

　　此保單之預定利率為 1.73%，高於前兩份保單，其保險效益分析表如表 6-4 所示，此保單因為保障至 80 歲，故解約金 IRR 低於表 6-3，但仍高於第三章中之終身型壽險保單，也解決

多數壽險公司不願承接 70 歲以上之純壽險保單之困擾。

　　※解約金 IRR（％）計算例：如在第 12 保單年度（繳費期滿）時，自第 13 年度開始，視同躉繳方式計算，則（F）解約金 IRR 計算式＝$[E ÷ (A－C)]^{1/(年-12)} － 1$，例如，在第 40 保單年度解約時，視同以躉繳 28 年計算，F＝$[859,125 ÷ (696,816－100,000)]^{1/28} － 1 ＝ 1.31\%$，依此類推。此保單之 IRR 尚高於銀行的定存年利率（0.85％），＂1 元保費保障比＂也優於部份終身壽險保單，加上保障至 80 歲，是一份目前市面上少見之沒有風險的長期型壽險保單。

表 6-4　郵政「常富 123 保險」試算表（※女 30 歲，保額 50 萬元，保至 80 歲）

保單年度	保險年齡	(A) 累計保險費	(B) 生存保險金	(C) 累計生存保險金	(D) 身故／失能保險金	(E) 年度末解約金	(F) 解約金 IRR (%)	1元保費保障比 G＝D÷(A-C)
1	30	58,068	--	--	550,000	45,189	--	9.47
2	31	116,136	--	--	600,000	91,152	--	5.17
3	32	174,204	--	--	650,000	139,430	--	3.73
4	33	232,272	25,000	25,000	700,000	166,147	--	3.38
5	34	290,340	--	25,000	750,000	217,481	--	2.83
6	35	348,408	--	25,000	800,000	270,734	--	2.47
7	36	406,476	25,000	50,000	850,000	301,768	--	2.38
8	37	464,544	--	50,000	900,000	358,282	--	2.17
9	38	522,612	--	50,000	950,000	416,809	--	2.01
10	39	580,680	25,000	75,000	1,000,000	452,456	--	1.98
11	40	638,748	--	75,000	1,000,000	514,478	--	1.77
12	41	696,816	--	75,000	1,000,000	578,680	--	1.61
13	42	696,816	25,000	100,000	1,000,000	562,835	--	1.68
14	43	696,816	--	100,000	1,000,000	572,125	--	1.68
15	44	696,816	--	100,000	1,000,000	581,545	--	1.68
17	46	696,816	--	100,000	1,000,000	600,765	0.13	1.68
20	49	696,816	--	100,000	1,008,864	630,540	0.69	1.69
25	54	696,816	--	100,000	1,000,000	682,670	1.04	1.68
30	59	696,816	--	100,000	1,000,000	738,285	1.19	1.68
35	64	696,816	--	100,000	1,000,000	797,110	1.27	1.68
40	69	696,816	--	100,000	1,030,950	859,265	1.31	1.73
45	74	696,816	--	100,000	1,000,000	925,610	1.34	1.68
50	79	696,816	--	100,000	1,050,000	1,000,000	1.37	1.76
51	80	--	--	--	--	--	--	--

資料來源：郵政簡易人壽／常富 123 保險／郵局壽險櫃台列印；女 30 歲，保額 50 萬元，繳費 12 年，保障至 80 歲。

6-3. 小額終身壽險

　　「小額終身壽險（小額終老保險）」是政府（金管會）於 2016 年底針對（弱勢）銀髮族推出的終身壽險商品，剛開始時「最高保額 30 萬元／每人限購 1 張」，2019 年 7 月提高為「最高保額 50 萬元／每人限購 2 張」，到 2021 年 7 月又提高為「最高保額 70 萬元／每人限購 3 張（※含不同保險公司）」。※以後也可能再放寬限制。

　　「小額終身壽險」保障至 110 歲，投保年齡上限是 84 歲（※一般終身壽險之投保年齡上限多為 65 歲），基本上是銀髮族商品，但是，目前已開放為 0 歲～84 歲均可投保，保費比同等終身壽險商品約便宜 15～25%，至 2020 年底共有 14 家壽險公司響應政府政策（※有獎勵措施），有效契約件數達 56 萬件，但是，55 歲以上的有效契約僅占 25 萬件（45%），足見「小額終身壽險」更受小資族、青壯年的歡迎。※在商言商，為了商業考量，已喪失政府為照顧弱勢銀髮族的本意了。

　　表 6-5 是目前市售「小額終身壽險」之投保年齡上限最高（84 歲）的年繳費率表（※是（政府）公訂價，各壽險公司的保費費率均差不多，只差在投保年齡限制），理論上，雖然是 84 歲（6 年繳）還可以投保，但是，不知是否有壽險公司真的敢不要求健檢而接受此保單；此外，84 歲老人為了 70 萬元保險金，而每年繳 113,960 元（1,628 元／年 × 70 萬）保費，6 年總繳之保費為 683,760 元，即使繳得起，似乎也沒什麼實質意義了。

表 6-5　小額終身壽險之每萬元年繳費率表例表

年齡＼年期	男性 6年	10年	15年	20年	女性 6年	10年	15年	20年
16	557	345	242	190	493	307	213	168
20	599	373	261	206	533	332	232	182
25	658	411	287	226	586	366	255	200
30	724	451	315	248	645	403	282	222
35	793	496	347	273	711	444	310	244
40	869	542	381	301	781	487	342	268
41	885	552	389	309	797	498	349	273
45	948	594	418	333	859	536	375	296
50	1,033	648	458	367	941	589	413	328
55	1,121	707	503	405	1,030	645	454	361
60	1,215	769	553	453	1,125	707	502	403
65	1,311	840	615		1,227	774	557	
70	1,410	916			1,331	850		
75	1,503	961			1,437	934		
80	1,573				1,540			
84	1,628				1,615			

資料來源：臺銀人壽／金福氣小額終身壽險／保單 DM 表

　　目前政府推動的「小額終身壽險」商品，保額上限是 70 萬元，表 6-6a 是「60 歲女性，保險金額 70 萬元，繳費期 20 年，保障終身（110 歲），每年保費 28,018 元」，第 21 年解約金（563,430 元），已高於總繳保費（560,360 元），至少符合投保不理賠能回本的期待；若將繳費期滿（第 20 保單年度／79 歲）視同躉繳保費，則在第 30 保單年度（89 歲）時的解約金 IRR 為 1.02%（＝（（619,990 ÷ 560,360）$^{1/10}$－1））。而且，如果在繳費滿 3 年之後身故，則可獲得 70 萬元的理賠金，似乎賺很多，只是不知要保人是否真想賺此理賠金。※繳費前 3 年

之身故／完全失能理賠金，是以總繳保費 × 1.025%計算，所以，1元保費保障比偏低。

表 6-6a 郵政「安心小額終身壽險」試算表
（繳費 20 年，女 60 歲，保險金額 70 萬元）

保單年度	保險年齡	(A)累計年繳保費	(B)身故／完全失能保險金	(C)保單現金價值解約金	(D)解約金IRR（%）	(E) 1元保費保障比 (E)＝(B)÷(A)
1	60	28,018	29,009	23,423	-	1.04
2	61	56,036	58,017	47,300	-	1.04
3	62	84,054	87,026	72,446	-	1.04
4	63	112,072		96,291	-	6.25
5	64	140,090		120,975	-	5.00
10	69	280,180	70 萬元	256,235	-	2.50
15	74	420,270		401,569	-	1.67
20	79	560,360		556,430	-	1.25
21	80			563,430	0.05	1.25
25	84	20年總繳保險費		590,177	0.33	1.25
30	89		IRR＝1.02% 註2	619,990	0.49	1.25
40	99	560,360 元		663,236	0.55	1.25
50	109			700,000	0.55	1.25
祝壽保險金（110歲）			70 萬元			

註1：第 30 保單年度，依 MY83 IRR 計算器計算，IRR＝0.49%
註2：第 30 保單年度，若依躉繳 10 年計算，IRR＝（(C÷A)$^{1/10}$-1）＝1.02%。
資料來源：中華郵政／安心小額終身壽險／郵局壽險櫃台列印

表 6-6b 是臺銀人壽的「金福氣小額終身壽險」：「55 歲女性，保險金額 70 萬元，繳費期 20 年，保障終身（110 歲），每年保費 24,764 元」，20 年繳費期滿時的解約金 519,960 元，已高於總繳保費（495,280 元），若將繳費期滿（第 20 保單年度／74 歲）視同躉繳保費，則在第 30 保單年度（84 歲）時的解約金 IRR 為 1.77%，高於表 6-6a 之 60 歲投保的保單（IRR＝1.02%）。

表 6-6b　臺銀人壽「金福氣小額終身壽險」試算表
（繳費 20 年，女 55 歲，保險金額 70 萬元）

保單年度	保險年齡	(A) 累計年繳保費	(B) 身故／完全失能保險金	(C) 保單現金價值（解約金）	(D) 解約金 IRR（％）	(E) 1元保費保障比 (E)＝(B)÷(A)
1	55	24,764	25,902	0	-	1.05
2	56	49,528	51,804	19,880	-	1.05
3	57	74,292	77,705	41,440	-	1.05
4	58	99,056	70 萬元	63,280	-	7.07
5	59	123,820		86,660	-	5.65
10	64	247,640		228,130	-	2.83
20	74	495,280	IRR＝1.77% 註	519,960	0.46	1.41
30	84	20 年總繳保險費 495,280 元		590,170	0.85	1.41
40	94			644,490	0.86	1.41
50	104			677,320	0.77	1.41
祝壽保險金（110 歲）			70 萬元			

註 1：第 30 保單年度，依 MY83 IRR 計算器計算，IRR＝0.85%。
註 2：第 30 保單年度，若依躉繳 10 年計算，IRR＝$((C \div A)^{1/10}-1)$＝1.77%。
資料來源：臺銀人壽／金福氣小額終身壽險／保單 DM

表 6-6c 是國泰人壽「薇馨彩小額終身壽險」：「41 歲女性，保險金額 70 萬元，繳費期 20 年，保障終身（110 歲），每

年保費 19,660 元」，20 年繳費期滿時的解約金 415,240 元，已高於總繳保費（383,600 元），若將繳費期滿（第 20 保單年度／60 歲）視同躉繳保費，則在第 30 保單年度（70 歲）時的解約金 IRR 為 2.48%。

※解約金 IRR＝（（490,140 ÷ 383,600）$^{1/10}$－1）＝2.48%。

表 6-6c 國泰人壽「薇馨彩小額終身壽險」試算表
（繳費 20 年，女 41 歲，保險金額 70 萬元）

保單年度	保險年齡	（A）累計年繳保費	（B）身故／完全失能保險金	（C）保單現金價值解約金	（D）解約金 IRR（%）	（E）1元保費保障比 (E)=(B)÷(A)
1	41	19,180	19,660	0	-	1.03
2	42	38,360	39,319	14,770	-	1.03
3	43	57,540	58,979	30,450	-	1.03
4	44	76,720	70 萬元	46,620	-	9.12
5	45	95,900		63,770	-	7.30
10	50	191,800		164,010	-	3.65
15	55	287,700		291,480	-	2.43
20	60	383,600		415,240	0.75	1.82
25	65	20 年總繳保險費 383,600 元	IRR＝2.48% 註	452,270	1.06	1.82
30	70			490,140	1.19	1.82
40	80			563,710	1.26	1.82
50	90			625,940	1.21	1.82
60	100			670,810	1.11	1.82
祝壽保險金（104 歲）			70 萬元			

註 1：第 30 保單年度，依 MY83 IRR 計算器計算，IRR=1.19%
註 2：第 30 保單年度，若依躉繳 10 年計算，IRR＝（（C÷A）$^{1/10}$-1）＝2.48%。
資料來源：國泰人壽／薇馨彩小額終身壽險／保單DM

表 6-6d 是中華郵政「安心小額終身壽險」：「31 歲女性，保險金額 70 萬元，繳費期 20 年，保障終身（110 歲），每年保費 15,592 元」，20 年繳費期滿時的解約金 346,899 元，已高於總繳保費（311,840 元），若將繳費期滿（第 20 保單年度／50 歲）視同躉繳保費，則在第 30 保單年度（60 歲）時的解約金 IRR 為 2.90%。

※解約金 IRR＝（（415,065 ÷ 311,840）$^{1/10}$－1）＝2.90%。

表 6-6d　郵政「安心小額終身壽險」試算表
（繳費 20 年，女 31 歲，保險金額 70 萬元）

保單年度	保險年齡	（A）累計年繳保費	（B）身故／完全失能保險金	（C）保單現金價值解約金	（D）解約金 IRR（%）	（E）1 元保費保障比 (E)=(B)÷(A)
1	31	15,592	16,144	13,136	-	1.04
2	32	31,184	32,288	26,536	-	1.04
3	33	46,776	48,431	40,647	-	1.04
4	34	62,368	70 萬元	55,101	-	11.22
5	35	77,960		70,132	-	8.98
10	40	155,920		154,391	-	4.49
15	45	233,880		247,758	-	2.99
20	50	311,840		346,899	1.00	2.24
25	55	20 年總繳保險費 311,840 元		379,848	1.26	2.24
30	60		IRR = 2.90% 註	415,065	1.39	2.24
40	70			489,958	1.48	2.24
50	80			563,430	1.46	2.24
60	90			625,338	1.38	2.24
祝壽保險金（110 歲）	70 萬元					

註 1：第 30 保單年度，依 MY83 IRR 計算器計算，IRR＝1.39%。
註 2：第 30 保單年度，若依躉繳 10 年計算，IRR＝（（C÷A）$^{1/10}$-1）＝2.90%。
資料來源：中華郵政／安心小額終身壽險／郵局壽險櫃台列印

第 6 章 定期壽險 vs. 小額終身壽險 vs. 傳統年金險

若在 60 歲開始投保，則保單年度第 20 年時（80 歲），已超過台灣男性平均壽命 77.6 歲，若以保障的觀點來看，似乎是愈老保險愈有利，只要撐過繳費的前 3 年，身故／完全失能領回 70 萬元的機率較高，但是，想賺此理賠金嗎？

「小額終身壽險」是政府推動的政策，保費較便宜，以比市場行情略高的預定利率計算（※郵政安心小額終身壽險（W12～W19）之預定利率為 2.00%），表 6-6a 是 60 歲投保（※繳費期 20 年），在第 30 保單年度（※繳費期滿後第 10 年）時的解約金 IRR 為 1.02%；表 6-6b 是 55 歲投保（※繳費期 20 年），在第 30 保單年度（※繳費期滿後第 10 年，85 歲）時的解約金 IRR 為 1.77%；表 6-6c 是 41 歲投保（※繳費期 20 年），在第 30 保單年度（※繳費期滿後第 10 年，70 歲）時的解約金 IRR 為 2.48%；表 6-6d 是 31 歲投保（※繳費期 20 年），在第 30 保單年度（※繳費期滿後第 10 年，60 歲）時的解約金 IRR 為 2.90%。

依此看來，年齡愈大，買「小額終身壽險」的 IRR 值愈低，所以，若在 50 歲以後買「小額終身壽險」，則不宜提前解約，等上天堂之後領 70 萬元當手尾錢，算是盡到孝父／孝母不給子女添麻煩的最終責任了。

「小額終身壽險」是「非投資型」的終身壽險，目前的保額上限僅 70 萬元，然而，年輕上班族如果在二、三十年後還沒有 70 萬元以上的存款，應該已算是中低收入戶等級（※2021 年台北市的中低收入戶標準：①每人每月收入≦25,241 元、②全家每人存款≦15 萬元，和③全家人口土地及

房屋價值≦876萬元），可以去申請（喪葬）補助金，而且應該也沒有能力去繳保險費了，因此，「小額終身壽險」似乎是政府怕你死後，沒人幫你付喪葬費而增加政府負擔的補救措施。

與一般「終身壽險」比較，<u>「小額終身壽險」應可算 CP 值較高之零風險終身壽險，缺點是不得附加意外險／醫療險附約</u>，少數商品可保小額（10萬元）意外險附約。儘管「小額終身壽險」已失去政府推廣的本意，但是對小資族而言，可在 45 歲以前買張繳費期≦15年的「小額終身壽險」，一則可當不幸身故／完全失能的保障用，二則可在解約金高於銀行定存利率時解約他用，或者重新買新的高額度「小額終身壽險」。

若依 2017 年／30萬元、2019 年／50萬元及 2021 年／70萬元的額度變化及物價指數來看，<u>10年後的「小額終身壽險」，保險金額可能提高至 120 萬以上。因此，年輕上班族若想買「小額終身壽險」，不要因為保費便宜而一次買 3 張，因為將來最高保險金額必然會再提高</u>。

所以，較適當的做法，是「每隔 10 年買 1 張」，保險金額隨物價指數（通膨率）增加，才有實質上的保障意義；回想一下，40年前的 100 萬元可買（高雄市蛋白區）1 間 3 樓透天厝，現在的 100 萬元，連繳交相同面積房屋的自備款都不夠，這也說明終身型的壽險／醫療險／癌症險等，應不適合小資族，掛有終身兩字的保險商品，多是保險公司利潤較高的保險商品而已。

226　第 6 章 定期壽險 vs. 小額終身壽險 vs. 傳統年金險

6-4. 傳統年金險

「年金保險」分為投資型與傳統型兩種，依保險法的分類，「變額型年金險」屬於投資型年金險，而「利變型年金險」則屬於傳統型年金險；「年金保險」多是以躉繳（※一次付清）或≦10年繳方式，約定期滿之後，可選擇一次領回，或是分15～20年給付，或是終身給付，每年領回部份金額，類似勞保年金／公保年金的方式一樣。

「年金保險」，若被保險人身故發生在年金給付開始之後，未支領之年金餘額，可由法定繼承人領取；若被保險人身故發生在年金給付開始日前，則保險公司依當時的「年金保單價值準備金」給付。理論上，年金保險是保險公司集眾人所繳的保費，再交由理財專家投資股票／債券而獲取利潤，因此，基本上應有比銀行定存利率稍高的利潤，但是，投資型年金險也可能虧損本金。

壽險公司之「○○變額年金保險」投資型商品DM，其範例說明，多列出在假設投報利率6%、2%、0%及－6%時之保單帳戶價值／解約金，在長達15～20年的年金累積期間，期滿時的實際投資報酬率是多少，變數太多，沒有人可以打包票，不過,壽險公司的投資型（年金）保單，至少被剝了4層皮，除了保險員的業務佣金外，加上壽險公司、投信公司及銀行的費用／利潤等各種外加及內扣費用，至少約占了總投資獲利的3%。

因此，投資型（年金）保單的實際投資報酬率至少需9%，才可能有（淨）投資報酬率6%；投資報酬率－6%（※虧

損）或許太誇張，但是，（淨）投資報酬率0%卻不無可能，就像壽險公司已在 DM 上明確告知「並無保本／保息之承諾，投保人風險自負」，以目前的銀行定存利率（0.85%）來看，投資型保單的實質投報率（IRR）很難達到 2.0%以上。

表 6-7a 是躉繳型的「傳統年金險」，15 年期滿時可一次領回 1,295,908 元（※IRR＝1.74%），亦可選擇分 15 年領回，每年可領 52,389 元（＝4,366 元／月）。要注意的是，此 IRR 值或將來可領取的金額，均是以不變的宣告利率 2.00%計算，將來可能領較少或更多，所以，此張試算表列出三種「宣告利率」狀況（1.75%、2.0%、2.25%），供您自己判斷。

表 6-7a 「躉繳利變型年金險」試算表例

保單年度	保險年齡	累積實繳保險費	宣告利率 1.75%	宣告利率 2.00%	宣告利率 2.25%
			保單價值準備金		
1	50	1,000,000	979,754	982,166	984,577
2	51		996,856	1,001,779	1,006,708
3	52		1,014,299	1,021,815	1,029,359
4	53		1,032,049	1,042,251	1,052,520
5	54		1,050,110	1,063,096	1,076,202
6	55	（躉繳）	1,068,487	1,084,358	1,100,417
7	56		1,087,186	1,106,045	1,125,176
8	57		1,106,212	1,128,166	1,150,492
9	58		1,125,571	1,150,729	1,176,378
10	59		1,145,268	1,173,744	1,202,847
15	64		1,249,048	1,295,908	1,344,395
內部報酬率 IRR＝			1.49%	1.74%	1.99%

註 1：15 年期滿時，選擇「一次給付」，約可領 1,295,908 元。
註 2：15 年期滿時，選擇「分期給付」，每年約可領 52,389 元，保證期間 20 年，"活愈久、領愈多"。
註 3：註 1 及註 2 係以宣告利率 2.00% 及分期給付預定利率 1.05% 為例。
註 4：15 年期滿時，IRR＝（（1,295,908÷1,000,000）$^{1/15}$-1）＝1.74%。

資料來源：富邦人壽／金采富利利率變動型年金保險（甲型）／保單 DM（2021／5／31）

有些「年金險商品」要求滿 45 歲或 50 歲才可以投保，或者以被保險人達 65 歲或 70 歲為年金給付的開始日，但也有 16 歲以上者可投保的年金險，這是商業考量，已失去原來「年金保險」的本意了。這些年輕人的「年金險」多是有錢父母為子女所買的贈與保險，在保證期間（10～20 年）屆滿時，多會選擇一次給付方式。如表 6-7b 的「20 年繳利變型年金險」，即是針對小資族的年金險商品，35 歲投保，20 年繳費期滿（54 歲）時，仍然年輕，多會選擇一次給付居多，也可等到第 31 保單年度（64 歲）時，才開始每年領給付 115,836 元，年領 20 年。

表 6-7b 「20 年繳利變型年金險」試算表例

保單年度	保險年齡	累計年繳保險費（含附加費）	宣告利率 1.65%	宣告利率 1.90%	宣告利率 2.15%
			保單價值準備金		
1	35	102,800	98,804	99,047	99,290
2	36	205,600	199,238	199,976	200,715
3	37	308,400	301,329	302,822	304,320
4	38	411,200	405,105	407,622	410,153
5	39	514,000	510,593	514,414	518,261
6	40	616,800	617,822	623,235	628,693
…	…	…	…	…	…
20	54	2,056,000	2,318,761	2,382,759	2,448,845
		內部報酬率 IRR=	1.13%	1.39%	1.64%

註 1：20 年期滿時，選擇「一次給付」，約可領 2,382,759 元。
註 2：20 年期滿時，選擇「分期給付」，每年可領 115,836 元，
保證期間 20 年，"活愈久、領愈多"。
註 3：註 1 及註 2 係以固定之宣告利率 1.90% 及預定利率 1.50% 為例。
註 4：20 年期滿時之 IRR 值，是以網路上之 IRR 計算器。
資料來源：富邦人壽／增開鑫網路投保利率變動型年金保險（甲型）／保單 DM（2020／7／1）

表 6-7c 是臺銀人壽於 2020／12／01 修正推出的（非投資型）利變型年金險，宣告利率以民營壽險公司保守的宣告利率 1.45%計算，在 20 年期滿時的 IRR 為 1.35%，分期給付時，可選擇保證期間 10、15 或 20 年，最高給付至身故或 110 歲為止，此保單因為是 65 歲開始投保，累積期間 20 年之後（85 歲），才開始領取年金，即使領到 110 歲，也只能領 25 年。※在 ≧65 歲時購買（投資型）保單，可能面臨實質課稅的遺產稅問題，詳見第 7-5 節。

表 6-7c 「躉繳利變型年金險」試算表例

保單年度	保險年齡	累計年繳保險費（含附加費）	宣告利率 1.40%	宣告利率 1.45%	宣告利率 1.50%
			保單價值準備金		
1	65	1,000,000	993,720	994,210	994,700
2	66	1,000,000	1,007,632	1,008,626	1,009,621
3	67	1,000,000	1,021,739	1,023,251	1,024,765
4	68	1,000,000	1,036,043	1,038,088	1,040,136
5	69	1,000,000	1,050,548	1,053,140	1,055,738
6	70	1,000,000	1,065,256	1,068,411	1,071,574
10	74	1,000,000	1,126,175	1,131,740	1,137,330
15	79	1,000,000	1,207,245	1,216205	1,225,228
20	84	1,000,000	1,294,151	1,306,974	1,319,918
		內部報酬率 IRR＝	1.30%	1.35%	1.40%

註 1：20 年期滿時，選擇「一次給付」，約可領 1,306,974 元。
註 2：20 年期滿時，選擇「分期給付」，每年約可領 72,414 元，可領至 110 歲。
註 3：假設預定利率等於宣告利率 1.45% 為例。
註 4：20 年期滿時，IRR ＝ [（1,306,974-1,000,000）$^{1/20}$-1] ＝ 1.35%。
資料來源：臺銀人壽／添富人生利率變動型年金保險／保單 DM（2020／12／01）

表 6-8a 和表 6-8b 是合作金庫人壽公司的「好鑽 100」保單，兩者均屬於投資型保單，只不過表 6-8a 是投資型（終身）

230　第 6 章 定期壽險 vs. 小額終身壽險 vs. 傳統年金險

壽險保單,而表 6-8b 是投資型年金險保單,差別在於表 6-8a 有「保險成本」,如第四章所述,當投報率≦2.0%時,在某一年度會有被催繳危險保費的風險;而表 6-8b 則屬於沒有保險成本的變額年金險,然而,當基金投資報酬率為－6%時,在第 10 保單年度,總繳保費(200 萬元),僅剩 1,011,674 元,並非沒有虧損風險;若在同樣是 0%投報率時,因有保險成本之故,表 6-8a 之變額萬能壽險的保單帳戶價值及解約金,均略低於表 6-8b 之變額年金險。

表 6-8a 「好鑽 100 變額萬能壽險(甲型)」專案
「女 37 歲,躉繳保費 200 萬元,基本保額設定為 320 萬元(甲型)」

保單年度	保險年齡	總繳保險費	假設基金投資報酬率(※ 篇幅有限,+6% 及 -6% 略)							
			2%				0%			
			累計保險成本	保單帳戶價值	解約金	身故/完全失能保險金	累計保險成本	保單帳戶價值	解約金	身故/完全失能保險金
1	37	2,000,000	758	2,010,666	1,910,133	3,200,000	772	1,971,207	1,872,647	3,200,000
2	38		1,580	2,021,335	1,940,482	3,200,000	1,636	1,942,708	1,865,000	3,200,000
3	39		2,465	2,032,009	1,981,209	3,200,000	2,596	1,914,496	1,866,634	3,200,000
4	40	(躉繳)	3,425	2,042,674	2,022,247	3,200,000	3,671	1,886,549	1,867,684	3,200,000
5	41		4,434	2,081,299	2,081,299	3,200,000	4,839	1,884,181	1,884,181	3,200,000
6	42		5,474	2,120,664	2,120,664	3,200,000	6,087	1,881,733	1,881,733	3,200,000
10	46		10,173	2,285,604	2,285,604	3,200,000	12,362	1,870,658	1,870,658	3,200,000
…	…	…	…	…	…	…	…	…	…	…

資料來源:合作金庫人壽／好鑽 100 變額萬能壽險／保單 DM

表 6-8b 「好鑽 100 變額年金險」專案
「女 37 歲，躉繳保費 200 萬元，年金累積期間 10 年，
年金給付開始日需≧50 歲且需≦90 歲」

保單年度	保險年齡	總繳保險費	假設基金投資報酬率（※ 篇幅有限，+6% 略）					
			2%		0%		-6%	
			保單帳戶價值	解約金	保單帳戶價值	解約金	保單帳戶價值	解約金
1	37	2,000,000	2,011,426	1,910,855	1,971,974	1,873,375	1,853,617	1,760,936
2	38	（躉繳）	2,022,925	1,942,008	1,944,324	1,866,551	1,717,863	1,649,148
3	39		2,034,499	1,983,634	1,917,045	1,869,119	1,591,966	1,552,167
4	40		2,046,140	2,025,679	1,890,131	1,871,230	1,475,211	1,460,459
5	41		2,085,852	2,085,852	1,888,931	1,888,931	1,385,532	1,385,532
6	42		2,126,358	2,126,358	1,887,731	1,887,731	1,301,234	1,301,234
10	46		2,296,647	2,296,647	1,882,931	1,882,931	1,011,674	1,011,674
…	…	…	…	…	…	…	…	…

資料來源：合作金庫人壽／好鑽 100 變額年金保險／保單 DM

「投資型年金險」為迎合消費者的喜好，壽險公司又推出一種附保證的「投資型年金險」，附保證的投資型年金險有五種，為①「保證最低身故給付」（GMDB）、②「保證最低年金給付」（GMIB）、③「保證最低提領金額」（GMWB）、④「保證最低累積給付」（GMAB）和⑤「保證最低終身提領金額」（GLWB），以第一種①「保證最低身故給付」（GMDB）最常見。

表 6-8c 是「保證最低身故給付」（GMDB）型的「附保證變額年金險」，保障金額下限為（躉繳）50 萬元，如果投資報酬率為－6%時，因為「附保證」關係，不管何時身故，最低身故保險金仍為 50 萬元（＝總繳保費），不過，如果在第 10 保

232　第 6 章 定期壽險 vs. 小額終身壽險 vs. 傳統年金險

單年度（59 歲）時解約，則解約金僅剩 245,227 元，由此可知，「保證給付≠保證獲利」，保戶依舊要自己承擔虧損本金的風險。

表 6-8c 附保證變額年金險例（※投資型類全委保單）
「男 50 歲，躉繳保費 50 萬元，附保證最低身故保險金機制之連結類全委帳戶保單」

投資報酬率+2%

保單年度	保險年齡	保單帳戶管理費	身故保證費用	保單帳戶價值	保證最低身故保險金	解約金
1	50	11,946	2,867	495,027	500,000	470,276
2	51	5,946	2,856	496,030	500,000	476,189
3	52	-	2,875	503,045	503,045	503,045
4	53	-	2,916	510,158	510,158	510,158
5	54	-	2,957	517,373	517,373	517,373
6	55	-	3,000	524,688	524,688	524,688
7	56	-	3,042	532,107	532,107	532,107
8	57	-	3,085	539,631	539,631	539,631
9	58	-	3,128	547,262	547,262	547,262
10	59	-	3,173	555,000	555,000	555,000
11	60	-	3,218	562,847	562,847	562,847
21	70	-	3,703	647,699	647,699	647,699
31	80	-	4,261	745,338	745,338	745,338
41	90	-	4,902	857,698	857,698	857,698
45	94	-	5,184	907,253	907,253	907,253

投資報酬率-6%

保單年度	保險年齡	保單帳戶管理費	身故保證費用	保單帳戶價值	保證最低身故保險金	解約金
1	50	11,510	2,763	456,202	500,000	433,392
2	51	5,278	2,535	421,276	500,000	404,425
3	52	-	2,352	393,725	500,000	393,725
4	53	-	2,202	367,973	500,000	367,973
5	54	-	2,058	343,905	500,000	343,905
6	55	-	1,920	321,414	500,000	321,414
7	56	-	1,795	300,394	500,000	300,394
8	57	-	1,678	280,748	500,000	280,748
9	58	-	1,568	262,387	500,000	262,387
10	59	-	1,465	245,227	500,000	245,227
11	60	-	1,370	229,189	500,000	229,189
21	70	-	698	116,533	500,000	116,533
31	80	-	354	59,254	500,000	59,254
41	90	-	180	30,128	500,000	30,128
45	94	-	137	22,988	500,000	22,988

資料來源：富邦人壽／富利人生變額年金保險／保單 DM（V1）（VAUT）

一般的投資型保單之投資損失風險，是由保戶承擔，雖然附保證保單提供下限保護，看似具有保本、保息的功能，其實，並非如此，一樣有「保證月配息來自本金」的虧損風險，而且保證愈多，保費必然也愈高，既然是附保證，羊毛出在羊身上，保費必然貴很多。在買附保證保單之前，務必搞清楚保單是保證什麼？但書條款為何？※附保證年金險已成為變相的「重投資、輕風險」的保單，已引起金管會的關切，因而祭出三大禁令來控管，然而，窮則變、變則通，政策趕不上對策，壽險業者只要有利可圖，類似的高風險投資型保單是不會終止的。

6-5. 年金險：活愈久，領愈多？最佳選項嗎？

年金險保單 DM 多強調「活愈久，領愈多」，真的是如此嗎？

「年金保險」的年金給付方式，可分為①一次給付、②分期給付（10 年～20 年）及③終身給付（110 歲）三種方式；「年金保險」若選擇期滿時一次給付，其金額是與累計期間的「宣告利率」有關，約在 2000 年以前，年金險 DM 上的宣告利率高達 6%以上，此後一路下滑，迄 2020 年以後推出的壽險保單 DM 的宣告利率，已降至 1.45%（※表 6-7c）。

依「利變型年金保險費率相關規範」（※金管會 94／5／24 修正發佈），

一、利變型年金保險之定義為：
年金累積期間，保險公司依宣告利率計算年金保單價值準備金；年金給付開始時、依年金保單價值準備金，計算年金金額。
甲型：年金給付開始時，以當時之年齡、預定利率及年金生命表換算定額年金。
乙型：年金給付開始時，以當時之年齡、預定利率、宣告利率及年金生命表計算第一年年金金額，第二年以後以宣告利率及上述之預定利率，調整各年度之年金金額。

二、預定危險發生率：

計算年金金額之預定危險發生率，依最新（※表6-9）之年金生命表為基礎，自行訂定。保險公司於送審商品時，應檢附預定危險發生率之訂定依據等相關資料。

三、預定利率、宣告利率：

①宣告利率：

宣告利率不得超過各該宣告利率宣告前，中央銀行公布之最近一月之十年期中央政府公債次級市場殖利率，並不得為負數。

②預定利率：

年金給付期間：預定利率不得高於年金給付開始日當月之宣告利率，且不得為負數。公司於送審商品時，應檢附預定利率及宣告利率之訂定依據等相關資料。

四、年金金額計算公式

甲型：$Annuity_s = V \div ä$

乙型：① $s = 1$，$Annuity_s = V \div ä$

② $s \geq 2$，$Annuity_{s-1} \times \dfrac{1+j_{s-1}}{1+i}$

1. Annuitys：年金開始給付後第 s 年之年金金額。
2. V：年金保單價值準備金。
3. ä：以預定利率及預定危險發生率所計算之年金現值因子。
4. s：年金開始給付後之年度。
5. js：年金給付開始日與每年年金給付周年日當月宣告利率（各給付周年各有 js 值）。
6. i：預定利率。

勞退新制之年金的計算公式公式 1，是以「預定利率」及「平均餘命」計算「年金現值因子」，而年金保險之「年金現值因子」計算公式公式 2，因為涉及終極年齡（110 歲）之關係，更為複雜，人壽保險之「年金給付金額」，與年金給付開始日當時之年齡、宣告利率（※乙型用）、預定利率及年金生命表等因素有關，當宣告利率、預定利率與年金生命表（死亡率）降低時，則未來的年金給付金額，也隨之降低。

（1）勞退新制的「年金現值因子」計算公式：[公式 1]

$$\ddot{a}\frac{(12)}{T_r} = \frac{1 - \left(\frac{1}{1+i}\right)^{T_r}}{12 * \left[(1+i)^{\frac{1}{12}}\right] - 1} * (1+i)^{\frac{1}{12}}$$

T_r：退休金時，依年金生命表精算出之平均餘命，小數點以下四捨五入。

i：全年平均保證收益率，為勞動基金運用局公告之全年平均保證收益率前 3 年（即 107 年至 109 年）之平均數 0.9870%為準。

註：目前之「平均餘命」為 24 歲（@60 歲退休）及 20 歲（@65 歲退休），依表 6-9 所示，2021 年起之「平均餘命」將增為 25 歲（@60 歲退休）及 21 歲（@65 歲退休），「平均餘命」愈大，可領的勞退年金愈多。

表 6-9　全國簡易生命表（※新制勞退年金適用，小數點第 1 位四捨五入）

	民國108年					民國109年			全體
年齡 X	死亡機率 q_x	生存數 l_x	死亡數 d_x	平均餘命 e^o_x	年齡 X	死亡機率 q_x	生存數 l_x	死亡數 d_x	平均餘命 e^o_x
56	0.00564	92951	524	27.84	56	0.00539	93249	502	28.19
57	0.00601	92426	555	26.99	57	0.00572	92747	531	27.34
58	0.00640	91871	588	26.15	58	0.00612	92216	564	26.49
59	0.00683	91283	624	25.32	59	0.00656	91652	601	25.65
60	0.00725	90659	657	24.49	60	0.00700	91051	638	24.82
61	0.00771	90002	694	23.66	61	0.00748	90413	677	23.99
62	0.00823	89308	735	22.84	62	0.00800	89737	718	23.17
63	0.00881	88573	780	22.03	63	0.00859	89018	764	22.35
64	0.00948	87792	832	21.22	64	0.00924	88254	816	21.54
65	0.01025	86961	891	20.42	65	0.00999	87438	873	20.74
66	0.01114	86069	959	19.62	66	0.01083	86565	938	19.94
67	0.01218	85110	1037	18.84	67	0.01178	85628	1009	19.15
68	0.01337	84073	1124	18.07	68	0.01285	84619	1087	18.38
69	0.01472	82949	1221	17.30	69	0.01406	83532	1175	17.61
70	0.01621	81728	1325	16.55	70	0.01547	82357	1274	16.85
71	0.01787	80403	1437	15.82	71	0.01707	81083	1384	16.11
72	0.01970	78966	1555	15.10	72	0.01889	79699	1505	15.38
73	0.02169	77411	1679	14.39	73	0.02092	78194	1636	14.67
74	0.02386	75732	1807	13.70	74	0.02313	76558	1771	13.97
75	0.02620	73925	1937	13.02	75	0.02551	74788	1907	13.29
76	0.02872	71988	2067	12.36	76	0.02803	72880	2043	12.62
77	0.03146	69921	2200	11.71	77	0.03074	70837	2178	11.97
78	0.03445	67721	2333	11.07	78	0.03371	68659	2315	11.34
79	0.03773	65388	2467	10.45	79	0.03696	66345	2452	10.72
80	0.04131	62921	2599	9.84	80	0.04052	63893	2589	10.11
81	0.04522	60322	2728	9.24	81	0.04441	61304	2722	9.51
82	0.04949	57594	2850	8.66	82	0.04866	58582	2851	8.93
83	0.05415	54744	2964	8.08	83	0.05331	55731	2971	8.36
84	0.05924	51780	3067	7.52	84	0.05839	52760	3081	7.81
85+	1.00000	48712	48712	6.96	85+	1.00000	49679	49679	7.26

資料來源：內政部網站／歷年簡易生命表
出處：內政部網站／歷年簡易生命表

（2）年金保險「年金現值因子」計算公式：[公式2]

$$\ddot{a}_x = \sum_{k=0}^{u-x} v^k \,_k P_x$$

$$_k P_x = P_x \times P_{x+1} \times \ldots\ldots \times P_{x+k-1}$$
$$= (1 - q_x) \times (1 - q_{x+1}) \times \ldots\ldots \times (1 - q_{x+k-1})$$

其中：

x：年金開始給付日被保險人之保險年齡。

u：年金給付之終極年齡（max110 歲），若 75 歲（x）開始領年金，分 20 年給付，則 u＝95 歲，即 u－x＝20。

v：＝1／（1＋i），i：為年金給付開始日當時之預定利率。

qx：保險年齡為 x 歲之死亡率，依當時年金生命表（死亡率）為準。

註：死亡率愈低，則 äx 愈大，依【公式3】則可領的年金愈少。

（3）分期年金給付金額＝年金保單價值準備金 ÷ 年金現值因子 [公式3]

年金生命表是依據金管會公告的經驗生命表（死亡率）為基準，「第五回經驗生命表」係 2012 年 7 月 1 日開始實施，其「死亡率」高於 2021 年 7 月 1 日開始實施的「第六回經驗生命表」，如表 6-10 所示，以法定退休年齡 65 歲為例，65 歲之人的死亡率為男 1.1263%／女 0.5599%（※第五回為男 1.6404%／

女 0.7993%）；110 歲之人的男／女平均死亡率均為 100%；0 歲死亡率男 0.032%／女 0.025%，比 15 歲死亡率男 0.0296%／女 0.0130%還高，這就是為何 0 歲保單比 1～15 歲保單還貴的原因。

隨著科技之進步與生活水準提高，人類的死亡率愈來愈低，表 6-10 是「第六回經驗生命表」死亡率，低於「第五回經驗生命表」，未來應會有新的「經驗生命表」，死亡率將低於目前的「第六回經驗生命表」，也就是說，對壽險而言，保費會更便宜（※意外險及醫療險則更貴），或者未來的年金可能領更少。

表 6-10　台灣壽險業第六回經驗生命表（※死亡率）

年齡	男性	女性	年齡	男性	女性	年齡	男性	女性
0	0.000320	0.000250	37	0.001160	0.000510	74	0.026421	0.015043
1	0.000189	0.000145	38	0.001268	0.000550	75	0.028684	0.016330
2	0.000163	0.000124	39	0.001386	0.000594	76	0.031399	0.018316
3	0.000140	0.000105	40	0.001528	0.000654	77	0.034393	0.020538
4	0.000125	0.000093	41	0.001666	0.000706	78	0.037686	0.023013
5	0.000114	0.000083	42	0.001813	0.000763	79	0.041283	0.025760
6	0.000111	0.000080	43	0.001972	0.000823	80	0.045179	0.028787
7	0.000112	0.000078	44	0.002141	0.000888	81	0.049379	0.032114
8	0.000114	0.000076	45	0.002417	0.001017	82	0.053919	0.035787
9	0.000119	0.000075	46	0.002607	0.001092	83	0.058847	0.039861
10	0.000122	0.000070	47	0.002809	0.001172	84	0.064234	0.044417
11	0.000137	0.000072	48	0.003023	0.001259	85	0.070155	0.049538
12	0.000155	0.000077	49	0.003250	0.001352	86	0.076679	0.055311
13	0.000181	0.000085	50	0.003462	0.001424	87	0.083862	0.061815
14	0.000227	0.000097	51	0.003716	0.001528	88	0.091503	0.069117
15	0.000296	0.000130	52	0.003987	0.001638	89	0.099553	0.077285
16	0.000339	0.000144	53	0.004276	0.001753	90	0.108814	0.086386
17	0.000378	0.000157	54	0.004585	0.001876	91	0.119522	0.096499
18	0.000410	0.000169	55	0.005060	0.002155	92	0.130140	0.107714
19	0.000435	0.000181	56	0.005416	0.002305	93	0.141715	0.120129
20	0.000432	0.000178	57	0.005802	0.002475	94	0.154333	0.133841
21	0.000447	0.000187	58	0.006222	0.002668	95	0.168088	0.148972
22	0.000459	0.000196	59	0.006678	0.002887	96	0.183083	0.165642
23	0.000466	0.000203	60	0.007461	0.003323	97	0.199429	0.183967
24	0.000472	0.000209	61	0.008005	0.003600	98	0.217248	0.204056
25	0.000496	0.000240	62	0.008610	0.003918	99	0.236673	0.226029
26	0.000504	0.000249	63	0.009283	0.004280	100	0.257849	0.249978
27	0.000518	0.000260	64	0.010040	0.004697	101	0.280266	0.275991
28	0.000538	0.000275	65	0.011263	0.005599	102	0.303380	0.304114
29	0.000565	0.000293	66	0.012233	0.006148	103	0.327941	0.334395
30	0.000657	0.000313	67	0.013347	0.006786	104	0.353936	0.366803
31	0.000698	0.000335	68	0.014613	0.007520	105	0.381357	0.401270
32	0.000749	0.000358	69	0.016034	0.008360	106	0.423024	0.448839
33	0.000808	0.000383	70	0.018508	0.009714	107	0.468308	0.498729
34	0.000877	0.000409	71	0.020226	0.010801	108	0.512549	0.556522
35	0.000977	0.000442	72	0.022110	0.012043	109	0.558588	0.619461
36	0.001063	0.000474	73	0.024167	0.013452	110	1	1

資料來源：金融監督管理委員會新聞稿（2021／3／25）（※2021／7／1實施）
出處：金融監督管理委員會新聞稿（2021／3／25）（※2021／7／1實施）

表 6-11 是新光人壽／福利多多利變型年金保險（甲型）之保單上的範例，有①舊版（2015 年 11 月 9 日，已停售）及②新版（2020 年 7 月 1 日）之分，①舊版是以 2015 年時（較高）的宣告利率（2.51%）、預定利率（1.51%）計算，導致年金現值因子較低（22.27392496），繳費（20 年）期滿後，若選擇一次給付，總領取金額為 1,554,647 元；若選擇分年給付，金額也較高，為 69,796 元／年（※領到身故或 110 歲為止）。

②新版是以 2020 年時（較低）的宣告利率（1.5%）及預定利率（0.5%）計算，導致年金現值因子較高（25.62096434），繳費（20 年）期滿之後，若選擇一次給付，總領取金額為 1,392,035 元。其分年給付金額為每年 54,331 元，最高可領到 110 歲為止。若以表 6-11②中之利率數值來分析，每年 54,331 元領到 110 歲，似乎不太可能；因為以預定利率 0.5%計算，假設將一次給付的 1,392,035 元視同整存整付（46 年＝110－65＋1）來概算，也只不過是 1,751,011 元（＝1,392,035 ×（1＋0.5%）^{46}），而 54,311 元／年 × 46 年＝2,499,226 元，是 1,751,011 元的 1.427 倍。

表 6-11　年金險之年金給付說明範例

男性45歲開始每年繳60,000元，繳費期20年，保證期間為15年，在年金累積期間假設第1保單年度宣告利率為1.50%，第2保單年度起宣告利率分別假設為1.25%、1.5%及1.75%，則未來年金保單價值準備金及年金金額如下所示：

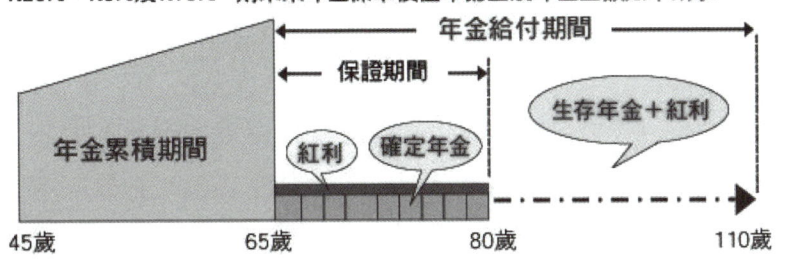

（圖示：年金累積期間 45歲 → 65歲；保證期間 65歲 → 80歲，包含紅利與確定年金；年金給付期間 65歲 → 110歲，生存年金＋紅利）

★①（2015／11／9版本）年金給付試算表

年金給付開始日當月之宣告利率	2.26%	2.51%	2.76%
預定利率	1.26%	1.51%	1.76%
年金保單價值準備金	1,512,633	1,554,647	1,598,020
年金現值因子	23.03390544	22.27392496	21.55404389
年金金額及年金領取方式　一次給付	1,512,633	1,554,647	1,598,020
分年給付	65,669	69,796	74,140

★②（2020／7／1版本）年金給付試算表

年金給付開始日當月之宣告利率	1.25%	1.5%	1.75%
預定利率※	0.25%	0.5%※	0.75%
年金保單價值準備金	1,355,126	1,392,035	1,430,138
年金現值因子	26.57430656	25.62096434	24.72068884
年金金額及年金領取方式　一次給付	1,355,126	1,392,035	1,430,138
分年給付	50,993	54,331	57,851

※1.分期給付之年金金額＝年金累積期屆滿日之年金保單價值準備金÷年金現值因子。
※2.選擇分期給付方式者，若在保證期間內身故，給付至保證期間屆滿為止；保證期間屆滿後，將視被保險人生存與否給付，最高可至被保險人年齡達110歲為止。
※3.實際年金金額及年金現值因子之計算係依年金給付開始日當時之預定利率、年金生命表及調整係數為準。年金給付開始後，不得辦理減少年金保單價值準備金。

資料來源：新光人壽／福利多多利變型年金保險（甲型）／保單DM

基於預定利率 0.5% 不變，唯有將公式 2 的終極年齡（u）110 歲，改以 90 歲計算，才可能達到每年 54,331 元領到 90 歲，壽險公司就是賭你活不到 90 歲，萬一被保人活過 90 歲，則壽險公司要承擔死差損的虧損，只是，想活到 90 歲以上？難喔！依統計資料，2020 年時之 90 歲以上者僅 149,783 人（※占總人口的 0.64%），這些人當中有多少人會買年金保險？有多少人會選擇分年給付年金？再由 20 家壽險公司平分，每家壽險公司可分到幾人？所以，<u>壽險公司賭你活不到 90 歲是穩贏不輸，只是保單 DM 不能明說，只能說活愈久、領愈多，最高可領到 110 歲</u>！

　　「年金保險」若選擇終身分年給付方式，真的是如廣告所說：「活愈久、領愈多」嗎？基於宣告利率、預定利率及死亡率不變的條件下，理論上沒有錯。但是，依前述公式 2，當未來之宣告利率、預定利率或死亡率降低時，（乙型）終身年金可領取的年金金額也愈少。

　　例如，當年金給付開始時，保單價值準備金為 300 萬元，若分 10 年期／20 年期給付，則每年分別可領取 30 萬元／15 萬元，若選擇 65 歲開始領取終身年金，則公式 2 中的 u－x＝30（＝95 歲－65 歲），則每年僅可領取 10 萬元（※為方便計算，不計利息）。※u 值若取終極年齡 110 歲，雖然對保險公司有利，但是，可領取的年金有限，除非保單價值準備金在 500 萬元以上，否則不具吸引力，有些年金保單，明訂若每年領之年金少於 1 萬元時，則改回一次領取而提前終止契約。

　　表 6-11 是以「年金現值因子」及公式 3 計算，圖 6-4 是以

年金金額圖示，以圖 6-4 中的金額來推算，應是指每年 37,567 元可領到 110 歲（※192 萬元≒37,567 元／年 × 51 年＝191.6 萬元），此保單是賭你活不到 110 歲，如果被保險人只活到 90 歲，則壽險公司就可以賺取 20 年（＝110 歲－90 歲）的死差益利潤。

圖 6-4　年金險「活愈久、領愈多」說明圖例

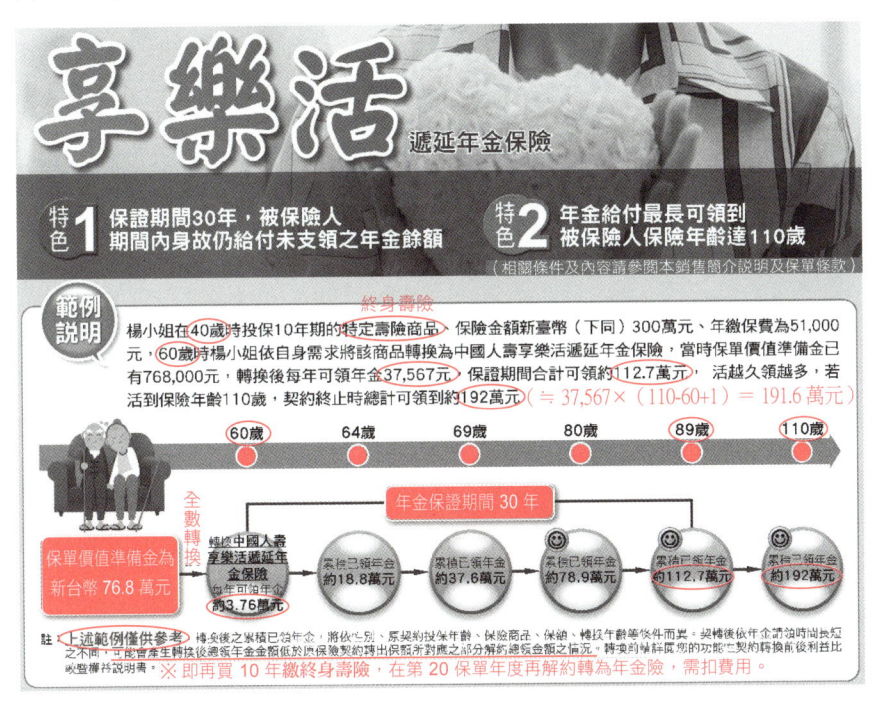

資料來源：中國人壽「享樂活遞延年金保險」DM（2021／01／01 版）

> 註：此份保單是 2014 年首次推出，圖 6-4 中之年金數值應是以當時假設之（貼現）年利率 3.75%計算（※當時定存年利率約 1.4%），目前之定存年利率僅 0.85%，2020 年 7 月以後推出的年金險保單之宣告利率多已降至 1.5%以下，此份新保單 DM（2021／01／01 版）之宣告利率、預定利率並未更新。

絕大多的年金險保單 DM 會加註：選擇分期給付方式者，每年可領取○○○○○元，保證期間 20 年，活愈久、領愈多（※表 6-7a 註 2），或者最高可至被保險人年齡達 110 歲為止（※表 6-11 及圖 6-4 等）；以圖 6-4 為例，是否意味著「每年均可固定領 37,567 元，直到身故或 110 歲為止」？相信大多數的要保人，都是做如此的正面解讀，但是，若問保險業務員，卻問不出白紙黑字的肯定答案。

原因在於表 6-11 最後一項的註：※3 實際年金金額及年金現值因子之計算，係依年金給付開始日當時之預定利率、年金生命表及調整係數為準，或是如圖 6-4 中之註：「上述範例僅供參考」，在買年金險保單時，無法推估到底可領多少年金，要保人只好相信活愈久、領愈多的話術了。※在 2020 年底，90 歲／96 歲以上者分別僅 149,873 人／22,483 人，保險公司就是賭你活不到 90 歲／96 歲來計算「年金現值因子」的。

此外，活愈久、領愈多未必是最佳化，因為終身年金的領取時間長，每年可領取的金額，將低於分 20 年給付的金額，如果再加入年通膨率（CPI）的考量，那麼，終身年金的實質總領金額，也可能低於 20 年給付的實質總領金額。先進國家的年通膨率（CPI）標準是≦2.0%（※2021 年 11 月台灣 CPI 已飆至 2.84%），依 CPI＝2.0%計算，100 萬元之 35 年後的現金價值，僅剩 50 萬元（50%）。

而且，一旦進入年金給付期間，則不能提前解約或提領部份保單價值準備金（保單帳戶價值），年金險的終身分年給付選項，未必是最佳選項，其唯一的優點是，一旦進入年金給付

期,在身故之前,年金不會被(啃老族)子女挪作他用;所以,在選擇終身給付型年金險之前,宜三思!

第 **7** 章

上班族需要哪些保險？

7-1. 買保險前先想想自己已有哪些保障

　　對大多數人而言，人生的第一個保險（※除了孝父／孝母所買的 0 歲保單之外），應該是教育部規定，從幼兒園開始的「學生團體保險」，要保人（※繳保費者）是幼兒園，一直到高中畢業為止，都有「學生團體險」，此項保險是依教育部的保險條例辦理，保險項目主要包含：（1）身故、（2）醫療、（3）失能、（4）生活輔助，及（5）集體中毒保險金五項；唸大學時，學校也會依教育部規定，投保「大專生團體保險」，這些都是每學期／每年一保的團體保險（※不含壽險），可算是高 CP 值的純保障險。

　　學生時代的保險是政府的政策，保額多少並非重點，算是對家長有個交代，但在無形之中，就已灌輸了民眾的保險必要觀，等到年滿 18 歲時，大多數人就會考機車駕照，而買了第一張屬於自己的「機車強制險」。此外，原來依賴父母金援的學生族，在就業之後，就成為家庭的經濟來源之一，因此，上班族多會考慮購買保險，然而，在買保險之前，宜先了解自己已有哪些「基本保障」。

其實，即使沒有購買市售的保險商品，每個人就已擁有不少潛在的基本保障，一般人的基本保障來源有四項，一是政府版保險、二是大眾交通保險、三是旅遊業保險、及四是汽機車強制險。

政府版保險有三種，一是全民健保，二是如表 7-1a 的強制性的職業退休金險，以工作年資 35 年計算，勞工族的退休年金只有聯合國退休金所得替代率標準（70%）的七成，而公務員退休年金的所得替代率已達聯合國標準的 97%（※詳見拙作「拒當下流老人的退休理財計劃」表 4-11）；三是如表 7-1b 所示的社會保險，勞保及軍公教保險中，均有死亡及失能等給付項目，為節省篇幅，僅摘錄人數最多的勞工族保險給付，表 7-2 是勞動部網站的「勞工死亡給付計算器」試算例；以平均投保薪資 35,000 元為例，若不幸身故，可以領取（1）喪葬津貼 175,000 元及（2）遺屬津貼 1,050,000 元。

表 7-1a　年金制度之基本架構（職業退休金）

			法源依據	適用對象	給付項目	實施日期
(二)強制性職業退休金	(1)勞工退休金制度	(A)舊制	勞動基準法	適用勞動基準法之勞工	勞工退休金	1984／8
		(B)新制	勞工退休金條例	適用勞動基準法之本國籍勞工、外國籍配偶		2005／7
	(2)公務人員退休制度		公務人員退休法	依公務人員任用法律任用，並經銓敘部審定資格或登記者，或經法律授權主管機關審定資格之現職人員	退休金、資遣給與撫慰金、離職退費、年資補償金	舊制1943 新制1996／2
	(3)軍人退撫制度		陸海空軍軍官士官服役條例 志願士兵服役條例	1.常備軍官士官、預備軍官士官 2.志願役士兵	退伍金、退休俸、贍養金、其他現金給與	舊制1959 新制1997／1
	(4)教育人員退休制度		學校教職員退休條例	※適用對象 1.公立學校之校長、教師、助教 2.在教育人員任用條例施行前（74.5.3）進用之職員 ※準用對象：公立幼兒園合格園長及教師等	退休金、撫慰金、離職退費、年資補償金	舊制1944 新制1996／2
	(5)私校教職員退撫制度		學校法人及其所屬私立學校教職員退休撫卹離職資遣條例	私立學校之校長、教師、職員及學校法人之職員（另有準用對象）	1.舊制：一次退休金 2.新制：個人退撫儲金專戶本息之總額	舊制1992 新制2010／1

資料來源：行政院年金改革辦公室

表 7-1b　年金制度之基本架構（社會保險）

		法源依據	適用對象	給付項目	實施日期
（一）社會保險	（1）勞保	勞工保險條例	年滿15歲以上、65歲以下之受雇勞工、職業工會勞工、漁會甲類會員、在政府登記有案之職訓機構接受訓練者及實際從事勞動之雇主	生育、傷病、失能、死亡、老年	1950／3
	（2）公保	公教人員保險法	1.法定機關（構）編制內有給專任人員 2.公私立學校編制內有給專任教職員 3.其他經認定人員（如各機關之駐衛警察人員）	失能、死亡、眷屬喪葬、生育、育嬰留職停薪、養老	1958／9
	（3）軍保	軍人保險條例	1.志願役軍官、士官、士兵 2.軍事情報機關所屬人員 3.短期服役之人員	死亡、殘廢、育嬰留職停薪、眷屬喪葬、退伍	1950／6
	（4）國保	國民年金法	年滿25歲未滿65歲在國內設有戶籍，未加軍、公、勞、農保，且未領取相關社會保險老年給付者	身心障礙、遺屬喪葬、生育、老年	2008／10
	（5）農保	農民健康保險條例	年滿15歲以上從事農業工作農民	生育、傷害、就醫、身心障礙、喪葬	1989／7
	（5a）老農津貼	老年農民福利津貼暫行條例	1.年滿65歲，且未領取其他社會保險給付 2.參加農保15年以上 3.103／7／17前已加入農保且持續加保滿6個月，但未滿15年	老年津貼 （1）7,550元／月 （2）3,775元／月	1995／6

資料來源：行政院年金改革辦公室

253

表 7-2 「勞工死亡給付計算器」試算例

勞保、就保給付金額試算	本人死亡給付(一次給付)
▶ 勞工保險 ─	被保險人於死亡人死亡當月起(含當月)前6個月平均月投保薪資：
〉生育給付	35000
〉傷病給付	被保險人是否遺有配偶、子女或父母、祖父母或受其扶養之兄弟、姊妹：
〉失能給付(一次給付)	是
〉失能年金給付	被保險人是否因職業傷害或罹患職業病致死：
〉一次請領老年給付	否
〉老年年金給付	被保險人參加保險年資合計：
〉本人死亡給付(一次給付)	已滿2年
	試算　全部清除
〉遺屬年金給付	試算結果
〉家屬死亡給付	可請領喪葬津貼(元)：　遺屬津貼(元)
〉失蹤津貼	175000　1050000

資料來源：勞動部勞工保險局全球資訊網／勞保、就保給付金額試算

　　表 7-3 是「勞工保險失能給付標準」法規之失能給付，理賠金額當然是依投保月薪而異，以失能等級一級為例，勞保薪資最低一級 24,000 元／月的金額投保，理賠金額為 96 萬元，最高一級投保金額 45,800 元的理賠金額是 183.2 萬元。

表 7-3 「勞工保險失能給付標準」法規之失能給付

失能等級	普通傷病	勞保薪資 24,000元／月（最低）	勞保薪資 45,800元／月（最高）	職業傷病	勞保薪資 24,000元／月（最低）	勞保薪資 45,800元／月（最高）
1	1,200日	96.0 萬元	183.2 萬元	1,800日	144.0 萬元	274.8 萬元
2	1,000日	80.0 萬元	152.7 萬元	1,500日	120.0 萬元	229.0 萬元
3	840日	67.2 萬元	128.2 萬元	1,260日	100.8 萬元	192.4 萬元
4	740日	59.2 萬元	113.0 萬元	1,110日	88.8 萬元	169.5 萬元
5	640日	51.2 萬元	97.7 萬元	960日	76.8 萬元	146.6 萬元
6	540日	43.2 萬元	82.4 萬元	810日	64.8 萬元	123.7 萬元
7	440日	35.2 萬元	67.2 萬元	660日	52.8 萬元	100.8 萬元
8	360日	28.8 萬元	55.0 萬元	540日	43.2 萬元	82.4 萬元
9	280日	22.4 萬元	42.7 萬元	420日	33.6 萬元	64.1 萬元
10	220日	17.6 萬元	33.6 萬元	330日	26.4 萬元	50.4 萬元
11	160日	12.8 萬元	24.4 萬元	240日	19.2 萬元	36.6 萬元
12	100日	8.0 萬元	15.3 萬元	150日	12.0 萬元	22.9 萬元
13	60日	4.8 萬元	9.2 萬元	90日	7.2 萬元	13.7 萬元
14	40日	3.2 萬元	6.1 萬元	60日	4.8 萬元	9.2 萬元
15	30日	2.4 萬元	4.6 萬元	45日	3.6 萬元	6.9 萬元

資料來源：「勞工保險失能給付標準」分 15 級，第 1 級為完全失能，其他詳見法規。

除了政府版保險之外，尚有三種保險是保費由他人支付，而被保人是自己的保障，大眾交通保險、旅遊業保險、及汽機車強制險；火車、飛機、船運、客運等大眾運輸所造成的死亡、失能及傷殘等事故，均有保險理賠，所以，出了重大事故而身亡／失能時，基本上，遺屬可獲得一筆暫度難關的理賠金。

例如，2018 年 10 月 21 日，造成 18 死 190 傷的普悠瑪號事故，依台鐵規定之旅客平安險的死亡理賠金僅每人新臺幣 250

萬元，但是，迄 2019 年 10 月 18 日為止，僅 2 人和解領取 1,570 萬元理賠金（※其他 16 人理賠金尚無後續報導，可能簽有保密條款）。2021 年 4 月 2 日，造成 49 死 200 傷的太魯閣號重大傷亡事件，造成社會大眾的嚴厲批判，2021 年 4 月 28 日自由時報報導：「交通部今天證實，太魯閣罹難者理賠金額將比照普悠瑪事故，每名罹難者理賠 1570 萬元，若再加上衛福部啟動的太魯閣號賑災專戶，每人可拿約 1500 萬元的善款，每位罹難者總計可拿到 3070 萬元，創國內事故總金額紀錄」。衛福部次長李麗芬於 2021 年 4 月 30 日宣佈，每位罹難者扶助金由 1,500 萬元提高至 1,800 萬元，但是，仍然無法達成和解。2022 年 1 月 6 日聯合新聞網報導，交通部長王國材火速與家屬碰面之後，也僅 29 位同意和解，20 位尚未同意。

　　台鐵的重大車禍事故眾所矚目，高額賠償應算是特例，姑且再看 2021 年 3 月 16 日，造成 6 死 39 傷的蘇花公路遊覽車事故，初估的保險項目至少有①強制險每人 200 萬元、②汽車客運乘客責任險每人 200 萬元、③旅行業責任險每人 200 萬元＋醫療險 20 萬元，和④陸上旅客運送責任險 350 萬元，總死亡理賠金額約為每人 970 萬元。

　　另一項全民一視同仁的基本保障是汽機車強制險，此項保障是政府規定的強制險，若因汽機車事故而造成駕駛人／騎士以外的路人、乘客和對方汽機車駕駛人／乘客的傷亡，不論肇事責任歸屬何方，均可申請理賠，最高理賠金 200 萬元＋醫療費 20 萬元的保障，表 7-4 是汽機車強制險的給付項目／金額。※強制險不含我方駕駛傷亡和我方／對方之車體或財物損失。

表 7-4. 汽機車強制險給付內容（※不限人數）

項目		內容	每人最高額度	
死亡給付		每人200萬	200萬	
失能給付		每人依15級理賠最高200萬	200萬	
傷害醫療給付	急救費用	救助搜索費、救護車、隨車醫護人員費用	20萬	220萬
	健保部份負擔	全民健康保險法規定應自行負擔費用		
	病房費差額	每日1500元為限		
	膳食費	每日180元為限		
	義肢裝設	每一肢5萬元為限		
	義齒裝設	每一齒1萬元為限，最高合計5萬元		
	健保不給付之醫療材料	眼鏡、助聽器、輪椅、拐杖及其他非具積極治療性之裝具，最高2萬為限		
	接送費用	往返醫院之合理交通費，最高2萬元為限		
	看護費用	因病情嚴重所需看護，每日1200元為限，最高30日		

資料來源：臺灣產物保險網站-強制險宣導專區

上述四項基本保障，看似對遺屬有所幫助，但是，如果是開車／騎機車自撞電線桿而身亡，所能領到的基本保障大概只有勞保或軍公教保等 100 多萬元的身故理賠金而已。因此，上班族有需要購買如意外險、醫療險等其他商業保險，來彌補基本保障之不足。

買保險，首先要量力而為，上班族的月薪中，約有 5%～7%是用來繳納勞保、健保等費用，若再加上勞退自提 6%（※好處多多，詳見拙作「拒當下流老人的退休理財計劃」第 4-3 節），已預先扣繳約 12%了，所以，買保險的支出，宜以經常性月薪的 5%為上限；以月薪 30,000 元的上班族為例，則每月所繳的保費宜以 1,500 元（＝18,000 元／年）為上限，再來看看每年 18,000 元可買何種保險？

7-2. 買人身保險前，先買妥汽／機車險

「保險」是「人身風險管理」，要不要買保險因人而異，就看個人的危機意識有多高；以車險為例，除了必要的強制險外，（車體損失險）尚有甲式、乙式及丙式之分，而且還有許多的附加保險項目，買車的人多會量力而為，多不會買最貴的甲式險；有些人也可能賭一把，只買強制險，但卻會花20%以上的年薪收入去買人身保險，似乎是有點本末倒置。

強制險是買汽機車時的必要保險，但是，強制險僅保障路人、自己車乘客、和對方的駕駛和乘客，並不保障自己體傷和雙方的車體損失。所以，危機意識高的人，會加購第三人責任險、超額責任險、乘客責任險及駕駛人傷害／醫療險等附加險，然而，宜先看自己的口袋有多深，願意承擔多大的風險，再決定車體損失險型式與附加險種類。

除了機車的保險金額上限可能較少之外，汽車／機車的保險種類大致相同，如表 7-5 所示，常見的保險種類有 12 項，保險對象及保障內容不一樣，投保時務必詳閱保單契約之條款，尤須注意條文中的不保事項。

表 7-5. 汽車／機車保險種類之保障摘要

項次	保險種類	保險對象／保障內容
（1）	強制險	我方車乘客，對方駕駛、乘客及路人之傷害／醫療費用（※表7-4）
（2）	強制險 附加駕駛人傷害險	保額同強制險，防自撞／自摔，有車主／非車主之分
（3）	第三人責任險-傷害	對方駕駛、乘客及路人之傷害／醫療費用
（4）	第三人責任險-財損	對方車之財產損失
（5）	第三人責任險 附加超額責任險	彌補第三人責任險之傷害／財損之不足 ※有甲式（A）／乙式（B），或含／不含我方乘客之分
（6）	第三人責任險 附加駕駛人險	我方車駕駛之傷害／醫療費用 ※有些保單有"被保人（車主）"及"駕駛人"之分，投保前先確定是保障"駕駛人"，而非僅"被保人（車主）"
（7）	乘客險	我方車乘客之傷害／醫療費用
（8）	車體損失險	我方車損，分甲式、乙式、丙式及丁式（限額丙式） ※若借車給4等親以外之友人開，出事故時，保險公司會先理賠，但事後會向友人（代位）求償
（9）	車體損失險附加 「許可使用免追償險」	朋友借車出事故時，不會被保險公司代位求償
（10）	竊盜損失險	我方車之全車失竊 ※不含音響、安全氣囊等失竊
（11）	零件竊盜險	我方車之零件失竊損失，不含車內物品及輪胎（消耗品）
（12）	颱風洪水險	我方車，賠償淹水而成泡水車

資料來源：本書參考市售汽機車保險商品之資料整理

　　買新車時，多會優先考慮「車體損失險」，表 7-6 是車體損失險的保障項目，但是，即使是甲式車體損失險，也有不保事項，例如颱風、豪雨等天災，而成為泡水車的損失，需加保「颱風洪水險」。事實上，「車體損失險」應是汽機車險中，

最不重要的項目，因為最大損失也不過車體價格而已，但是，如果是撞毀千萬超跑或撞傷對方成植物人，則賠償金額可能是上千萬的天價。

表 7-6. 車體險保障內容

保障內容	甲式	乙式	丙式
(1) 與他車碰撞、追撞、擦撞…	○	○	○
(2) 傾覆（自撞電桿、閃避動物…）	○	○	
(3) 火災、雷擊、閃電、爆炸	○	○	
(4) 墜落物或拋擲物	○	○	
(5) 不明原因車損	○		
(6) 第三者非善意行為	○		

※須注意保單契約的條款說明和「不保事項」

大多數人購買新機車時，交由機車行代辦買強制險等過戶手續，然後，就等通知騎新車回家／出遊，偏偏機車首購族又是出險機率最高的族群。目前超跑滿街跑，以「超跑車禍新聞」上網搜尋，可查到 20 則以上之千萬超跑車禍的報導，其中不乏機車撞超跑，修車費百萬起跳的報導，所以，「超額責任險」逐漸被注重（※又被稱為「超跑條款」）。

別以為騎機車出不了高額風險的事故；最近一則機車事故理賠金額高達 4,030 萬元，創下我國司法史上單一車禍／單一原被告的車禍賠償金紀錄。事故內容如下：

> **車禍賠償創天價：機車騎士判賠 4,030 萬元**
>
> 新竹某汽車維修廠騎士甲於 2019 年 7 月騎機車直行，被另一機車騎士乙違規左轉（※未兩段式左轉）撞上，騎士甲被撞成完全失能（植物人），住進護理之家，長期臥床，需插鼻胃管餵食，家屬求償 1 億 9 千多萬元；於 2021 年 12 月，高等法院依騎士甲之薪資（7.3 萬元／月）、看護費、醫療費及精神撫慰金等基準，判決騎士乙須賠償騎士甲 4,029 萬 6,543 元，創下我國司法上，單一車禍的單人理賠新紀錄。

這種 4,030 萬元的天價，是大多數上班族無法承受之重，所以，汽機車保險的重要順序是①強制險、②第三人責任險（傷害＋財損）、③超額責任險、④駕駛人傷害險、⑤乘客責任險（※曾有報導死亡乘客家屬向駕駛人求償之新聞）、⑥車體損失險、⑦（全車）竊盜損失險、⑧颱風洪水險及⑨零件竊盜險等。

通常，買一輛 100 萬元的汽車，乙式車體損失險，加上竊盜損失險、第三人責任險及第三人責任險附加超額責任險等，保費多在 30,000 元以上，如果你可接受汽車保費有去無回保心安的觀念，那麼，為何要求人身保險不理賠要回本？買人身保險也應該和買汽車保險一樣，買保額 200 萬元之保障型（1 年期的意外險／醫療險），每年保費 1 萬元有找，僅為百萬進口新車（乙式）險的 1／4 而已，或者僅為終身壽險每年保費的 1／5 而已。

如表 7-7 所示，是一般重視保障的汽車險保單，要特別注意的有兩項，一是超額責任險附加條款 1,000 萬元，有些是指全年理賠總額 1,000 萬元，有些是指每次理賠上限均是 1,000 萬元；也有些保險只保第三人，或是保第三人＋我方乘客之分；第二項應特別注意的是駕駛人傷害及傷害醫療險，有些保單僅

保車主,而非保經車主同意之駕駛人,如表 7-7 之保單,此項只保障「被保險人名冊中」之三人而已,其他人開此輛車則不在保障範圍內。所以,買汽車險／機車險時,不宜只看保費多寡,務必要確認清楚保障對象及保障內容之差異。

表 7-7.(4 年)舊車之保單內容例

保險種類	保險金額	自負額	保險費
05 車體損失險乙式	1,082,000	無	28,254
11 竊盜損失險	1,082,000	10%	1,960
17 竊盜損失險全損免折舊 同竊盜損失險		無	134
30BI 超額責任附加條款—乙式 每一事故	10,000,000	無	1,425
31 第三人責任險—傷害 每一個人體傷或死亡	2,000,000	無	
每一意外事故之總額	20,000,000	無	1,910
32 第三人責任險—財損 每一意外事故之財損	200,000	無	2,223
50 駕駛人傷害及傷害醫療保險 住院醫療保險金日額	2,000	無	
每一個人死亡或失能	2,000,000	無	621
51A 乘客體傷責任險 每一個人傷害	2,000,000	無	
每一意外事故之總額	8,000,000	無	1,138

駕駛人傷害及傷害醫療保險被保險人名冊:AAA、BBB、CCC
車體險、竊盜險適用約定月折舊附加條款丙式 ※此項保障,僅限此 3 人開車有效

總保險費:37,665
到期日:1111113
===以下空白=== 賠款係數:責任 -0.2 車體 -0.2
道路救援免費20公里,到期日:1111113 強制險證號(Y):3121KCY0021 ※強制險保費另計

資料來源:

　　表 7-8a 是危機意識極高之山友老王的汽車險保單,很少看到一台開了 10 年之國產車投保如此多的險種,此保單的汽車殘值僅剩 124,000 元,若依保大(額)不保小(額)的原則,第 09、10 項應可免,而第 34 項已含在第三責任險之中,此項似嫌多餘,申請手續亦繁瑣,應可刪除;如此,刪除此三項之後,可節省 3,223 元,萬一出了嚴重傷亡事故,車體則報廢換新車免麻煩,對自己及第三人均已盡到保障之責。

262　　第 7 章　上班族需要哪些保險?

表 7-8a　（10 年）舊車之保險單例

年齡性別係數	責任：-0.30　車體：-0.60	其它車損賠款係數：0.00	
保險種類及名稱		保險金額 （新台幣元）	保險費 （新台幣元）
⑨ 車體損失保險丙式 (P)		124,000	3,340
⑩ 車體許可使用免追償附加條款	同車體損失險		60
31 第三人傷害責任險 　　汽車多倍保障	每一個人傷害 每一意外事故之傷害	3,000,000 36,000,000	2,189
32 第三人財損責任險	每一意外事故之財損	500,000	2,146
55 乘客體傷責任附加條款	每一個人傷害 每一意外事故之傷害	1,000,000 4,000,000	780
56 第三人責任附加駕駛人傷害險	住院醫療日額 身故失能	2,000 3,000,000	591
㉞ 慰問保險金附加條款	每一人住院慰問金 每一事故住院慰問金 每一人身故慰問金 每一事故身故慰問金	10,000 20,000 100,000 200,000	202
㉚ 汽車超額責任險保障型	每次事故上限 1,000 萬元 ※ 基本型：事故賠償總額 1,000 萬元	10,000,000	752
39 道路救援費用補償保險保障型	拖吊里程	30公里	31
本保單附加約定折舊率附加條款A型(P)-折舊率15%　※新車價每年折舊15%			10,091
※ 汽車強制險另計：1,099 元			

　　表 7-8b 是老王在保險到期而更正的新保單，刪除表 7-8a 中的第 09、10 及 34 項，並將第 30 項的超額責任險，由原來的 1,000 萬元，提高為 2,000 萬元（※保費提高僅 247 元，保險公司賭你用不到如此高的超額責任險保險金），也節省了保費 3,223 元（10,091－6,868），如此，則完全符合錢花刀口上、救急不救窮、保大不保小的保險準則。

表 7-8b （11 年）舊車之保險單例

保險種類	保險金額	自負額	簽單保費
31 第三人傷害責任險		無	1,835
每一個人傷害	200 萬		
每一意外事故之傷害	2,400 萬		
32 第三人財損責任險		無	2,274
每一意外事故之財損	50 萬		
55 乘客體傷責任附加條款		無	780
每一個人傷害	100 萬		
每一意外事故總額	400 萬		
56 第三人責任附加駕駛人傷害險		無	591
失能或死亡保險金	300 萬		
住院醫療日額	2,000 元		
<u>30 汽車超額責任險保障型</u>	(2,000 萬)	無	(999)
238 道路救援費用附加條款	每一事故 1 萬	無	389
拖吊里程 100 公里	保險期間 5 萬		

※ 汽車強制險另計：1,099 元　　　　　　　　　　　　　(6,868)

第 7 章　上班族需要哪些保險？

7-3. 保險唬弄準則：10%年薪買保險，10倍年薪當壽險保額

　　記得50年前當兵時，是一個口令、一個動作、使命必達的年代，長官交代的事，不管會不會，都得想辦法完成，當年連長的一句話：「男人除了生孩子外，什麼都要會」，影響我的往後人生，對於不懂的東西，在真正有需要時，我必然會搞到懂為止，例如，我在8年前開始研究存股理財，便是如此；「邏輯思考→比較分析→檢討改善」是我研究事物時的三步曲，在寫本書之前，對於保險完全沒有（正確的）概念，直到看到小孫女的0歲保單時，直覺上，認為幼兒並非家庭經濟支柱，似乎沒有迫切性，才開始花半年時間認真研究「保險」，希望能徹底搞懂與自家人相關的保險。

　　某天夜晚11點看電視時，偶然轉到華視教育體育文化電視台，正好看到「保險學」的教學節目，才知道「保險雙十準則：10%年薪買保險，10倍年薪當壽險保額」，是保險教科書的教戰守則第一條，所以，每位保險經紀人／業務員，對「保險雙十準則」均琅琅上口、倒背如流。

　　「保險雙十準則」基本上沒有錯，有2個意涵，一是賭一賠百（※10%→10倍）的轉嫁風險觀念，二是出險時保障10年（※保額可用10年），但是，這是出自保險業者的業務觀，並非人人出得起的賭本，10倍的壽險保額也未必人人有需要；年收入百萬的頂客族並不需要千萬元的壽險保障，而有雙胞胎

的單一收入（年收入百萬）家庭，要付每年 10 萬元的保費可能有困難。

「10%年薪買保險，10 倍年薪當壽險保額」，並不符合常識邏輯，因為年薪 30 萬元的低薪族，如果每年花 3 萬元來買壽險，可能排擠其他預算，而每年 3 萬元的保費，也買不到保險金額 300 萬元的（20 年期）壽險（※表 6-2b 例）；反之，如果是年薪 300 萬元的高薪族，每年花 30 萬元買保險似乎太多，而且有需要買到 3,000 萬元的壽險嗎？一般上班族開口要買 3,000 萬元壽險，可能會嚇到業務員。

以表 6-2b 的 20 年繳／20 年定期壽險，基本保額 100 萬元為例，年繳保費 92,595 元，以「10%年薪繳保費」倒算回來是年薪 925,950 元（≒月薪 71,223 元 × 13 個月），再以「10 倍年薪當壽險保額」倒推，保險金額應是 9,259,500 元，以此推算，每年保費至少 45 萬元，也就是「10%年薪無法買到 10 倍年薪的壽險保額（※1 年期壽險除外）」。

通常，窮人買不起保險；富人不需要買保險（※但多會被洗腦為規避遺產稅而買終身壽險／年金險），只有孜孜矻矻的上班族，篤信「保險雙十準則」，才會拼命地（為家人）買保險，是保險業務員的最大宗的客戶群。上班族買保險大致分為三種類型，（1）為幼兒／子女買保險、（2）為自己買保險、（3）為父母買保險，問了 2 位熟識的保險業務員，都說幼兒／子女保單占業務量的六成以上（※天下父母心）。

有一次，向熟識的保險經紀人請教保險問題時，我問：

「10%年薪買保險，10倍年薪當保額，會不會買太多保險」？話還沒說完，就被他糾正：「是10倍年薪當壽險保額」。接著又問他：「郭台銘要不要買保險」？他笑著回答：「應該不需要，不過，也可以買壽險來節稅…」；跟他的談話中，可推論出：「當可支配資產（※現金＋股票＋基金等非不動產）多於10倍年薪時，就不需要再買保險了」，與其花10%以上的年薪買保險，不如將保費用來投資，買殖利率5%以上的金融商品，來加速累積可支配資產。

所以，對要保人而言，保險公司的「保險雙十準則」，至少應修正為要保人的「保險伍十準則：≦5%年薪買500萬元保險，存款≧10倍年薪可不保」，則較適用於低薪／高薪的上班族；有「10倍年薪的存款＋健保＋勞保（軍公教保險）給付」，萬一不幸身故／完全失能，就可以保障遺屬未來10年的生活。通常，做妥理財規劃的人，年開銷多≦85%年收入，那麼，多出來的20%年薪，可用於儲存緊急備用金或投資用。

打開「人壽保險發展史」，最早的壽險是「死亡險」，類似民間的互助會，加入互助會的會員，每年需繳會費（※例如100元），當會員死亡時，遺屬可領到一筆喪葬費（※例如（100倍）10,000元），對於生活普遍困苦的古代（羅馬人）而言，就是救急不救窮的互助觀念，爾後才逐漸發展成以營利公司方式的人壽保險（※死亡險），再衍生出另外2種壽險，生存險（※儲蓄險）及生死合險，以及多種不同型態的保險種類而壯大了保險業的規模。

圖7-1是「身故、失能」保障相關的保險種類關係圖，可

發現其中有重疊保險的現象，買了一個①壽險後（※不論何種原因而身故或失能，均屬於①壽險的保障範圍），卻又加上②醫療險和③意外險的附加險；在②醫療險之下，又買了交叉重疊的④重大傷病險、⑤癌症險及⑥重大疾病險的附加險；買③意外險時，也忘了已有⑦⑧汽機車強制險的潛在保障，或者又附加了大眾運輸險＋燒傷病險等保險，無形中加重了保費的負擔，而影響了生活品質，並減緩資產累積的速度。

圖7-1　身故／失能之保險關係架構圖

※④、⑥項均含不同程度之癌症險

④重大傷病險
⑤癌症險
⑥重大疾病險
②醫療險
①壽險
⑦機車強制險
⑧汽車強制險
③意外險
⑨傷害險

身故・失能

資料來源：本書參考市售保險商品之資料整理

　　以一般上班族的薪資收入而言，保險永遠買不夠，不會因為高速公路開車的風險高，而買一台總統座車來開，④重大傷病險、⑤癌症險及⑥重大疾病險雖然有可能發生，但在經費有限的情況下，宜只選擇高額風險的⑥重大疾病險。至於發生機率最高的政府版⑦⑧汽機車強制險，又與③意外險重疊，因為

②醫療險和③意外險均歸在①壽險之內，如果收入有限，可只買「不含任何附加險的一年期壽險」，則不管是意外或疾病造成的身故／完全失能，一年期壽險均有理賠，以目前的行情，30歲以前投保300萬元的1年期壽險，年保費不超過3,500元（※女生則≦2,000元）。

在保險業務員的強力洗腦行銷攻勢下，很多人會加買「住院醫療險」，如表7-9所示，是大多數保險公司均有的（大同小異）住院醫療險範例，這種範例多是讓你有賺到的感覺，姑且不論升等雙人病房費（5,000元）及醫生指示用藥（18,000元），是否有必要，總計45,600元，扣掉健保給付之22,600元，實際自付額為23,000元，與數十萬以上的醫療費用相較，這種僅賭一賠十的小額保險，宜由可支配資產支出。

大多數人在醫療理賠手續尚未開始申辦之前，都已自費付清出院結帳單，表示這些醫療住院費是小錢，應在可承擔範圍之內，「日額1,000元」的保費雖然不高（2,412元／年），但若是「日額3,000元」，則保費（2,412元／年 × 3），可能超過「5%年薪買保險」的預算，宜量力為之。

表 7-9　一年期住院醫療險例（主約）

```
理賠案例
                                    （≒年繳 2,412 元）
24 歲的小美投保 iHealth 基本方案，月繳保費 201 元。
保障內容
    住院經常費用限額                    1,000 元/日
    住院醫療費用限額                    7 萬元/次
    門診手術費用限額                    1.5 萬元/次
若小美因運動受傷，手部骨折住院 5 天並作手術治療，支付雙
人病房費 5,000 元、超過全民健保給付之住院醫療費用 22,600
元、醫生指示用藥 18,000 元，共 45,600 元。
本次理賠每日住院經常費用保險金 5,000 元(1,000 元/日 x 5
日)、每次住院醫療費用保險金 40,600 元，合計理賠 45,600
元，故小美本次扣除理賠金額後之花費為 0 元。
備註：上述案例僅供參考，理賠給付項目請參照保單
      條款，國泰人壽將依實際情形進行理賠作業。
```

資料來源：國泰人壽網路投保／iHealth 一年期住院醫療險

「保險雙十原則」除了希望你 10% 年薪買保險之外，更得寸進丈，希望你以 10 倍年薪當壽險保額，再加上意外險、醫療險等附約，壽險公司最喜歡拿來做文章的健康保險，就是癌症險；業務員都會以國健署的「癌症時鐘」（※每 4 分 31 秒 1 人罹癌，2018 年新發癌症人數為 11.6 萬人）來推銷癌症險，其實，新發癌症多為不會死的 0 期或 1 期，健保給付多可以解決大部份的醫療費，並沒有那麼可怕。

2020 年癌症死亡人數為 50,161 人，僅占總死亡人數（173,067 人）的 29%，而且死亡者多是 55 歲以上長者，占癌

症總死亡人數者的 86%，如圖 7-2 所示，2020 年 44 歲以前之癌症死亡者僅 1,994 人，僅占 44 歲以下人口（1,274.1 萬人）的萬分之 1.57（0.0157%），是統一發票之中獎機率千分之 5.3（0.53%）的 2.96%。

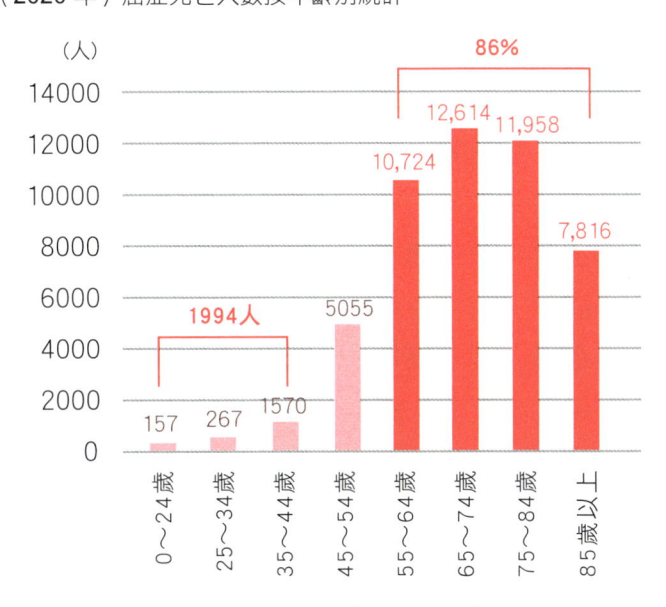

圖 7-2　（2020 年）癌症死亡人數按年齡別統計

年齡	人數
0～24 歲	157
25～34 歲	267
35～44 歲	1570
45～54 歲	5055
55～64 歲	10,724
65～74 歲	12,614
75～84 歲	11,958
85 歲以上	7,816

0～44 歲合計：1994 人；55 歲以上合計占 86%

資料來源：衛福部新聞稿「109 年國人死因統計結果」（2021／6／18）

　　依國健署的統計資料，2017 及 2018 年癌症新發年齡中位數為 63 歲，部份早發癌症的新發年齡在 50～55 歲之間；此外，癌症的醫療技術不斷的進步，癌症之標準化死亡率（每 10 萬人）由 2011 年的 132.2 人（0.132%），10 年來逐年降低至 2020 年的 117.3 人（※0.117%）。所以，至少在 45 歲以前可暫緩買癌症險。

　　癌症會死人，確實是如此，親友之中，有 4 人因胰臟癌、

肝癌、肺癌（2人）而在1年內死亡，但有8位55歲以上的親友，分別得到早期大腸癌（3人）、甲狀腺癌（2人）及攝護腺癌（3人），過了10年以上仍然健在，癌症並未復發。

「事實上，比罹癌更高的風險，應該是交通事故風險」，保險業務員接著推銷意外險；依行政院主計總處（109年3月17日）的「國情統計通報」，如圖7-3所示，2019年交通事故的傷亡人數為457,382人，是癌症死亡人數的9.1倍，其中，機車占269,997人（59.0%）；電視新聞每天均有車禍傷亡事故之報導，顯然，騎機車是高風險行為，萬一因意外事故而身故／完全失能，將會是家人難以承受之負擔，所以，意外險非保不可，重大傷病險、重大疾病險、失能險、長照險也不能少，越聽越恐怖。最後，終身壽險加上七、八種附加險，40%的年薪就全用來買保險了，工作數年之後，依舊是零存款的月光族。

圖7-3　2019年道路交通事故傷亡人數（占比）

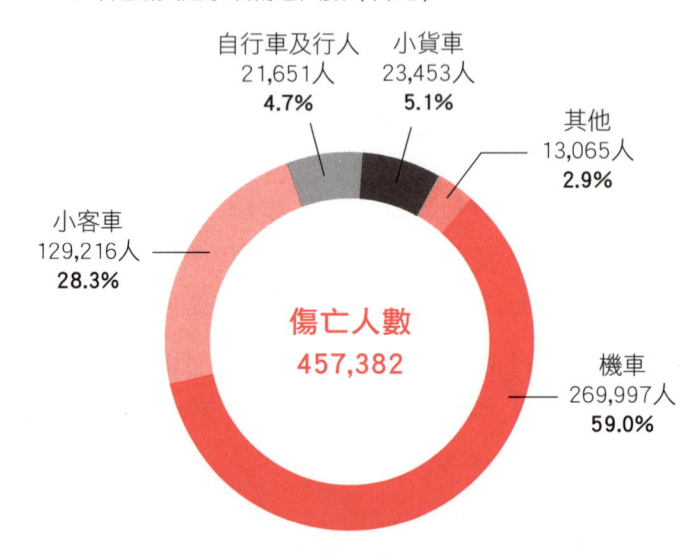

自行車及行人　21,651人　4.7%
小貨車　23,453人　5.1%
其他　13,065人　2.9%
小客車　129,216人　28.3%
機車　269,997人　59.0%

傷亡人數
457,382

資料來源：行政院主計總處「國情統計通報」（2020／3／17）

7-4. 小資族保險準則：≦5%年薪買≧500萬元保障險

　　2021年12月23日行政院主計總處公佈「109年工業及服務業受僱員工薪資統計資料」，如圖7-4所示，2020年全年總薪資（※含經常性與各種獎金等非經常性薪資）的平均年薪為65.0萬元（≒5.4萬元／月），中位數為50.1萬元（≒4.2萬元／月），亦即50%勞工的年薪低於50.1萬元。※本統計不含農業、政府機關、小學以上各級學校、宗教、職業團體及類似組織等行業。

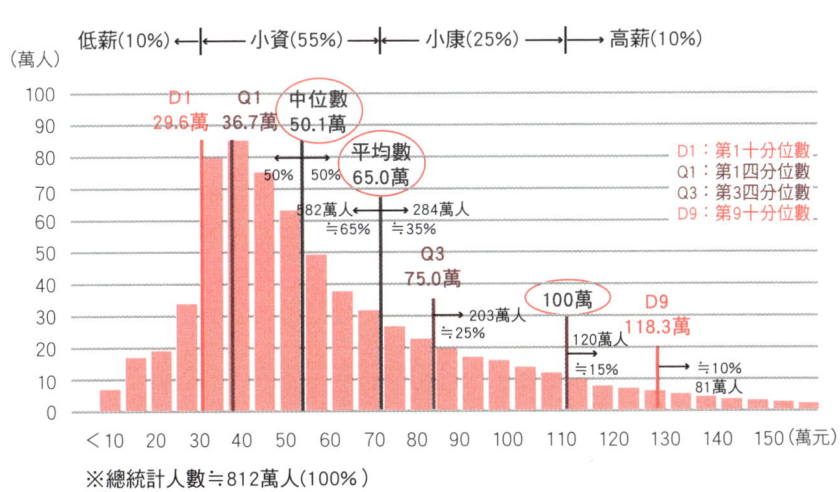

圖7-4　109年工業及服務業受僱員工總年薪分佈

資料來源：行政院主計總處新聞稿（2021／12／23下午4時發佈）

　　圖7-4中，低薪族（10%）的年薪≦29.6萬元（≒2.47萬元／月），小資族（55%）的年薪≦65萬元（平均數），小康族

（25%）的年薪≦118.3萬元，年薪逾118.3萬元（≒9.86萬元／月）的高薪族僅約81萬人，占總統計人數812萬人的10%，雖然媒體偶爾會報導高科技產業的年薪高達2、3百萬元貴族的新聞，但畢竟是極少數（※勞保總數為1,055.5萬人，公教保總數59.4萬人。），年薪百萬依舊是許多上班族的目標，所以，本書將年薪介於29.6萬元與65萬元（※平均數）之間的上班族定位為「小資族」；顯然這四種薪資的族群，不能一視同仁，全採用7-3節的「保險唬弄準則」。

「保障險」，是指「死亡壽險＋住院醫療險」的保險套餐，是以小搏大的「保障型保險」，人生除了正常的「生、老、病、死」之外，就怕不正常的「走太早／重殘／失能」，所謂不正常，就是出乎意料之外的突發傷病；因此，意外險是人生首要的保險商品，意外險是高保障、低保費，轉移大風險的負擔，確保萬一遇上機率極低的大風險時，能得到保障，所謂的大風險是①身故／重殘／失能、②家人失去經濟來源，和③自己失能後的長期財務需求，如果自己的存款不足以應付大風險的資金需求，就宜考慮買適量／適當的保險商品，來補足政府版保險及汽機車險以外的資金缺口。

上網瀏覽保險商品時，偶然看到一張符合保險三訣：「錢花刀口上、保大不保小、救急不救窮」的保單；富邦人壽公司的「金彩人生／重大疾病1年期保險」（※不含住院醫療險），如表7-10a／b所示，是獨立的保單而非一般的壽險附約，提供①身故／完全失能、②重大疾病及③特定傷病的保障，「計劃三」保額200萬元的保費，以25～34歲的被保人而言，每年保費為9,636元。

表 7-10a 純保障之重大疾病 1 年定期保險例

給付項目 \ 計畫別	計畫一	計畫二	計畫三
身故保險金或喪葬費用保險金	50萬元	100萬元	200萬元
完全失能保險金 ①	50萬元	100萬元	200萬元
重大疾病保險金 ②	50萬元	100萬元	200萬元
特定傷病保險金 ③	50萬元	100萬元	200萬元

單位：新臺幣/元

表 7-10b 保費費率表（新台幣元）

年齡	計劃一	計劃二	計劃三
0歲~5歲	801	—	—
6歲~14歲	557	—	—
15歲~24歲	1,171	2,341	4,682
25歲~34歲	2,409	4,818	9,636
35歲~39歲	4,066	8,133	16,266
40歲~44歲	6,625	13,249	26,496
45歲~49歲	10,030	20,059	40,118
50歲~54歲	14,119	28,240	56,481
55歲~59歲	19,931	39,862	79,724
60歲~64歲	28,023	56,046	112,093
65歲~70歲	43,139	86,276	172,552

單位：新臺幣/元

註：詳見保險商品 DM／契約書
資料來源：富邦人壽／金彩人生重大疾病 1 年定期保險（MGD3）

若以「計劃二」× 1＋「計劃三」× 2 概估，保險金額 500 萬元時，每年保費為 24,090 元，符合年薪 50 萬元（≒41,677 元／月）小資族的需求，花 5%年薪（25,000 元）就可以買到

275

500萬元（※10倍年薪）及重大傷病險等保障，這是一張（賭1賠200）的「保大不保小」保單；不過，要注意的是，此保單訂名為「重大疾病1年定期保險」，意外及一般疾病所造成的①身故／完全失能是否含在理賠範圍之內，以及②重大疾病與③特定傷病是包含哪些，在簽約前務必要確認清楚。

　　回顧圖1-3「保單類別調查統計」，國人多偏愛「住院醫療險」，因此，表7-10a／b的「保大不保小」保單，未必受到要保人的青睞，而且，有些月光族確實可能需要「住院醫療險」來彌補存款不足的急用金；表7-11是可能較受歡迎的（20年期）壽險主約＋健康醫療險附約＋意外險附約的保單，只是有些小資族無法以5%年薪買到「計畫3」（※30歲之保費26,965元／年），只能退而求其次，買「計畫2」或「計畫1」的保單。※如果是意外身故／完全失能，「計畫2」理賠金為400萬元（壽險300萬元＋意外險100萬元）。

表 7-11 「20 年期壽險＋健康醫療及意外險」附約例

家庭保障計畫123

30歲男性，職業別第一類，投保主約：「國泰人壽新GO心保障100定期壽險」20年期，附約：「國泰人壽真永健住院日額健康保險附約」及「國泰人壽好全方位傷害保險附約」例：

商品		保障項目	計畫1	計畫2	計畫3
壽險	國泰人壽新GO心保障100定期壽險 主約	保險金額	100萬元	300萬元	500萬元
		身故或喪葬費用/完全失能保險金	100萬元	300萬元	500萬元
		意外事故失能保險金	5萬~100萬元	15萬~300萬元	25萬~500萬元
健康醫療	國泰人壽真永健住院日額健康保險附約 註1	保險金額	1,000元	2,000元	3,000元
		住院日額醫療保險金	1~30日:1,000元/日 31日~:2,000元/日	1~30日:2,000元/日 31日~:4,000元/日	1~30日:3,000元/日 31日~:6,000元/日
		出院療養保險金	500元/日	1,000元/日	1,500元/日
		加護病房及燒燙傷病房保險金	2,000元/日	4,000元/日	6,000元/日
		重大疾病住院醫療保險金 註3	500元/日	1,000元/日	1,500元/日
意外險	國泰人壽好全方位傷害保險附約 註2	傷害死亡及失能保險金額	100萬元	100萬元	200萬元
		傷害日額保險金額	1,000元	2,000元	2,000元
		傷害醫療限額保險金額	3萬元	5萬元	5萬元
年繳保險費			7,775元	17,325元	26,965元

資料來源：國泰人壽／新 GO 心保障 100 定期壽險

　　由於大多數的壽險公司，將醫療險及意外險列為壽險的附約，來提高保單的保費，若自己已有其他的壽險保障，而想加保醫療險、意外險，除了可買產險公司的醫療險、意外險之外，還可投保超低壽險保額的保單來降低總保費；表 7-12 是一種以（癌症險＋住院醫療險）附約為主的保單，雖然主約名為「終身壽險」，但是，壽險保險金額僅 1 萬元（※身故／完全失能或年滿 99 歲，僅領 1 萬元），每年壽險的保費僅 353 元，因而降低了總繳保費的金額，是以四種附約為重點訴求的保單。

表 7-12　保額 1 萬元的終身壽險保單例

一、*****101終身壽險		
保單號碼：7916911		
保險期間：自民國91年11月5日起～終身		
繳費年期：20年	保費應繳日期：每年11月5日	
滿期受益人：*****	身故受益人：*****	
保險項目	保險金額	保險費（元）
主約：*****101 終身壽險	1萬元 身故／失能理賠金	353
附約①安護防癌終身附約 住院2,000元／日 一單位 身故30萬元		3,752
②平安保險附約（意外險／保至70歲）（見要保書）意外身故100萬元		2,093
③新保險費豁免附約（保障至75歲）主被保人保費		1,192
④新溫心住院日額醫療保險附約（保障至75歲）（見要保書）日額1,000元		6,340
每次應繳保費	年繳	13,730元
	保費合計：	13,730元

資料來源：友人之保單資料

此外，如第二章的表 2-5，是以「意外險＋意外醫療險」為訴求的保單，①意外險保額 500 萬元＋②（意外）傷害住院（日額 1,000 元／日）的保費為 5,928 元（※15～54 歲均一價），不過，一般疾病之身故／完全失能沒有理賠，所以，較適合 50 歲以下的健康上班族。基本上，如表 2-5、表 7-10a／b～表 7-12 等保障型保單，只要符合「≦5%年薪買≧500 萬元保障」的「小資族保險準則」，均可依個人需求列為保險商品選項。

「保險」並非有保就有賠，意外險（傷害險）及醫療險（健康險）是保險理賠糾紛最多的險種，原因是要保人與保險公司的認知不一樣，以「保險理賠糾紛案例」上網搜尋，就可看到上百則的保險不理賠案例，在保險商品的廣告／DM 中，給付項目琳瑯滿目、相當誘人，但是，在不幸需要理賠時，才

發現在「保單合約／條款」中，暗藏許多不保事項或除外責任，例如收據副本不理賠、自願用藥不理賠、等待期／評估期病發不理賠、門診手術不理賠等要保人容易疏忽的條款。

　　買保險前務必詳閱保單契約書的條款，是否含有想要的保障項目，以免不幸出事故時，才發現保險一場空，有些合約條款，有難以解釋清楚的模糊地帶；例如，有些看似意外死亡，卻拿不到意外險理賠金；2021年3月有一案件，某大學工友在打掃校園時，不幸猝死，向○○人壽申請終身壽險（50萬元）＋意外傷害險附約（200萬元），○○人壽僅賠壽險保險金50萬元，不賠意外險保險金200萬元，地檢署依驗屍證明書記載「心因性休克，死亡方式為自然死亡」，不符合外來性、突發性及不可預知性的意外原則，而判定要保人無法獲得意外身故保險金；此外，騎機車自撞身亡時，家屬多認為是意外死亡，然而，到底是頭部受創死亡或是心肌梗塞先亡，亦有待法官的最後判決才算數。

★年薪30萬元可「以≦5%年薪買到≧500萬元保障險」嗎？

　　答案是：「可以」；表7-13是台銀人壽的1年期壽險（※給付項目僅身故或完全失能兩項）的年繳費率表，以25歲男性為例，保額100萬元的每年保費僅1,500元（150元×10），則保額500萬元的保費為7,500元／年；表7-14是華南產物保險公司的「住院醫療險」（※無身故／完全失能給付），有五項基本的住院保障：（1）住院日額保險金、（2）加護病房保險金、（3）燒燙傷病房保險金、（4）住院看護保險金及（5）住院手術保險金。同樣以25歲為例，投保「日額2000」方案，每年的保費為2,832元（1,416元×2）。

表 7-13　台銀人壽／新一年定期壽險／年繳保費表

單位：新臺幣元／十萬元保額

年齡	總保費 男性	總保費 女性	年齡	總保費 男性	總保費 女性
20	146	56	40	280	148
21	147	56	41	305	158
22	148	57	42	333	172
23	148	57	43	361	186
24	148	58	44	392	201
25	150	59	45	443	228
26	150	60	46	478	246
27	151	60	47	516	263
28	151	63	48	554	285
29	152	65	49	595	305
30	152	68	50	634	322
31	154	77	51	682	338
32	155	83	52	731	359
33	157	88	53	783	383
34	160	92	54	844	408
35	179	102	55	954	474
36	195	109	56	1,039	508
37	212	119	57	1,121	545
38	232	127	58	1,204	584
39	253	134	59	1,277	629

資料來源：台銀人壽／新一年定期壽險／保單DM

表 7-14　華南產物／住院醫療保險

保障範圍：因「意外傷害」或「保單生效日起 30 日後發生之疾病」住院治療。

給付項目	投保金額 給付天數	日額 1,000	日額 2,000	日額 2,500	日額 3,000
1.住院日額保險金	第 1~30 日	1,000/日	2,000/日	2,500/日	3,000/日
	第 31~365 日	2,000/日	4,000/日	5,000/日	6,000/日
2.加護病房保險金	最高 90 天	2,000/日	4,000/日	5,000/日	6,000/日
3.燒燙傷病房保險金	最高 90 天	2,000/日	4,000/日	5,000/日	6,000/日
4.住院看護保險金	最高 90 天	500/日	1,000/日	1,250/日	1,500/日
5.住院手術保險金	每次住院限 1 次	1,000/次	2,000/次	2,500/次	3,000/次

保險費費率表　單位：每千元保額之年繳保費(新臺幣/元)

性別	年齡	20-24 歲	25-29 歲	30-34 歲	35-39 歲	40-44 歲	45-49 歲	50-54 歲	55-59 歲
男	首年	1,547	1,416	1,905	2,784	3,571	3,791	4,111	4,757
	續年	1,687	1,544	2,076	3,034	3,894	4,135	4,484	5,189
女	首年	953	1,117	1,431	1,850	2,316	2,506	2,702	3,115
	續年	1,039	1,220	1,561	2,017	2,525	2,732	2,946	3,396

資料來源：華南產物／住院醫療保險（日額甲型）

所以，「1 年期（500 萬元壽險＋日額 2,000 住院醫療險）」的保費僅 10,332 元／年，僅為年薪 5%（1,5000 元）的 69%，5%年薪可投保「1 年期（700 萬元壽險＋日額 3,000 元住院醫療險）」（※保費 14,748 元／年），不過，低薪族並不宜投保如此高的保障險，「500 萬元壽險＋日額 2,000 元住院醫療險」的保障，已比網路上大多數的「保險套餐」更經濟實惠，多出來的 30%多餘保費（4,668 元），可轉為投資 5%殖利率的「不倒金融股」（※第八章），來加速累積可支配資產，等到可支配資產多於 N 年後的 10 倍年薪時，即可不需再買保險（或減少買保險），繼續投資不倒金融股，存足退休樂活的基金。

表 7-15 是依表 7-13 及表 7-14 的保費，所訂的原則建議，年薪 ≦ 30 萬元的（≦ 30 歲）低薪族，每年只花 9,724 元（3.24%年薪），即可買到 1 年期 500 萬元壽險＋日額 1,500 元住院醫療險的保障，即便是年薪 200 萬元以上的 38 歲單身貴族，亦適用表 7-15。

表 7-15 「≦5%年薪買≧500 萬元保障險」原則

年薪 （元）	合理保費 （元／年）	保險內容 1 年期（壽險＋住院醫療險）
≦30 萬	≦1.5 萬（5%）	≧500 萬元壽險＋日額 1,500 元住院醫療險
≦50 萬	≦2.5 萬（5%）	≧500 萬元壽險＋日額 2,000 元住院醫療險
≦75 萬	3 萬（4%）	≧600 萬元壽險＋日額 2,500 元住院醫療險
≦100 萬	3.5 萬（3.5%）	≧800 萬元壽險＋日額 3,000 元住院醫療險
≦150 萬	4.5 萬（3%）	≧1,200 萬元壽險＋日額 4,000 元住院醫療險
≦200 萬	≦5 萬（2.5%）	≧1,600 萬元壽險＋日額 5,000 元住院醫療險
≦250 萬	≦6.25 萬（2.5%）	≧2,500 萬元壽險（10 倍年薪）
＞251 萬	0 元	免保險（註）

註：年薪 251 萬元以上，或可支配資產已 ≧ 10 倍年薪時，可不再買保險，保費可轉為購買 5% 殖利率之穩健金融商品用。

資料來源：本書參考市售保險商品資料之建議

保險金額宜至少每 3 年調整一次，配合薪資收入及家庭開銷／子女教育費用的需求，來調高保險金額，等子女就業之後，再調降保險金額，依此邏輯來看，表 7-15 之「≦5%年薪買 ≧ 500 萬元保障險」原則，是能符合適時調整原則的保障險。

壽險公司的業務員知道你想買較便宜的產險公司醫療險／意外險時，必然會提醒你產險公司的保單不提供保證續保，所

以保費較便宜；這是事實，然而，壽險公司的保險商品，並非真正的完全無條件的保證續保，而產險公司的「不保證續保」也未必是必定不可再續保，只是保單須每年重審，經產險公司同意，並續繳保費之後，保單才繼續有效，事實上，只要不出重大高額理賠，只是形式手續而已。可依常識邏輯想一想，出了高額理賠事故之後，再發生一次的機率有多高？真的需要保證續保的保證嗎？※一棵樹被雷打中二次的機率有多高？

壽險公司的保證續保條款：「本契約續保時，按續保生效當時已陳報主管機關之費率及被保險人續保當時之保險年齡重新計算保險費，但不得針對個別被保險人身體狀況調整之」，所以，壽險公司的保單續保時，仍然會依更新之費率計算保費，曾有某保證續保的醫療險保單，壽險公司依實際經驗損失率，針對某年齡層客戶調漲1倍以上的保費，而引起注意。

表7-13＋表7-14的保障險套餐並非特例，有些壽險公司也有提供類似的保障險套餐，只是買保險真的是要貨比三家以上，例如，某壽險公司之保障內容完全相同的1年期壽險（身故／完全失能），比表7-13的費率貴20%以上。「錢難賺，保險別亂買；大風險，保障不能少」，保險怎麼買才划算？一旦進入職場，身為家庭經濟的（部份）支柱，不得不規劃適當／適量的保險來分散重大開銷的風險，「保險」是轉嫁風險的方式之一，但絕非唯一選項。

要保人買保險時，多不希望因事故而獲得理賠金，依「小資族保險準則」，把每年保費控制在≦5%年薪之內，當成每年的必要支出，保個心安，至少比去廟裡點光明燈、添香油錢更

具有實質的效益，這筆保費對大多數人而言，就如同公益捐款，留給不幸出事故的其他人用吧。

　　買儲蓄險的人多希望在期滿，或在 15～20 年後仍然還健在，有一筆款項可運用，通常並未事先設想身故或失能而領取理賠金，以目前市售的簡易型壽險保單（※無附加醫療等保險），約在 15～20 年之後，可能有比目前銀行定存（0.85%）稍高的利息收入，所以，除非是不會自我約束來儲蓄的人，或者除了銀行定存外，沒有其他理財方式的人，否則不宜買太多的儲蓄壽險。

　　上班族的每月實拿薪水，宜概分為（1）（含貸款）日常生活支出（≦65%）、（2）保險（≦5%）、（3）儲蓄存款（≧15%）及（4）投資（≧15%）四部份，宜錢花刀口上、保大不保小，依「小資族保險準則」，買自己真正所需的「保障險」。<u>保險歸保險、儲蓄歸儲蓄、投資歸投資，不要混為一談。</u>

　　切記，買保險商品之前，務必記得，您已有政府版的健保、勞保／軍公教保及汽機車強制險等基本保障，還有大眾運輸、旅遊團等必有的保險，市售的保險商品僅供補足政府版保險不足之用，不要誤信保險業務員的花言巧語，而買了多而不當的保險。

　　保險很重要，但在買保險之外，務必要保留儲蓄與投資用的資金，需要保險、儲蓄及投資三方面進行；以①「≦5%年薪買≧500萬元保障險」優先，②儲蓄存款次之，等存款多於年

284　第 7 章　上班族需要哪些保險？

薪之後，再考慮③投資，一旦可支配資產多於 10 倍年薪時，就可考慮不再買保險，將多餘的資產轉為投資「不倒金融股」※第八章），加速累積退休樂活資金。

7-5. 保險金≦3,300萬元可免稅？！

　　保險業務員在向小康族／高薪族（※圖 7-4）推銷壽險保單時，會告訴你：「保險金≦3,330 萬元可免稅！」，免什麼稅？如果沒有深入去了解，一旦要保人／被保人（※被繼承人）身故時，很可能會因為漏報而被罰款；其實，保險給付除了涉及遺產稅之外，還可能有所得稅和贈與稅等問題。

★財政部公告：台財稅字第 11004670201 號／（110／11／24 發文）（※2022 年起適用）：依「遺產及贈與稅法」第12 條之1 第2 項，
（一）遺產稅免稅額：1,333 萬元（※公告前為 1,200 萬元）
　　（1）遺產淨額5,000 萬元以下者，課徵 10%⋯
（二）贈與稅免稅額：每年 244 萬元（※公告前為 220 萬元）
　　（1）贈與淨額2,500 萬元以下者，課徵 10%⋯

　　依「所得基本稅額條例實行細則」第 12 條第 1 項第 2 款，受益人受領之保險給付時，若為①95 年 1 月 1 日之後所訂定的人壽險／年金險契約，且②受益人與要保人非屬同一人，則死亡給付保險金，每一申報戶全年合計數≦3330 萬元部分，免予計入「基本所得額」。

　　受益人受領的死亡保險金，若被國稅局認定為遺產，則依法繳交遺產稅（※免稅額 1,333 萬元），若符合上述的「所得

基本稅額條例實行細則」，則依法繳交基本稅額（※最低稅負制，免稅額3,330萬元），這就是「保險金≦3,330萬元免稅」的由來，讓不少人誤信為真，其實，如果為生存給付保險金，或者受益人與要保人為同一人，或者健康險／傷害險的保險金，均不納入「基本所得額」，所以，沒有扣除3,330萬元免稅額的優惠。

對於「保險」理賠金的稅負問題，一般人的認知可能與國稅局稅法的觀點不相同，在網路上有許多保險受益人在領取死亡理賠金之後，被國稅局要求補繳遺產稅、贈與稅的案例；常見案例是「被繼承人投保健康險」，若在被繼承者死亡後，才獲得理賠金，其健康險（醫療險、癌症險等）理賠金，仍應依規定列入被保險人的遺產，計算遺產稅。

不少富爸／富媽希望利用壽險保單規劃，將財產留給子女，依「保險法」第112條「保險金額約定於被保險人死亡時給付於其所指定受益人者，其金額不得作為被保險人之遺產。」，和「遺產贈與稅法」第16條（不計入遺產總額）第9款「約定於被繼承人死亡時，給付其所指定受益人之人壽保險金額、軍、公教人員、勞工或農民保險之保險金額及互助金。」，所以，指定受益人在被保險人死亡時，所受領的保險金額，不計入遺產總額，亦即免課徵遺產稅。

不過，有富爸／富媽的小資族得提醒父母，在規劃保險時，記得在受益人欄位上，除了填了配偶或子女受益人時，最後面應再填上「法定繼承人」，以免發生重大車禍時，要保人、被保人和受益人均同時死亡時，這筆死亡保險金將被併入

遺產總額內，下一位的繼承人仍將被課徵遺產稅或贈與稅等。

　　被國稅局罰款／補稅的常見案例是「變更要保人」，例如要保人為先生、被保人為太太，先生在死亡前半年將要保人變更為太太，若變更日之保單價值為 300 萬元，依遺產及贈與稅法第 20 條規定，配偶間相互贈與之財產可不計入贈與總額課徵贈與稅，但依同法第 15 條規定，被繼承人死亡前 2 年贈與配偶的財產，仍應併入遺產總額課徵遺產稅；太太在辦理遺產稅申報時，如未將該筆 300 萬保單價值金計入遺產總額，將要被要求補稅及罰款。※此保單要保人若變更為子女，且要保人依然生存，在變更日的保單價值如超過贈與稅之免稅額 244 萬元時，則原要保人（先生）要申報贈與稅。

　　為了避免人壽保險的死亡保險金，導致額外的遺產稅或贈與稅問題，宜先了解要保人、被保人及受益人的設定組合，較常見的組合有三種：A（先生）、B（太太）、C（子女）

（1）要保人／被保人／受益人：A／A／B（※要保人與被保人相同，與受益人不同）

（2）要保人／被保人／受益人：A／B／C（※要保人、被保人及受益人均不同）

（3）要保人／被保人／受益人：A／C／C（※被保人與受益人相同，與要保人不同）

　　不同的組合可能產生不同的稅負，第（1）種組合之要保人與被保人相同，若為死亡保險金，要保人與受益人不同，符合≦3,330 萬元免計入基本所得稅條款，但是，如果是生存保

險金，逾每年贈與免稅額 244 萬元時，則要保人將要繳交贈與稅；第（2）、（3）種或其他組合，則視 A、B、C 誰先死亡的情況，衍生出不同問題，稍嫌複雜，僅以如下三則國稅局的案例說明。※投保前先想清楚，誰適合當要保人，若事後變更要保人，將會涉及贈與稅問題。

例 1（A／A／B）：要保人／被保人為先生（A），受益人為太太（B），先生（A）的一份 20 年期壽險保單，於 108 年 10 月期滿，保險公司給付滿期金 600 萬元給其太太（B），但先生（A）於 109 年 8 月死亡，應課遺產稅；

（1）保險期滿時，要保人（A）仍然健在，受益人（B）所領之滿期金係屬要保人（A）財產，故此為贈與行為，但夫妻間之贈與金額可免稅。

（2）遺產及贈與稅法第 15 條第 1 項規定：被繼承人（A）死亡前 2 年內贈與配偶（B）及親友之財產，應於被繼承人死亡時視為其遺產，併入遺產總額課稅；受益人（B）領取滿期金時，仍在被繼承人（A）死亡前 2 年內期間，故滿期金（600 萬元）應視為要保人（A）之遺產，併入其遺產總額課稅。

例 2（A／B／C）：先生為要保人（A），購買一份終身壽險，被保險人為太太（B），受益人為兒子（C），要保人（A）比被保險人（B）先亡時，應課遺產稅；

當要保人（A）死亡時，保險（理賠）事故尚未發生（※被保險人（B）仍然健在），保險公司自無給付保險金之

責，故無遺產及贈與稅法第 16 條第 9 款之適用；惟此保單具有現金價值，於要保人（A）死亡時，係屬於其遺產，故應依要保人（A）死亡日的保單價值，併入遺產總額課稅。※若被保人（B）先亡，且要保人與受益人不屬同一人，此為壽險之死亡給付，則符合「≦3,330 萬元者，免計入基本所得額」條款。

例 3（A／C／C）：林先生為要保人（A），以兒子（C）當被保人及受益人，買一張 20 年期定期壽險，年繳 24 萬元保費，滿期金為 500 萬元，應課贈與稅；

要保人（A），每年贈與兒子（C）保費 24 萬元，低於免稅額 220 萬元，免繳贈與稅，唯滿期金（500 萬元）仍屬要保人（A）之財產，故林先生（A）應依「遺產及贈與稅法」，於保單滿期日後 30 天內，申報（10%）贈與稅 28 萬元（＝（500－220）× 10%）），若逾時未申報，將會被國稅局要求補稅並處於罰款。※若改以兒子（C）當要保人及受益人，林先生（A）為被保人（※C／A／C），林先生（A）每年先將保費（24 萬元）匯至兒子的帳戶，再由兒子的帳戶扣繳保費，則滿期金屬兒子（要保人）之財產，則不涉及贈與情事。

實務上是否要課遺產稅／贈與稅，除了法規依據外，國稅局常依「實質課稅原則」，來認定被繼承人的死亡保險金是否屬於遺產，若被國稅局認定是蓄意移轉資產所做的保險規劃，則保險金將被併入遺產總額計算，而不適用「≦3,330 萬元的

最低稅負」，常見的「實質課稅原則」，有高齡投保、重病投保、密集投保、舉債投保、鉅額投保、短期投保、躉繳投保，和保費與保險給付金額相當等 8 類。例如，70 幾歲的長者購買多張躉繳保單，或是投保金額超高等，不符合保險適當性的保單，均可能被認定是為了避稅所做的保險規劃。

在財政部北區國稅局網站的「遺產稅及贈與稅宣傳資料（9）」中，列有 16 個「依實質課稅原則核課遺產稅」的案例，可供參考，其中，高齡買保險被課稅的最低高齡為 71 歲，因此，富爸／富媽們宜在 65 歲以前，購買規避遺產稅的壽險保單，以免踩到「實質課稅原則」的紅線，而造成子女無現金繳納遺產稅的困擾。

每年贈與稅免稅額 244 萬元（※舊版 220 萬元），可能較為民眾所熟知，但仍有人誤解為每年贈與每位子女的免稅額各 244 萬元，正確的說法是「每人每年贈與子女／親屬的總金額 ≦244 萬元時，免稅」；尚有一條鮮為人知的節稅方法是「父母於子女婚嫁時（※結婚日前／後半年）各贈與總額 ≦100 萬時，免稅」，亦即，當兒子或女兒結婚時，富爸及富媽可各給（244 萬元＋100 萬元）給子女的免稅贈與，兒子或女兒馬上擁有 688 萬元（344 萬元 × 2）的免稅結婚財（※若兒子和女兒在同一年內結婚，就只能減半了）。

此外，配偶間的相互贈與之財產，金額不計入贈與總額，不過，如果在贈與之後的 2 年內，贈與人不幸身故，則此 2 年內的所有贈與金額，將被列為身故贈與人的遺產，依法課稅（※詳見國稅局的「遺產稅及贈與稅解稅手冊」）。※合法節

稅／轉移資產要趁早,切記,身故之前 2 年內的對配偶或親友的贈與,均會列為遺產,繼承者務必要申報,以免被課巨額的罰款。

財政部 110 年 11 月 24 日公告之「111 年遺贈稅」新規定的摘要如表 7-16 所示:

表 7-16 「2022 年遺贈稅標準」摘要

(一) 遺產稅	免稅額	1,333 萬元
	課稅級距	遺產淨額≦5,000 萬元:10%
		>5,000 萬元至 1 億元: 500 萬元＋>5,000 萬元部份的 15%
		>1 億元:1,250 萬元＋>1 億元部份的 20%
	不計入遺產總額	被繼承人日常生活必需之器具:≦89 萬元
		被繼承人職業上之工具:≦50 萬元
	扣除額	配偶:493 萬元
		直系血親卑親屬:50 萬元／人 ※未成年者可按其年齡距屆滿成年之年數,每年加扣 50 萬元
		父母:123 萬元／人
		重度以上身心障礙:618 萬元／人
		受被繼承人扶養之兄弟姐妹、祖父母:50 萬元／人 ※兄弟姐妹未成年者可按其年齡距屆滿成年之年數,每年加扣 50 萬元
		喪葬費:123 萬元
(二) 贈與稅	免稅額	244 萬元／年
	課稅級距	贈與淨額≦2,500 萬元:10%
		>2,500 萬元至 5,000 萬元: 250 萬元＋>2,500 萬元部份的 15%
		>5,000 萬元 625 萬元＋>5,000 萬元部份的 20%

資料來源:財政部賦稅署網站

以財政部稅務入口網的「遺產稅試算器」試算，假設被繼承者死亡時之「不動產／動產、存款／債券／股票」及「死亡前 2 年內之贈與」之總和為 2,180 萬元，若遺屬有配偶（扣除額 493 萬元 × 1 人）、子女（扣除額 50 萬元 × 2 人）及父母（1 人），則應繳之遺產稅額為 8,000 元；如果善用每年 244 萬元的贈與免稅額，則一般上班族的遺產總額不超過 2,100 萬元時，被課到遺產稅的機率並不高，但是，很可能因不了解贈與稅而被課贈與稅及罰款。最近，某位親戚之總財產不到 1,500 萬元，理應免課遺產稅，但在死亡之前，因各匯 200 萬元給一子一女，在其死亡之後，被課繳了約 30 萬元的贈與稅／罰款。

　　想藉由保險來節稅／轉移資產者，以下是六則不可不知的保險相關資訊，或者可上網看國稅局的「遺產稅及贈與稅節稅手冊」（24 頁），和各地國稅局的贈與稅／遺產稅之案例說明，必要時最好找遺產稅專業人員諮商，不宜只聽保險業務員的片面之詞，而買到可能被課贈與稅／遺產稅的保單。

表 7-17　傷害險於被保險人之死亡給付列不列入遺產？

稅目	遺產及贈與稅法
法令彙編版本	一〇四年版
法規章節	第 2 章 遺產稅之計算
法條	第 16 條（不計入遺產總額之項目）
分類	釋示函令
釋示函令標題	傷害保險保險金額約定於被保險人死亡時給付於指定之受益人者不列入遺產
函釋內容（如文號，範例：09800554670）	主旨：傷害保險保險金額約定於被保險人死亡時給付於其所指定之受益人者，其金額既不得作為被繼承人之遺產，自非被保險人遺產稅之課稅範圍。 說明：二、前開部函（編者註：詳參財政部 83 年 5 月 19 日台財保第 831483857 號函）並已敘明旅行平安保險係屬傷害保險之範圍，依同函主旨規定，其保險金額即無課徵遺產稅之適用。（財政部賦稅署 83／05／31 台稅三發第 830869867 號函）

資料來源：財政部各稅法令函釋檢索系統

表 7-18 最低稅負制／基本所得

二十七、應計入個人基本所得額的保險給付範圍？
（一）受益人與要保人非屬同一人之人壽保險及年金保險給付，應計入個人基本所得額的保險給付。
（二）受益人與要保人為同一人之人壽保險及年金保險給付，無須計入基本所得額。
（三）健康保險給付及傷害保險給付，亦無須計入基本所得額，其情形如下：

險種	說 明
健康保險	因疾病、分娩及其所致殘廢或死亡時，給付保險金額。如門診、住院或外科手術醫療時，以定額、日額或依實際醫療費用實支實付之保險金。
傷害保險	因意外傷害及其所致殘廢或死亡時，給付保險金額。例如：旅行平安保險、失能保險、意外傷害住院醫療保險等。

二十八、保險契約是否適用最低稅負制應如何判斷？
保險期間始日在 95 年 1 月 1 日以後之保險契約，才適用最低稅負制。

二十九、保險給付可以減除 3,330 萬元免稅額度之規定為何？
（一）受益人與要保人非屬同一人之人壽保險及年金保險給付中，屬於死亡給付部分，一申報戶全年合計數在 3,330 萬元以下者，免予計入基本所得額；超過 3,330 萬元者，其死亡給付以扣除 3,330 萬元後之餘額計入基本所得額。
（二）受益人與要保人非屬同一人之人壽保險及年金保險給付中，非屬死亡給付部分，應全數計入基本所得額，不得扣除 3,330 萬元之免稅額度。
（三）至於健康保險給付、傷害保險給付、及受益人與要保人為同一人之人壽保險及年金保險給付，均不納入個人基本所得額，自無扣除 3,330 萬元免稅額度問題。

資料來源：財政部稅務入口網

表 7-19 「醫療理賠金非身故理賠金,應計入遺產申報課稅,以免受罰」

> 　　南區國稅局潮州稽徵所表示,有民眾詢問被繼承人死亡後,繼承人請領被繼承人健康保險如醫療險、癌症險等住院、醫療保險金,是否應併入被繼承人之遺產總額課稅?
>
> 　　該所表示,遺產及贈與稅法第 16 條第 9 款規定,約定於被繼承人死亡時,給付其所指定受益人之人壽保險金額,不計入遺產總額、但健康險如醫療險、癌症險等保險金,是給付予被保險人本人,倘若保險公司給付保險金時被保險人已經身故,而由繼承人取得,則該保險金為被保險人的遺產,繼承人應依規定列入遺產課稅。
>
> 　　該所最近查核遺產稅案件時,發現被繼承人生前向保險公司投保健康險,保險公司給付保險金時,被繼承人已經身故,理賠金由受益人取得,繼承人誤以為只要有指定受益人的保險金,都是可以不計入遺產總額而未申報遺產,經該所審查後將該理賠金額併入遺產課稅。
>
> 　　該所特別提醒納稅義務人,辦理遺產稅申報,如有法令疑義,請以免費服務電話 0800000321 洽詢,國稅局將竭誠為您服務。(財政部南區國稅局 2019／02／12)
>
> 　　新聞稿聯絡人：營所遺贈稅股 林股長 08-7899871 分機 100

資料來源：冠穎聯合會計師事務所／最新消息(2019／2／13)

表 7-20 「被繼承人投保保單在遺產稅應如何申報」
（財政部高雄國稅局網站；撰稿人：高琬玲；更新日期：2020／12／16）

　　保險往往是父母為避免其自身因不可預料或不可抗力事故死亡，致子女失去經濟來源而生活陷入困境的保障之一，然而父母死亡，子女申報遺產稅時，父母購買的人壽保險保單需不需要列入遺產總額申報課稅？那就須視要保人與被保險人身分而定了。

　　財政部高雄國稅局表示，遺產及贈與稅法第 16 條第 9 款規定，約定於被繼承人死亡時，給付其所指定受益人之人壽保險金額，不計入遺產總額，僅限於父母（被繼承人）同為要保人及被保險人，並指定受益人所領取身故給付，且經國稅局審核父母投保動機，未有重病投保、高齡投保、短期投保、躉繳投保、鉅額投保、密集投保、舉債投保、保險費高於或等於保險給付等意圖規避遺產稅情形者，才屬不計入遺產總額項目；但如果父母（被繼承人）為要保人，而被保險人為子女或他人，此時父母生前以要保人身分繳交保險費所累積之保單價值，仍屬父母財產，日後該未到期保單不論子女是否繼續承保，或主張解約退還已繳保費，均須納入遺產總額申報。

　　該局提醒，民眾在申報遺產稅時，可向國稅局詢問相關規定，避免屬應列入遺產總額申報的保單價值因漏報而遭補稅送罰。

資料來源：財政部高雄國稅局網站

表 7-21 「受益人非要保人時，其保險給付應申報基本所得額，以免受罰」
（財政部網站；2021／11／11）

　　財政部北區國稅局表示：所得基本稅額條例自 95 年 1 月 1 日施行，納稅義務人辦理綜合所得稅結算申報時，倘同一申報戶有該條例施行後所訂立受益人與要保人非屬同一人之人壽保險及年金保險，受益人受領之保險給付，須計入基本所得額申報，但死亡給付每一申報戶全年合計數在新臺幣 3,330 萬元以下部分，免予計入。

　　該局舉例說明：轄內納稅義務人張君辦理 108 年度綜合所得稅結算申報，僅依國稅局提供之查調所得資料申報綜合所得淨額 20 萬元及一般所得稅額 1 萬元。惟該局查獲納稅義務人、配偶及受扶養親屬當年度有受領"非死亡"之保險給付合計 1,655 萬元（受益人與要保人非屬同一人），加計所得淨額 20 萬元後，已超過基本所得額免稅門檻 670 萬元，卻未併同填報個人所得基本稅額申報表，經計算張君基本所得額 1,675 萬元及基本稅額為 201 萬元【（1,675 萬元－670 萬元）× 20%】，減除張君已自行繳納之一般所得稅額 1 萬元，核定張君漏報保險給付應補稅額 200 萬元，並依所得基本稅額條例第 15 條第 2 項規定，裁處 80 萬元罰鍰。

　　該局特別提醒：保險給付非屬稽徵機關於綜合所得稅結算申報期間提供納稅義務人查詢課稅年度的所得資料範圍，民眾如有類似情形漏未申報者，在未經檢舉、未經稽徵機關或財政部指定之調查人員進行調查前，依稅捐稽徵法第 48 條之 1 規定自動補報補繳所漏稅款，僅須加計利息，免予處罰。

資料來源：財政部網站；2021／11／11

表 7-22　「受益人領取「死亡給付」保險金要課稅嗎？」
高雄國稅局 2020／1／21（撰稿人：張鈺釧）

　　財政部高雄國稅局表示，很多民眾都搞不清楚，領到一筆高額的保險金屬於「死亡給付」部分，需要繳稅嗎？95 年 1 月 1 日所得基本稅額條例施行後訂立之受益人和要保人非屬同一人的人壽保險和年金保險〈健康險和傷害險除外〉中，屬於「死亡給付」部分，每一申報戶全年合計數超過新臺幣（下同）3,330 萬元者，死亡給付扣除 3,330 萬元後的餘額，要計入基本所得額。

　　該局舉例說明，劉小姐 108 年度綜合所得淨額 100 萬元及領取「死亡給付」保險金 4,500 萬元，應繳納基本稅額計 120 萬元，計算如下：

一、（a）應繳納一般所得稅額為 82,200 元：
　　　　綜合所得淨額 100 萬元 × 稅率 12%-累進差額 37,800 元＝82,200 元。

　　（b）基本稅額＝[綜合所得淨額 100 萬元＋保險死亡給付 1,170 萬元（＝4,500 萬元－3,330 萬元）－最低稅負扣除額 670 萬元] × 20%＝120 萬元。

二、應繳基本稅額與一般所得稅額之差額為 1,117,800 元。
　　＝120 萬元－82,200 元＝1,117,800 元。

　　該局再次提醒，保險的死亡給付，經稽徵機關核定免計入被繼承人遺產課徵遺產稅部分，每一申報戶全年只要領取的保險金額，沒有超過 3,330 萬元，不用計入基本所得額；但若扣除 3,330 萬元後的餘額，要和海外所得、私募基金受益憑證的交易所得等項，一起納入個人基本所得額，申報計算並繳納基本稅額，以免補稅受罰。

資料來源：高雄國稅局 2020／1／21

第 **8** 章

永續型壽險：保障、投資與退休金三得益彰

8-1. 先了解自己的風險屬性，再買「投資型壽險」

　　因為「投資型壽險」是「終身壽險+基金」組合，所以買「投資型壽險」必須和購買基金一樣，須依規定填寫如表 8-1 所示的「投資人風險屬性評估表」（※各公司大同小異），來確定要保人的投資風險屬性，以決定可買何種風險等級的基金。

表 8-1　投資人風險屬性評估調查表

【第一部分：基本資料/財務資料】
1　請問您的實際年齡：
　　a. ☐未滿 20 歲/70 歲(含)以上　b. ☐60 歲(含)～70 歲　c. ☑50 歲(含)～60 歲
　　d. ☐40 歲(含)以上～50 歲　　e. ☐20 歲(含)～40 歲
2　請問您的教育程度：(如果您選擇 a.或 b.，您的風險屬性將設定為第一級 保守型)
　　a. ☐識字有限　b. ☐國中(含)　c. ☑高中職　d. ☐專科/大學　e. ☐研究所
3　請問您的個人年所得(新台幣元)：
　　a. ☐50 萬以下　b. ☐50 萬(含)～100 萬　c. ☑100 萬(含)～150 萬
　　d. ☐150 萬(含)～200 萬　e. ☐200 萬(含)以上
4　☐領有全民健康保險重大傷病證明(您的風險屬性將設定為第一級 保守型)

【第二部分：投資人的風險屬性】
1　請問您投資金融商品最主要的考量因素為何？(投資目的)
　　a. ☐保持資產的流動性　b. ☐保本　c. ☑賺取固定的利息收益
　　d. ☐賺取資本利得(價差)　e. ☐追求總投資報酬最大
2　請問您的投資經驗為何？(投資經驗-時間)
　　a. ☐沒有經驗　b. ☐1～3 年　c. ☑4～6 年　d. ☐7～9 年　e. ☐10 年以上
3　請問您曾經投資過那些金融商品(可複選)？(投資經驗-商品)
　　a. ☐台外幣存款、貨幣型基金、儲蓄型保險　b. ☐債券、債券型基金
　　c. ☑股票、股票型基金、ETF　　　　　　　d. ☐結構型商品、投資型保單
　　e. ☐期貨、選擇權或其他衍生性金融商品
4　請問您有多少年投資經驗在具價值波動性之商品(包括股票、共同基金、外幣、結構型投資商品、認(售)購權證、期貨、選擇權及投資型保單)？(風險評估-偏好)
　　a. ☐沒有經驗　b. ☐1～3 年　c. ☑4～6 年　d. ☐7～9 年　e. ☐10 年以上

表 8-1（續） 投資人風險屬性評估調查表

5. 請問您目前投資之資產中，約有多少比例是前述2.4所列舉之具價值波動性商品？
   (風險評估-偏好)
   a. ☐ 0%　　b. ☑ 介於 0%～10%(含)　　c. ☐ 介於 10%～25%(含)
   d. ☐ 介於 25%～50%(含)　　e. ☐ 超過 50%

6. 在一般情況下，您所能接受之價格波動，大約在那種程度？（風險評估-偏好）
   a. ☐ 價格波動介於-5%～+5%間　　b. ☑ 價格波動介於-10%～+10%間
   c. ☐ 價格波動介於-15%～+15%間　　d. ☐ 價格波動介於-20%～+20%間
   e. ☐ 價格波動超過±20%

7. 假設您有 NT100 萬元之投資組合，請問您可承擔最大本金下跌幅度為何？
   (風險評估-承受力) (如果您選擇 a.，您的風險屬性將設定為第一級 保守型)
   a. ☐ 0%　　b. ☑ -5%　　c. ☐ -10%　　d. ☐ -15%　　e. ☐ -20%以上

8. 如您持有之整體投資資產下跌超過 15%，請問對您的生活影響程度為何？
   (風險評估-承受力)(現金流量期望)
   a. ☐ 無法承受　b. ☑ 影響程度大　c. ☐ 中度影響　d. ☐ 影響程度小　e. ☐ 沒有影響

9. 當您的投資超過預設的停損或停利點時，請問您會採取那種處置方式？
   (風險評估-偏好) (現金流量期望)
   a. ☐ 立即賣出所有部位　　b. ☑ 先賣出一半或一半以上部位
   c. ☐ 先賣出一半以內部位　　d. ☐ 暫時觀望，視情況再因應
   e. ☐ 繼續持有至回本或不漲為止

10. 當您的投資組合預期平均報酬率達到多少時才會考慮賣出？(風險評估)
    a. ☐ 5%　　b. ☑ 10%　　c. ☐ 15%　　d. ☐ 20%　　e. ☐ 25%以上

11. 若有臨時且非預期之事件發生時，請問您的備用金相當於您幾個月的家庭開支？
    (備用金係指在沒有違約金的前提下可隨時動用的存款) (風險評估-承受力)
    a. ☐ 無備用金儲蓄　　b. ☑ 3 個月以下　　c. ☐ 3 個月(含)～6 個月
    d. ☐ 6 個月(含)～9 個月　　e. ☐ 9 個月(含)以上

12. 請問您偏好以下那類風險及報酬率之投資組合？(期望報酬)
    a. ☐ 沒有概念
    b. ☑ 絕對低度風險投資組合＋穩健保本(低度風險，只要保本就好)
    c. ☐ 低度風險投資組合＋低度回報(低風險承擔下，追求低的投資報酬)
    d. ☐ 中度風險投資組合＋中度回報(在中等風險承擔下，要求中等水準的報酬)
    e. ☐ 高風險投資組合＋高度回報(願意承擔高度風險，也期待創造超額報酬)

資料來源：永豐投顧公司／投資人風險屬性分析問卷調查表

投資人的風險屬性多分為①保守型（RR1、RR2）、②穩健型（RR3～RR4）及③積極型（RR5），各投信公司之風險等級評估項目及分數不盡相同，也有投信公司配合 RR 等級，如同表 8-2 一樣，分為保守型（1 級）、安穩型（2 級）、穩健型（3 級）、成長型（4 級）及積極型（5 級）等五類型，「投資型壽險」要保人可依表 8-1 及表 8-2，選擇適合自己的基金。※「投資人風險屬性評估表」的有效期限為 1 年，逾期未更新，僅能申購（RR1／RR2）保守型基金。

表 8-2　投資人風險屬性與建議基金風險等級

【對投資風險的整體計分表】

1.上述問題計分方式：a(2 分)、b(4 分)、c(6 分)、d(8 分)、e(10 分)
2.根據您對上述問題回答的總分，評估您的投資屬性，在面對風險時的承受度。

總評分	風險屬性分類	定義	建議產品風險等級
≦27分	第一級 保守型	您能承受的資產波動風險極低。極度保守的您十分注重本金的保護，寧可讓資產隨著利率水準每年獲取穩定的孳息收入，也不願冒風險追求可能的可觀報酬。您的理財目的可利用銀行存款，或具有穩定收益的產品來達成。	RR1
≦36分	第二級 安穩型	您能承受的資產波動風險低。除了注重本金的保護外，您願意承受有限的風險，以獲得比定存高的報酬。所以除了定存和貨幣市場工具之外，建議可將部分資金配置在投資等級的固定收益或平衡型商品。	RR1～RR2
≦47分	第三級 穩健型	您能承受的資產波動風險中庸。穩健的您期望在本金、固定孳息與資本增長達致平衡。您可以接受短期間的市場波動，並且瞭解投資現值可能因而減損。穩健的投資組合可以包括多種類別的資產，透過風險分散的方式獲得穩健的投資報酬，但仍須留意個別產品類型的波動性。	RR1～RR3
≦60分	第四級 成長型	您能承受的資產波動風險高。為了達成長期的資本增長，您願意忍受較大幅度的市場波動與短期下跌風險。成長的投資組合可以包括各種類別，且預期報酬率較高的資產，但建議您採取分批投入，且設定停損停利點以便循序漸進達到您的投資目標。	RR1～RR4
≧61分	第五級 積極型	您能承受的資產波動風險極高。非常積極的您如獵鷹般不停尋找獲利市場，並願意大筆投資在風險屬性較高的商品。積極的投資組合中資產類別包羅萬象，且必要時利用槓桿操作來提高獲利，但因市場反轉所造成的資本下跌風險偏高，建議嚴格執行停損停利的投資原則，才能達到長期資產增值的目的。	RR1～RR5

根據您所提供的回答，您的原始總分是 ___74___ 分÷1.5，換算所得總評分是 ___49.3___ 分。
參照以上定義，根據本公司分析結果，您的投資風險屬性為：___成長___ 型

資料來源：永豐投顧公司／投資人風險屬性分析問卷調查表

「風險屬性評估表」中，有四種人：①≥70歲、②≤國中程度、③領有重大傷病卡或④中低收入戶，將被歸類為保守型，僅能購買≤RR2級的基金。因為屬於RR1／RR2（保守型）的基金數量很少（※表8-3），所以，一般「投資人風險屬性評估表」的設計，多會讓你輕易地勾選到RR4等級，否則投信公司就賺不了錢，以表8-1為例，如果前7題勾選c（6分），後8題勾選b（4分），則原始分為74分（÷1.5＝49.3總評分），則屬於成長型（第四級），可購買≤RR4等級的基金。

　　表8-3是投信投顧公會「基金風險報酬等級分級標準」，由低至高，區分為「RR1、RR2、RR3、RR4、RR5」五個風險報酬等級。註：此等級分級係基於一般市場狀況，反映市場價格波動風險，無法涵蓋所有風險，不宜作為投資唯一依據，投資人仍應注意所投資基金個別的風險。

表 8-3　基金風險報酬等級分類標準

基金類型	投資區域	主要投資標的／產業	風險等級
股票型	全球	一般型（已開發市場）、公用事業、電訊、醫療健康護理	RR3
		一般型、中小型、金融、倫理／社會責任投資、生物科技、一般科技、資訊科技、工業、能源、替代能源、天然資源、週期性消費品及服務、非週期性消費品及服務、基礎產業、其他產業	RR4
		黃金貴金屬	RR5
	區域或單一國家（已開發）	公用事業、電訊、醫療健康護理	RR3
		一般型、中小型、金融、倫理／社會責任投資、生物科技、一般科技、資訊科技、工業、能源、替代能源、天然資源、週期性消費品及服務、非週期性消費品及服務、基礎產業、其他產業	RR4
		黃金貴金屬	RR5
	區域或單一國家（新興市場、亞洲、大中華、其他）	一般型（單一國家-臺灣）	RR4
		一般型、公用事業、電訊、醫療健康護理、中小型、金融、倫理／社會責任投資、生物科技、一般科技、資訊科技、工業、能源、替代能源、天然資源、週期性消費品及服務、非週期性消費品及服務、基礎產業、黃金貴金屬、其他產業	RR5
債券型（固定收益型）	全球、區域或單一國家（已開發）	投資等級之債券	RR2
		高收益債券（非投資等級之債券）、可轉換債券 主要投資標的係動態調整為投資等級債券或非投資等級債券（複合式債券基金）	RR3
	區域或單一國家（新興市場、亞洲、大中華等其他）	投資等級之債券	RR2
		主要投資標的係動態調整為投資等級債券或非投資等級債券（複合式債券基金）	RR3
		高收益債券（非投資等級之債券）、可轉換債券	RR4
貨幣市場型	≒銀行定存（台幣近乎零風險，外幣可能有匯率損失）		RR1
金融資產證券化型	投資等級		RR2
	非投資等級		RR3
不動產證券化型	全球、區域或單一國家（已開發）		RR4
	區域或單一國家（新興市場、亞洲、大中華、其他）		RR5
指數型及指數股票型（ETF）	※廣受專家推薦及股民喜歡的指數股票型基金（ETF），台灣卓越50（0050）、台灣中型100（0051）、台灣高股息（0056）的風險報酬等級均為RR5，詳見表8-5或元大投信，2021／12號月報		同指數追蹤標的之風險等級

資料來源：證券暨期貨法令判解查詢系統／附件下載　（※紅字為本書加註）

各壽險公司的「投資型壽險」說明書，列有各基金的投資績效，表 8-4 是三家壽險公司的基金績效摘要舉例，摘要 1 不知是指前 3 年還是近 3 年，摘要 2 明顯標出是近 3 年的投資績效，摘要 3 則註明了成立日期、風險等級和成立迄今的投資績效；各基金的 1 年～3 年的投資績效起伏不定，甚至為虧損狀態，由此可知，基金理財確實是具有風險性。

表 8-4　投資型壽險之投資標的（基金）簡介／投資績效摘要

基金型態	種類	(摘要1) 投資標的	投資地區地理分佈	基金規模	投資績效（%）		
					一年（或成立至今）前3年？後3年？	二年	三年
股票型		富邦長紅證券投資信託基金	投資台灣	1,134.1 百萬新臺幣	19.2	55.1	37.8
		富邦精準證券投資信託基金	投資台灣	1,022.6 百萬新臺幣	21.6	55.2	38.2
		普達環球策略基金 - 環球策略股票基金 C收益股份	投資海外全球-混合	1,467.3 百萬美元	1.7	7.6	2.5
平衡型		安聯收益成長基金-AM 穩定月收類股(美元)(本基金有相當比重投資於非投資等級之高風險債券且配息來源可能為本金)	投資海外單一國家-美國	26,316.8 百萬美元	13.2	22.7	25.8
		摩根投資基金-多重收益基金-JPM 多重收益(美元對沖)-A股(利率入息)(本基金有相當比重投資於非投資等級之高風險債券且配息來源可能為本金) (2012/8/31 成立)	投資海外全球-混合 (RR3)	26,702.9 百萬美元	-3.5	5.7	? -

資料來源：富邦人壽／富貴吉祥變額萬能壽險／說明書（V2）（2021／9）

(摘要2) 投資標的的名稱	計價幣別	目前規模	投資績效(%)			年化報酬率(%)
			近1年	近2年	近3年	
三商美邦人壽 A+環球多元配置投資帳戶(全權委託帳戶之資產撥回機制來源可能為本金)*	美元	195.58 百萬美元	18.32	16.27	12.67	4.06
三商美邦人壽好債有你投資帳戶(全權委託帳戶之資產撥回機制來源可能為本金)* (2019/12/9 成立)	美元	33.22 百萬美元	14.27	9.6#	-	-

資料來源：全球人壽／卓越人生變額萬能壽險／說明書（VLO）（110／3）

308　第 8 章　永續型壽險：保障、投資與退休金三得益彰

投資標的名稱	成立日期	風險等級	資產規模原幣計價	一年	二年	三年	成立迄今	年化報酬率(%)
MFS 全盛基金(美元)通膨調整債券基金 A1	2005/9/26	RR2	177,677,358	9.76	17.92	15.15	54.02	2.82
元大多福基金 (新臺幣)	1994/3/16	RR4	2,181,441,363	23.55	55.20	35.14	636.10	7.67
元大亞太成長基金(新臺幣)	2006/1/24	RR5	844,904,078	13.65	19.40	-4.53	-0.90	—
元大店頭基金 (新臺幣)	1997/1/27	RR5	991,222,671	25.84	72.98	49.10	24.20	0.9
元大新主流基金 (新臺幣)	1999/8/20	RR4	2,263,254,535	27.90	75.64	54.13	271.30	6.29

資料來源：三商美邦人壽／優利精選變額萬能壽險／說明書（110／9）

表 8-5 是摘自元大投信公司的公開月報（2021 年 12 月號），三檔廣受股民歡迎的 ETF 股票型基金：台灣 50（0050）、中型 100（0051）及台灣高股息（0056）。通常，賺錢的基金，其成立以來迄今的累積報酬率會呈上升趨勢，台灣 50 迄今 18.4 年的累積報酬率為 543.31%（≒年化報酬率 10.68%）。

不過，要注意的是，「台灣 50」、「台灣中型 100」及「台灣高股息」的投資風險，是屬於最高級的 RR5，這三檔 ETF 基金，理論上是不倒基金，但是，因為與台股行情的連動性高，如果日後股市指數跌回至 9,000 點，則成立迄今的累積報酬率也會回跌，所以，最大的風險應是來自股價變動的風險，這三檔 ETF 股票目前均處於成立以來的高點區段（≧17,500 點），除非股市指數持續上漲，否則此時買進亦有套牢／虧損的風險。

表 8-5　三檔元大投信的暢銷 ETF 股票

基金簡介(指數股票型基金)　（摘要 1）台灣卓越 50 基金（0050）

經理人	許雅惠	保管費	0.035%
成立日期	2003/06/25	標準差(24個月)	21.35
基金規模	1722.81億元	貝他值(24個月)	1.02
基金淨值	138.49元	夏普值(24個月)	0.32
保管銀行	中國信託商業銀行	風險報酬等級	RR5
經理費	0.32%	適合投資人	積極型

累積報酬率(%)　年化報酬率 10.67%

期間	3個月	6個月	1年	2年	3年	5年	今年以來	成立以來
績效	-2.15	0.85	25.94	61.03	100.03	128.06	15.79	547.31

基金簡介(指數股票型基金)　（摘要 2）台灣中型 100 基金（0051）

經理人	邱鉦淵	保管費	0.035%
成立日期	2006/08/24	標準差(24個月)	22.16
基金規模	7.09億元	貝他值(24個月)	0.88
基金淨值	59.09元	夏普值(24個月)	0.39
保管銀行	台新國際商業銀行	風險報酬等級	RR5
經理費	0.40%(註)	適合投資人	積極型

累積報酬率(%)　年化報酬率 8.54%

期間	3個月	6個月	1年	2年	3年	5年	今年以來	成立以來
績效	6.49	11.89	46.82	82.49	118.92	165.96	37.83	250.33

基金簡介(指數股票型基金)　（摘要 3）台灣高股息基金（0056）

經理人	陳威志	保管費	0.035%
成立日期	2007/12/13	標準差(24個月)	16.85
基金規模	1116.58億元	貝他值(24個月)	0.77
基金淨值	32.3元	夏普值(24個月)	0.22
保管銀行	中國信託商業銀行	風險報酬等級	RR5
經理費	0.30%	適合投資人	積極型

累積報酬率(%)　年化報酬率 6.96%

期間	3個月	6個月	1年	2年	3年	5年	今年以來	成立以來
績效	2.63	-1.68	16.95	30.72	57.38	81.79	14.33	156.38

資料來源：元大投信公司／基金月報（2021／12 月號）

受到金管會推動「退休準備平台（基金）」的鼓舞，不少

人以為 "定期定額" 買基金，可以存退休金，因而認為基金是低風險金融商品，其實，自 2003 年 6 月國內首檔 ETF（0050）上市以來，迄今已逾 30 檔 ETF 被清算（規模太小、淨值太低等）而下市，以富邦的「台灣發達基金」為例，如表 8-6 所示，這檔 2008 年 12 月 14 日成立的（RR4 級）基金，在 2019 年 11 月 30 日月報成立日以來的 11 年累積報酬率為 85.26%（年化報酬率 5.41%），仍免不了在 2019 年 12 月 13 日下市。

表 8-6　基金（11 年）投資績效 85.26%，仍免不了下市命運

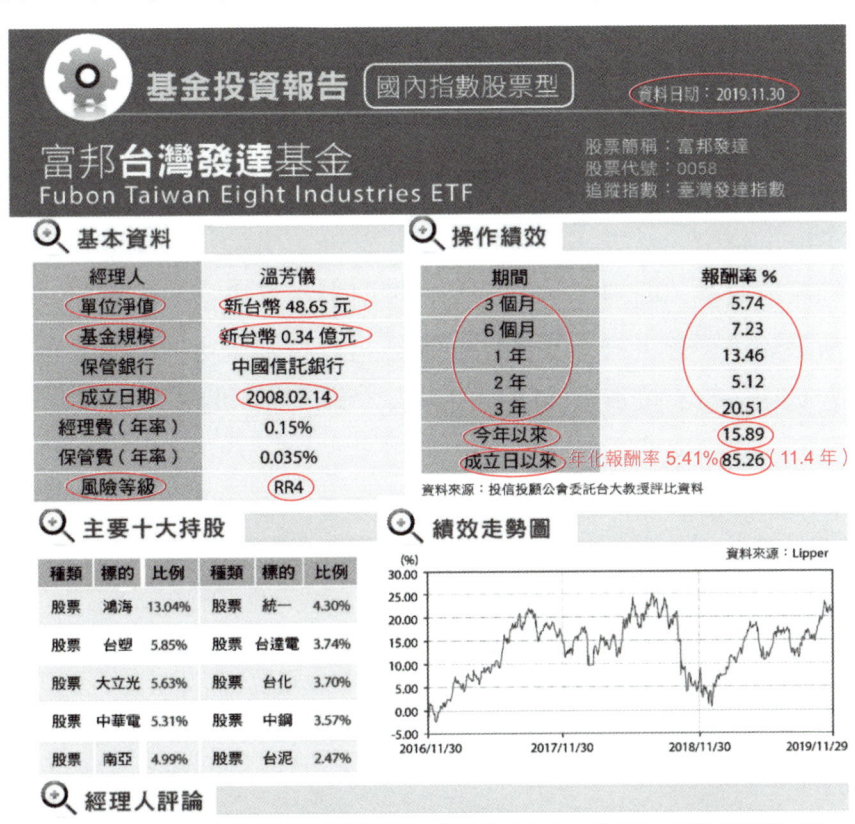

基本資料		操作績效	
經理人	溫芳儀	期間	報酬率 %
單位淨值	新台幣 48.65 元	3 個月	5.74
基金規模	新台幣 0.34 億元	6 個月	7.23
保管銀行	中國信託銀行	1 年	13.46
成立日期	2008.02.14	2 年	5.12
經理費（年率）	0.15%	3 年	20.51
保管費（年率）	0.035%	今年以來	15.89
風險等級	RR4	成立日以來	年化報酬率 5.41% 85.26%（11.4 年）

股票簡稱：富邦發達
股票代號：0058
追蹤指數：臺灣發達指數
資料日期：2019.11.30
資料來源：投信投顧公會委託台大教授評比資料

主要十大持股：
股票 鴻海 13.04%　股票 統一 4.30%
股票 台塑 5.85%　股票 台達電 3.74%
股票 大立光 5.63%　股票 台化 3.70%
股票 中華電 5.31%　股票 中鋼 3.57%
股票 南亞 4.99%　股票 台泥 2.47%

績效走勢圖　資料來源：Lipper

經理人評論
…展望未來，若貿易談判有轉好的跡象，全球景氣下滑已充份預期，整體偏向樂觀看待，目前在技術指標修正下，短線仍有整理空間，下檔仍具支撐，可伺機擇時布局。

※此為 2019／11／30 基金月報，但本基金在 2019／12／13 下市。
資料來源：富邦金控／投資月報（2019／12）

響應金管會推動「退休準備平台」的首檔基富通「好享退基金」中的 9 檔基金（2019 年 7 月成立），屬於 RR2～RR4（中度風險）等級，成立 2 年半以來，投資績效依序為 42.99%（最高）、36.93%～0.78%及－1.83%（最低）。※基金在空頭走勢時，亦會慘跌，例如，在 2020 年 3 月股市因新冠肺炎而劇跌時，金管會曾於 2020 年 3 月 19 日宣佈放寬基金下市的門檻，以免許多基金被迫下市。

　　國內共有上千檔的基金，基金投資者，會從基金排名中挑選近 3 年內績效較佳及規模較大的基金，然而，買「投資型壽險」者，只能從保險公司提供的百檔基金中挑選，選到的基金可能績效不佳或基金規模不大，如果自己不仔細做功課的話，就可能買到不久後即將虧損的基金，使得被催繳危險保費的日子提早到來。此外，買「投資型（終身）壽險」，並非買後就能保證收益／配息，專業的基金理財者，多會自訂停利點／停損點為（短線）操作指標，並需經常分析基金行情的變化，這大概是一般「投資型壽險」要保人，難以做到的專業功課。

8-2. 報酬率大拼比：
9 檔不倒金融股 vs. 6 大政府基金

　　回顧第四章及第五章的投資型壽險保單，確實是保險＋投資，只是保障效益減半，投資未必獲利，當保單的年投資報酬率≦3％時，尚可能被危險保費搞得血本無歸，還得倒貼保險金額（身故／完全失能理賠金）。市售的投資型壽險是「終身壽險＋自選基金」組合，需依賴保險業務員幫忙挑選基金，本章所談的「永續型壽險」，是自己挑選永續經營的不倒金融股；坊間有自助餐、自助洗車及自助加油，自助式的「永續型壽險」是「定期壽險＋不倒金融股」組合，投資型壽險是被剝了4層皮的保單，提前解約時難保本，而「永續型壽險」則是自助式保單，穩健獲利難蝕本。

　　如圖 2-2 所示，國人多把基金、股票、保險、定存及房地產，視為投資理財的工具，會把「保險」當成主要理財工具的人，多半認為股票、基金等投資商品的風險高於保險，事實上，如果要遵守紀律與原則，股票市場中有一種風險低於投資型壽險保單的股票，那就是「不倒金融股」，以 10 年以上的長期投資而言，平均年化報酬率（※≒保單的實際 IRR）可達 5％以上，而 10 年／20 年的累計（總）投報率約可達 63％／165％，亦即，若以一筆 100 萬元（※≒躉繳 100 萬元保費）買進不倒金融股，則 10 年／20 年後，本利和可增為 163 萬元／265 萬元，獲利率是「投資型壽險」（IRR≦1.5％）的三倍以上，投資風險也更低。

※累計（總）投報率＝[期滿金÷躉繳保費－1]×100%。
　　　　　　　＝[（1＋年化報酬率）^年－1]×100%

保險歸保險、投資歸投資，才能獲得最佳的保險保障與投資效益。

★不倒金融股：（大到不能倒⊕官方）金融股

巴塞爾銀行監管委員會（BCBS），是10大工業國於1974年創立的全球性金融管理機構，訂有許多重要的金融控管規範；在2008年金融海嘯時，連全球（150年歷史）的全美第四大投資銀行雷曼兄弟，亦不支破產倒閉，就訂定了更嚴格的金融機構管理準則：系統性重要銀行（D-SIBs）。

系統性重要銀行是指企業體龐大、業務範圍廣，且與其他金融機構關聯的銀行，當其自身陷入經營困境時，可能對（全球）金融系統的穩定性產生重大影響，D-SIBs在金融市場具有領導性地位。依此標準，金管會於2019年底及2020年底共公佈了6家「系統性重要銀行」：①中信、②國泰世華、③台北富邦、④兆豐、⑤合庫及⑥第一。

2010年一本描述2008年金融風暴，雷曼兄弟銀行倒閉始末的書籍，書名為《TOO BIG TO FAIL》，2011年的電影亦稱為「TOO BIG TO FAIL」，因為2010年的書籍中譯本名稱為「大到不能倒」；所以，上述6家銀行就成為俗稱的「大到不能倒」銀行，再加上3家由政府撐腰之官方銀行（⑦華南、⑧彰銀及⑨臺企銀），就構成了9家不倒金融股。

基本上，沒有所謂的不倒銀行或企業，但是，此 9 家由金管會／政府背書的銀行，比起台灣其他的上市櫃公司，確實是比較不可能倒；不倒金融股的危機 4 部曲大概是：①「彗星撞地球」台灣版、②「明天過後」台灣版、③「日本沉沒」台灣版、④「2034 全面開戰」真實版。

電影／電視劇的「彗星撞地球」、「明天過後」及「日本沉沒」的台灣版，或許不太可能成真，然而，「2034 全面開戰」卻很可能提前開打；此書《2034：The Next World War》是 2021 年 3 月出版，10 月出版的中譯本書名為「2034 全面開戰」，預言 2034 年因台灣海峽南端的美艦事件，而引爆了下一個世界大戰。

2021 年 5 月 1 日出刊的英國「經濟學人」雜誌封面標題《Taiwan：The most dangerous place on Earth》，再看看中、美、日、台領袖的發言日益犀利，火藥味十足；目前中共軍機每天在台灣海峽上空飛來飛去，美國軍艦也三不五時的在台灣海峽游來游去，哪一天天上飛的小鳥不小心拉屎，掉在水面上游的大魚上，擦槍走火而引爆大戰卻不無可能，下一個世界大戰很可能在地表上最危險的地方提前開打，而使台灣的金融市場瓦解。

投資型壽險／年金險的保單 DM 上，多會列出＋6%、＋2%、0%及－6%四種假設投報率時的效益分析表（※表 4-9a～c），「投資型壽險」理論上是保障兼投資，但是，在長達 20 年以上的保障／投資期間，想要達到平均＋6%的年報酬率，難上加難，保單的實際投報率（IRR）多僅在 0%～1.5%之間（※

表 5-2～5-4），≦0 %虧損狀態的可能性也不低（※表 5-5～5-8）；然而，若投資不倒金融股，要獲得 5%年化報酬率並不困難。

★報酬率比一比：6 大官方基金 vs. 9 檔不倒金融股

表 8-7 是 6 大官方基金與 9 家不倒金融股之報酬率／殖利率的比較，可看出不倒金融股之近 10 年平均殖利率 5.43%，是目前的銀行定期存款利率（0.85%）的 6.4 倍，不僅優於台股大盤殖利率 4.11%（※投資者多以台股大盤殖利率為比較基準），亦優於 6 大官方基金的平均收益率 4.51%，至於第四章／第五章之「投資型壽險」的收益率（報酬率），則棉花店失火，免談了！

表 8-7　官方基金收益率（％）vs.不倒金融股殖利率（％）（2011～2020 年）

項次	基金／官股銀	2011	2012	2013	2014	2015	2016	2017	2018	2019	2020	平均	
A	勞保基金	-2.97	6.25	6.35	5.61	-0.55	4.02	7.87	-2.22	13.30	8.83	4.65	
B	勞退新制	-3.95	5.02	5.68	6.38	-0.09	3.23	7.93	-2.07	11.45	6.94	4.05	平均
C	勞退舊制	-3.53	4.50	6.58	7.19	-0.58	4.17	7.74	-2.15	13.47	8.50	4.59	4.51%
D	公保基金	-2.87	4.72	6.02	6.72	0.37	5.12	8.24	-3.13	12.76	15.26	5.32	
E	退撫基金	-5.98	6.17	8.30	6.50	-1.94	4.29	7.15	-1.14	10.62	8.46	4.24	
F	國保基金	-3.66	5.06	4.06	6.05	-0.45	4.26	8.04	-2.28	12.03	8.76	4.19	
★	台股殖利率	5.65	4.12	3.26	3.55	4.60	4.35	3.95	4.77	3.82	2.99	4.11	基準值
1	富邦金（2881）	3.90	3.16	3.69	6.61	3.59	4.77	4.73	3.94	4.47	9.35	4.82	
2	國泰金（2882）	2.40	4.45	4.88	4.23	4.12	5.10	5.06	2.87	4.71	6.28	4.41	
3	中信金（2891）	3.93	3.93	4.03	8.06	7.89	5.88	5.63	4.69	4.76	5.30	5.41	
4	兆豐金（2886）	4.33	5.02	4.63	5.69	6.05	6.23	6.20	6.54	5.82	5.25	5.58	
5	第一金（2892）	4.41	6.25	6.67	7.30	8.05	8.59	5.24	5.42	6.16	4.59	6.27	平均
6	合庫金（5880）	5.52	5.81	6.02	6.06	6.54	7.45	6.69	5.93	5.72	5.20	6.09	5.43%
7	華南金（2880）	4.85	6.10	5.85	6.97	7.35	7.50	5.62	6.16	5.49	2.76	5.86	
8	彰銀（2801）	4.17	5.00	4.68	4.92	5.49	5.61	4.94	4.77	3.94	2.38	4.59	
9	臺企銀（2834）	3.70	4.55	4.44	8.00	6.64	4.88	8.03	8.23	5.65	4.19	5.83	

註：1～9 項為含（現金＋股子）之殖利率。
資料來源：拙作「拒當下流老人的退休理財計劃」

在購買「投資型壽險」時，保單說明書中列有上百種的各種國內外基金，供要保人自行挑選，很遺憾，投資型保單的「基金理財」是比買保險更複雜的學問，大多數要保人多不知如何挑選，保單說明書中，可能列出各種基金 1 年～3 年的累計報酬率供您參考；50％、60％的累計投報率看似很高，其實，15 年的累計（總）投報率 60％，也只不過相當於（平均）年化報酬率 3.18％而已。

更何況，這只是這檔基金本身的投資績效而已，若再扣掉投信公司、銀行及保險公司的利潤與管銷費用，則在每季保單

對帳單（※表 5-2～5-8）上所看到的實際報酬率（IRR）多小於 1.5%，遠低於 9 家不倒金融股的 10 年平均殖利率 5.43%；所以，與其買「投資型壽險」不如買保障、投資與退休金三得益彰的「永續型壽險：定期壽險⊕不倒金融股」。

8-3. 保險／投資分開做，保障／獲利加倍得

金融股在「銀行法」、「金融控股公司法」及「金融監督管理委員會」的嚴格監督下，比起其他的上市櫃公司，算是安全性較高的特許行業股票，依台灣的「銀行法」，銀行業有5種類型：（1）中央銀行、（2）商業銀行、（3）儲蓄銀行、（4）專業銀行及（5）信託投資公司；廣義的金融股至少可分為：

1. 銀行類：彰銀（2801）、臺企銀（2834）⋯
2. 金控類：兆豐金（2886）、第一金（2892）⋯
3. 票券類：國票金（2889）、華票（2820）⋯
4. 保險類：中壽（2823）（已被購併下市）、三商壽（2867）⋯
5. 租賃類：中租-KY（5871）、裕融（9941）⋯
6. 證期類：統一證（2855）、元大期（6023）⋯

狹義來說，係指純銀行類股及金控類股，目前台灣上市櫃的純銀行類股有11家，金控類股有15家（※特別股除外），本文僅討論（狹義）的不倒金融股共有9家：

(1) 官方金控股：兆豐金（2886）、第一金（2892）、合庫金（5880）及華南金（2880）。
(2) 官方銀行股：彰銀（2801）、臺企銀（2834）。
(3) 民營金控股：富邦金（2881）、國泰金（2882）、中信金（2891）。

自 2008 年 12 月 15 日起，銀行 2 年定存的年利率，首次降至 1.6%以下（2008 年 11 月 11 日尚為 2.25%），從此以後，定存年利率一路下滑，迄 2020 年 4 月的 0.85%以下，因此，坊間的存股理財風潮方興未艾，熱潮不減。目前上市櫃的公司約有 2000 檔，依台灣股市資訊網站公告之 2021 年的殖利率排行榜，殖利率≥6%的公司超過 360 家。因此，<u>用對方法、作對功課，存股理財，（股利＋價差）每年確實有賺取 10%～20%利潤的機會</u>。然而，任何理財必有風險，本書的主題是穩健理財，存股久久，所以，本章只談適當股利、睡得安穩的不倒金融股；平心而論，不倒金融股並非定存理財的最佳選項，但是，如果加上安全性的考量，不倒金融股則是穩健理財計劃中，不可或缺的選項。

　　依「商業銀行設立標準」第 2 條規定，商業銀行最低資本額為 100 億元，依「金融控股公司法」第 12 條規定，金融控股公司最低實收資本額為 600 億元；表 8-8 是 9 檔不倒金融股的基本資料，不倒金融股的資本額，少則 774.3 億元（臺企銀），多至 1,999.7 億元（中信金），每年均穩定發放股利，而且有政府／金管會撐腰，沒有倒閉的危機，符合超安穩保守理財原則。

表 8-8　不倒金融股的基本資料

	名稱	2021/12/30 資本額（億元）	2021/12/30 總資產（億元）	2021/12/30 淨值B（元/股）	2021 EPS E（元）	2021 ROE（%）	2021 ROA（%）	2021 股利現金（合計）	2021 殖利率現金（合計）	2021/12/30 股價P（元）	2021/12/30 淨值比（P/B）	2021/12/30 本益比（P/E）
1	富邦金(2881)	1,340.5	104,997	70.84	12.49	17.23	1.49	3.50 (4.00)	5.11 (5.84)	76.30	1.08	5.67
2	國泰金(2882)	1,470.3	115,944	61.35	10.34	15.93	1.25	3.50 (3.50)	6.55 (6.55)	62.50	1.02	6.04
3	中信金(2891)	1,999.7	70,835	21.53	2.73	12.94	0.81	1.25 (1.25)	5.56 (5.56)	25.95	1.21	9.51
4	兆豐金(2886)	1,360.0	41,683	24.15	1.89	7.92	0.62	1.40 (0.25)	4.33 (5.11)	35.55	1.47	18.81
5	第一金(2892)	1,296.4	37,396	17.32	1.52	8.77	0.55	1.00 (1.20)	4.46 (5.36)	24.50	1.41	16.12
6	合庫金(5880)	1,360.1	44,338	17.37	1.51	8.74	0.50	1.00 (1.30)	4.61 (5.99)	25.45	1.47	16.85
7	華南金(2880)	1,319.4	34,610	15.21	1.30	8.77	0.53	0.78 (1.12)	3.48 (5.00)	21.20	1.39	16.31
8	彰銀(2801)	1,048.9	25,511	16.35	0.84	5.22	0.36	0.50 (0.60)	2.96 (3.55)	17.00	1.04	20.24
9	臺企銀(2834)	774.3	20,213	13.13	0.66	5.07	0.27	0.10 (0.47)	1.04 (4.89)	9.90	0.75	15.00

資料來源：Goodinfo！台灣股市資訊網

　　在 2020 年初爆發新冠肺炎時，外資大砍金融股，加上 4 月初銀行定存利率降息至 0.85%，許多人認為金融股良景不再，亦跟著拋售金融股，如今，金融股又回來了，重獲外資及投資人的關愛眼神，不倒金融股的股價可能起伏不定，但比起其他的股票，仍算是低波動的股票（※漲跌幅≦20%）。

表 8-9 是 9 檔不倒金融股之近 10 年（現金＋股票）的發放情形，通常大多數的（短線）投資人，多偏好現金股利，但是，對於長達 20 年以上的持股，現金或股票一樣好，以目前的現金息及規模來看，富邦金（2881）、國泰金（2882）及兆豐金（2886）是 A$^+$ 級，臺企銀（2834）則屬於 C 級；美國大學生的成績等級（Grade）分為 A（90 分）、B（89～70 分）、C（69～60 分）及 D（≦59 分，死當）4 級，臺企銀（2834）仍屬於合格級的後段班；由彰銀（2801）及臺企銀（2834）的配息（※現金）和配股（※股票）來看，此 2 檔純銀行股目前是弱勢的不倒金融股。

　　由表 8-9 可知，不倒金融股每年均有（現金／股票）股利可領，每年的股息再持續買進股票，以「殖利率 5%」的複利計算，約 15 年即可增加一倍[（1＋5%）^{15}－1＝1.08]，由此來看，對於不想購買風險性高之「投資型壽險」的保守理財者，可考慮投資不倒金融股，若加購（定期）壽險保單則成為「永續型壽險」。

表8-9 不倒金融股的股利政策（元／股）

	富邦金 (2881)			國泰金 (2882)			中信金 (2891)			兆豐金 (2886)			第一金 (2892)			合庫金 (5880)			華南金 (2880)			彰銀 (2801)			臺企銀 (2834)		
年度	現金	股票	合計	現金	股票	合計	現金	股票	合計	現金	股票	合計	現金	股票	合計	現金	股票	合計	現金	股票	合計	現金	股票	合計	現金	股票	合計
2021	3.50	0.50	4.00	3.50	0.00	3.50	1.25	0.00	1.25	1.40	0.25	1.65	1.00	0.20	1.20	1.00	0.30	1.30	0.78	0.34	1.12	0.50	0.10	0.60	0.10	0.37	0.47
2020	3.00	1.00	4.00	2.50	0.00	2.50	1.05	0.00	1.05	1.58	0.00	1.58	0.90	0.10	1.00	0.85	0.20	1.05	0.26	0.26	0.53	0.36	0.10	0.46	0.10	0.34	0.44
2019	2.00	0.00	2.00	2.00	0.00	2.00	1.00	0.00	1.00	1.70	0.00	1.70	1.05	0.30	1.35	0.85	0.30	1.15	0.56	0.56	1.12	0.40	0.40	0.80	0.20	0.50	0.70
2018	2.00	0.00	2.00	1.50	0.00	1.50	1.00	0.00	1.00	1.70	0.00	1.70	1.00	0.10	1.10	0.75	0.30	1.05	0.55	0.55	1.09	0.64	0.20	0.84	0.30	0.50	0.80
2017	2.30	0.00	2.30	2.50	0.00	2.50	1.08	0.00	1.08	1.50	0.00	1.50	0.90	0.10	1.00	0.75	0.30	1.05	0.50	0.45	0.95	0.45	0.40	0.85	0.27	0.40	0.67
2016	2.00	0.00	2.00	2.00	0.00	2.00	1.00	0.00	1.00	1.42	0.00	1.42	1.20	0.20	1.40	0.75	0.30	1.05	0.70	0.50	1.20	0.42	0.50	0.92	0.10	0.30	0.40
2015	2.00	0.00	2.00	2.00	0.00	2.00	0.81	0.80	1.61	1.50	0.00	1.50	0.95	0.45	1.40	0.30	0.70	1.00	0.63	0.62	1.25	0.35	0.60	0.95	0.10	0.50	0.60
2014	3.00	0.00	3.00	2.00	0.00	2.00	0.81	0.81	1.62	1.40	0.00	1.40	0.70	0.65	1.35	0.50	0.50	1.00	0.62	0.62	1.24	0.20	0.70	0.90	0.00	0.73	0.73
2013	1.50	0.00	1.50	1.50	0.50	2.00	0.38	0.37	0.75	1.11	0.00	1.11	0.50	0.70	1.20	0.50	0.50	1.00	0.70	0.30	1.00	0.60	0.20	0.80	0.00	0.4	0.40
2012	1.00	0.00	1.00	0.70	0.68	1.38	0.71	0.70	1.41	1.10	0.00	1.10	0.45	0.65	1.10	0.40	0.60	1.00	0.50	0.50	1.00	0.10	0.70	0.80	0.00	0.4	0.40
合計	22.30	1.50	23.80	20.20	1.18	21.38	9.09	2.68	11.77	14.41	0.25	14.66	8.65	3.45	12.10	6.65	4.00	10.65	5.80	4.70	10.50	4.02	3.90	7.92	1.17	4.44	5.61
平均	2.23	0.15	2.38	2.02	0.12	2.14	0.91	0.27	1.18	1.44	0.03	1.47	0.87	0.35	1.21	0.67	0.40	1.07	0.58	0.47	1.05	0.40	0.39	0.79	0.12	0.44	0.56
等級		A+			A+			A−			A			A−			B+			B			B−			C		
股價		76.30			62.50			25.95			35.55			24.50			25.45			21.20			17.00			9.90		

註：股價係指 2021/12/30 當天之收盤價。（※ 本書製表）

323

9 家不倒金融股的特色是中股息、低波動，除了（股息）殖利率穩定外，由表 8-10 可知，各檔股票的每年最高／最低價差多在 20%之內，由股利年年有、價差不太大的特性來看，不倒金融股適合 10 年以上的長期投資用。購買 99%機率不會倒的不倒金融股，不需要懂任何的投資理財技術，財報分析、K 線圖分析、季線、年線、10 年線全部不用看，憨憨定期（每年 1～2 次）買進不倒金融股 1～3 檔，目標在 40 年後（65 歲）退休時，至少存足本金 500 萬元（※本利和 1,700 萬元）的不倒金融股，則每年可領的股利（5%）約 85 萬元（≒7.08 萬元／月）。

表 8-10 不倒金融股的歷年價格變化

年度	富邦金 (2881) 最高	最低	均價	國泰金 (2882) 最高	最低	均價	中信金 (2891) 最高	最低	均價	兆豐金 (2886) 最高	最低	均價	第一金 (2892) 最高	最低	均價	合庫金 (5880) 最高	最低	均價	華南金 (2880) 最高	最低	均價	彰銀 (2801) 最高	最低	均價	臺企銀 (2834) 最高	最低	均價
2021	85.70	45.30	68.50	63.50	39.90	53.40	26.10	19.00	22.50	36.00	28.15	32.30	24.60	20.20	22.40	25.55	19.15	21.70	23.50	21.00	22.40	18.30	15.95	16.90	10.30	9.10	9.62
2020	48.00	34.85	42.80	43.15	33.80	39.80	23.45	16.05	19.80	33.80	26.20	30.10	24.80	17.20	21.80	21.95	15.85	20.20	22.50	16.05	19.20	23.60	16.80	19.30	12.80	8.56	10.50
2019	47.35	41.10	44.70	47.25	38.85	42.50	22.50	19.70	21.00	32.50	25.20	29.30	24.10	19.70	21.90	21.25	17.50	20.10	22.40	17.35	20.40	24.00	17.10	20.30	13.95	10.25	12.40
2018	55.00	46.10	50.80	56.80	45.90	52.20	23.00	19.60	21.30	27.80	23.70	26.00	21.40	19.20	20.30	19.00	16.15	17.70	18.80	16.55	17.70	19.20	16.35	17.60	11.35	8.30	9.72
2017	53.40	45.70	48.60	56.20	46.05	49.40	20.75	17.50	19.20	26.40	22.80	24.20	20.75	17.10	19.10	16.90	14.00	15.70	18.40	16.15	16.90	18.80	16.10	17.20	8.63	8.10	8.34
5年平均	57.89	42.61	51.08	53.38	40.90	47.46	23.16	18.37	20.76	31.30	25.21	28.38	23.13	18.68	21.10	20.93	16.53	19.08	21.12	17.42	19.32	20.78	16.46	18.26	11.41	8.86	10.12
2016	53.70	34.70	41.90	50.50	33.60	39.20	19.70	14.50	17.00	26.20	19.05	22.80	17.80	14.15	16.30	15.15	12.70	14.10	17.85	13.90	16.00	17.45	14.90	16.40	8.66	7.51	8.19
2015	69.00	44.35	55.70	56.50	38.60	48.50	24.80	16.05	20.40	28.50	20.90	24.80	19.85	14.85	17.40	16.80	12.55	15.30	19.45	14.40	17.00	19.30	13.50	17.30	10.35	7.55	9.03
2014	51.90	38.85	45.40	54.10	42.10	47.30	22.15	17.95	20.10	27.00	22.60	24.60	20.90	17.70	18.50	18.15	15.80	16.50	19.60	16.75	17.80	20.00	15.50	18.30	9.80	8.76	9.12
2013	44.25	34.85	40.70	48.85	31.15	41.00	20.35	16.45	18.60	25.90	22.00	24.00	19.40	16.80	18.00	17.60	15.50	16.60	17.90	15.95	17.10	18.70	15.50	17.10	9.73	8.43	9.00
2012	36.15	27.60	31.60	37.00	27.80	31.00	20.85	15.45	17.80	24.50	18.95	21.90	19.70	16.20	17.60	19.45	15.00	17.20	17.80	15.00	16.40	18.75	14.40	16.00	10.20	7.85	8.79
10年合計	544.5	393.4	470.7	513.9	377.8	444.3	223.7	172.3	197.7	288.6	229.6	260.0	213.0	173.0	193.0	191.0	154.0	175.0	198.0	163.1	180.9	198.1	157.6	176.4	105.8	84.41	94.71
10年平均	54.45	39.34	47.07	51.39	37.78	44.43	22.37	17.23	19.77	28.86	22.96	26.00	21.33	17.31	19.33	19.18	15.42	17.51	19.82	16.31	18.09	19.81	15.76	17.64	10.58	8.44	9.47
股價		76.30			62.50			25.95			35.55			24.50			25.45			21.20			17.00			9.90	

註：股價係指 2021/12/30 當天之收盤價。（※ 本書製表）。※ 首次買進，買入價宜≦近 5 年均價平均值。

「投資型壽險」中的投資標的（基金），是由要保人自己挑選（或由保險業務員幫忙挑選的），基金投資是門大學問，並非人人懂，還得每季隨時注意對帳單上的基金是否持續獲利（※表 5-2～表 5-8）？還是需換檔操作？市面上能夠持續平均年報酬率獲利 5%而銷售 20 年以上的基金並不多，再想想第四章所述的危險保費（※到八十歲時，總繳的危險保費可能高於保險金額），宜考慮：「永續型壽險：定期壽險＋不倒金融股」，沒有危險保費的風險，顯然安穩多了。

　　第七章是以「保險」的保障本質談保險的需求，將保險與投資分流，因而提出：「小資保險原則：≦5%買 500 萬元保障險，存款≧10 倍年薪可不保」的看法，許多的家庭，多擁有（繳費期 20 年）的終身壽險＋N 種附約，希望能在保險與投資兼顧的情況下，在 20 年之後能有一筆存款可用；然而，事與願違，存款的增殖速率抵不上通膨率。「保險」應與時俱進，不僅保險金額（※身故及醫療理賠金）應隨通膨率調整，投資獲利也要遠優於通膨率；因此，本章提出「傳統儲蓄險」的替代方案：「永續型壽險」，既不失保險的本質，亦可加速儲蓄的增值效果。

8-4. 不倒金融股的（2007年至2021年）選股參考數據

表 8-11a～11i 是 9 家不倒金融股的個別股股利政策，可了解近 15 年來的配息（元／股）、配股（元／股）、EPS（元）、股利分配率（%），以及歷年的最高價、最低價及均價，可作為每年買股的參考價格，首次購買時，宜盡量挑選「買入價≦近 5 年均價平均值」的股票，以免高價買進而長住套房、降低獲利率；或者，如果欲買富邦金（2881）時，若買入價的本益比（P／E）已經明顯高於近 5 年的本益比平均值，則宜考慮改買其他本益比（P／E）較低的不倒金融股。

> ★高價買進不倒金融股，亦可能長住套房！
>
> 雖然是不倒金融股，但是，高價買進仍難逃長住套房的命運！我曾於1998年，以 68.1 元買進第一金（2892）的股票，整整套牢 16 年，後來再逢低買進，降低持股成本，而轉為獲利（※見「理科阿伯的存股術」（原名：收租股總覽II）表 3-1），持股迄今已逾 23 年，扣掉歷年的現金股利，第一金（2892）僅獲利 32%，由此可知，不倒金融股雖然沒有倒閉的風險，但是，高價買進時，仍有長期套牢的風險。※為避免（單筆）買入後長期住套房，則首次買入價宜≦近 5 年均價平均值，以後再以定期不定額買進，則可攤平成本，轉為獲利。
>
> ※存股獲利訣：慎選股、等時機、低價買、長持股！

表 8-11a　富邦金（2881）2007 年至 2021 年股利政策

所屬年度	股利政策 現金	股利政策 股票	股利政策 合計	股價區間 最高	股價區間 最低	股價區間 均價	年均殖利率 現金	年均殖利率 股票	年均殖利率 合計	EPS（元）	股利分配率 現金	股利分配率 股票	股利分配率 合計	每股淨值（元）	淨值比（均價/淨值）	本益比（均價/EPS）
2021	3.50	0.50	4.00	85.70	45.30	68.50	5.11	0.73	5.84	12.49	28.0	4.0	32.0	70.84	0.97	5.48
2020	3.00	1.00	4.00	48.00	34.85	42.80	7.01	2.34	9.35	8.54	35.1	11.7	46.8	66.33	0.65	5.01
2019	2.00	0.00	2.00	47.35	41.10	44.70	4.47	0.00	4.47	5.46	36.6	0.0	36.6	52.85	0.85	8.19
2018	2.00	0.00	2.00	55.00	46.10	50.80	3.94	0.00	3.94	4.52	44.2	0.0	44.2	39.93	1.27	11.24
2017	2.30	0.00	2.30	53.40	45.70	48.60	4.73	0.00	4.73	5.19	44.3	0.0	44.3	45.08	1.08	9.36
5年合計	12.80	1.50	14.30	—	5年平均	51.08	5.05	0.61	5.67	—	—	—	5年平均	55.01	0.96	7.86
2016	2.00	0.00	2.00	53.70	34.70	41.90	4.77	0.00	4.77	4.73	42.3	0.0	42.3	37.33	1.12	8.86
2015	2.00	0.00	2.00	69.00	44.35	55.70	3.59	0.00	3.59	6.21	32.2	0.0	32.2	35.92	1.55	8.97
2014	3.00	0.00	3.00	51.90	38.85	45.40	6.61	0.00	6.61	5.89	50.9	0.0	50.9	39.87	1.14	7.71
2013	1.50	0.00	1.50	44.25	34.85	40.70	3.69	0.00	3.69	3.90	38.5	0.0	38.5	30.92	1.32	10.44
2012	1.00	0.00	1.00	36.15	27.60	31.60	3.16	0.00	3.16	3.07	32.6	0.0	32.6	32.05	0.99	10.29
2011	1.00	0.50	1.50	48.80	28.00	38.50	2.60	1.30	3.90	3.39	29.5	14.7	44.2	25.93	1.48	11.36
2010	1.00	0.50	1.50	41.65	31.20	37.80	2.65	1.32	3.97	2.33	42.9	21.5	64.4	25.44	1.49	16.22
2009	2.00	0.50	2.50	40.45	16.60	30.30	6.60	1.65	8.25	2.47	81.0	20.2	101.2	25.68	1.18	12.27
2008	0.00	0.00	0.00	37.90	15.95	28.50	0.00	0.00	0.00	1.41	0.00	0.0	0.0	18.62	1.53	20.21
2007	1.50	0.00	1.50	34.75	26.15	29.50	5.08	0.00	5.08	1.87	80.2	0.0	80.2	21.47	1.37	15.78
15年合計	27.80	3.00	30.80	—	15年平均	42.35	4.27	0.49	4.76	—	—	—	15年平均	37.88	1.20	10.76

資料來源：Goodinfo！台灣股市資訊網
※@2022/5/5（截稿日）股價 74.50 元，2021 年 EPS：12.49，股價本益比：5.96。

表 8-11b　國泰金（2882）2007 年至 2021 年股利政策

所屬年度	股利政策 現金	股利政策 股票	股利政策 合計	股價區間 最高	股價區間 最低	股價區間 均價	年均殖利率 現金	年均殖利率 股票	年均殖利率 合計	EPS (元)	股利分配率 現金	股利分配率 股票	股利分配率 合計	每股淨值 (元)	淨值比 (均價/淨值)	本益比 (均價/EPS)
2021	3.50	0.00	3.50	63.50	39.90	53.40	6.55	0.00	6.55	10.34	33.8	0.0	33.8	61.35	0.87	5.16
2020	2.50	0.00	2.50	43.15	33.80	39.80	6.28	0.00	6.28	5.41	46.2	0.0	46.2	60.74	0.66	7.36
2019	2.00	0.00	2.00	47.25	38.85	42.50	4.71	0.00	4.71	4.76	42.0	0.0	42.0	52.49	0.81	8.93
2018	1.50	0.00	1.50	56.80	45.90	52.20	2.87	0.00	2.87	3.95	38.0	0.0	38.0	36.87	1.42	13.22
2017	2.50	0.00	2.50	56.20	46.05	49.40	5.06	0.00	5.06	4.47	55.9	0.0	55.9	44.72	1.10	11.05
5年合計	12.00	0.00	12.00	—	5年平均	47.46	5.10	0.00	5.10	—	—	—	5年平均	51.23	0.97	9.14
2016	2.00	0.00	2.00	50.50	33.60	39.20	5.10	0.00	5.10	3.79	52.8	0.0	52.8	39.06	1.00	10.34
2015	2.00	0.00	2.00	56.50	38.60	48.50	4.12	0.00	4.12	4.58	43.7	0.0	43.7	36.22	1.34	10.59
2014	2.00	0.00	2.00	54.10	42.10	47.30	4.23	0.00	4.23	3.93	50.9	0.0	50.9	34.44	1.37	12.04
2013	1.50	0.50	2.00	48.85	31.15	41.00	3.66	1.22	4.88	3.28	45.7	15.2	61.0	23.49	1.75	12.50
2012	0.70	0.68	1.38	37.00	27.80	31.00	2.26	2.19	4.45	1.52	46.1	44.7	90.8	22.96	1.35	20.39
2011	0.50	0.50	1.00	55.40	28.00	41.60	1.20	1.20	2.40	1.10	45.5	45.5	90.9	21.03	1.98	37.82
2010	0.60	0.20	0.80	61.20	42.75	50.00	1.20	0.40	1.60	0.42	142.9	47.6	190.5	21.52	2.32	119.05
2009	0.50	0.50	1.00	62.40	24.00	46.30	1.08	1.08	2.16	1.12	44.6	44.6	89.3	21.94	2.11	41.34
2008	0.00	0.00	0.00	87.60	28.10	61.80	0.00	0.00	0.00	0.20	0.0	0.0	0.0	14.72	4.20	309.0
2007	2.50	0.50	3.00	94.30	63.50	74.30	3.36	0.67	4.04	3.34	74.9	15.0	89.8	24.60	3.02	22.25
15年合計	24.30	2.88	27.18	—	15年平均	47.89	3.45	0.45	3.90	—	—	—	15年平均	34.41	1.69	42.74

資料來源：Goodinfo！台灣股市資訊網
※@2022/5/5（截稿日）股價 62.30 元，2021 年 EPS：10.34，股價本益比：6.03。

表 8-11c　中信金（2891）2007 年至 2021 年股利政策

所屬年度	股利政策 股利（元/股）			殖利率統計 股價區間（元）			年均殖利率(%)			EPS（元）	盈餘分配率統計 股利分配率(%)			每股淨值（元）	淨值比（均價/淨值）	本益比（均價/EPS）
	現金	股票	合計	最高	最低	均價	現金	股票	合計		現金	股票	合計			
2021	1.25	0.00	1.25	26.10	19.00	22.50	5.56	0.00	5.56	2.73	45.8	0.00	45.8	21.53	1.05	8.24
2020	1.05	0.00	1.05	23.45	16.05	19.80	5.30	0.00	5.30	2.15	48.8	0.00	48.8	20.26	0.98	9.21
2019	1.00	0.00	1.00	22.50	19.70	21.00	4.76	0.00	4.76	2.16	46.3	0.00	46.3	19.06	1.10	9.72
2018	1.00	0.00	1.00	23.00	19.60	21.30	4.69	0.00	4.69	1.85	54.1	0.00	54.1	15.89	1.34	11.51
2017	1.08	0.00	1.08	20.75	17.50	19.20	5.63	0.00	5.63	1.91	56.5	0.00	56.5	16.20	1.19	10.05
5年合計	9.09	2.68	11.77	—	5年平均	20.76	4.59	1.39	5.97	—	—	—	5年平均	18.59	1.13	9.75
2016	1.00	0.00	1.00	19.70	14.50	17.00	5.88	0.00	5.88	1.43	69.9	0.00	69.9	14.49	1.17	11.89
2015	0.81	0.80	1.61	24.80	16.05	20.40	3.97	3.92	7.89	2.10	38.6	38.1	76.7	15.39	1.33	9.71
2014	0.81	0.81	1.62	22.15	17.95	20.10	4.03	4.03	8.06	2.58	31.4	31.4	62.8	15.03	1.34	7.79
2013	0.38	0.37	0.75	20.35	16.45	18.60	2.04	1.99	4.03	1.50	25.3	24.7	50.0	13.10	1.42	12.40
2012	0.71	0.70	1.41	20.85	15.45	17.80	3.99	3.93	7.92	1.66	42.8	42.2	84.9	13.71	1.30	10.72
2011	0.40	0.88	1.28	27.10	16.10	22.40	1.79	3.93	5.71	1.61	24.8	54.7	79.5	14.97	1.50	13.91
2010	0.73	0.72	1.45	21.80	15.15	18.70	3.90	3.85	7.75	1.32	55.3	54.5	109.8	15.05	1.24	14.17
2009	0.64	0.64	1.28	23.40	9.60	17.70	3.62	3.62	7.23	0.15	426.7	426.7	853.3	14.93	1.19	118.0
2008	0.18	0.32	0.50	32.70	7.90	22.20	0.81	1.44	2.25	1.51	11.9	21.2	33.1	14.48	1.53	14.70
2007	0.20	0.80	1.00	28.50	21.20	25.10	0.80	3.19	3.98	1.49	13.4	53.7	67.1	15.62	1.61	16.85
15年合計	11.24	6.04	17.28	—	15年平均	20.25	3.78	1.99	5.78	—	—	—	15年平均	15.98	1.29	18.59

資料來源：Goodinfo！台灣股市資訊網
※@2022/5/5（截稿日）股價 28.05 元，2021 年 EPS：2.73，股價本益比：10.27。

表 8-11d　兆豐金（2886）2007 年至 2021 年股利政策

所屬年度	股利政策 現金	股利政策 股票	股利政策 合計	殖利率統計 股價區間(元) 最高	殖利率統計 股價區間(元) 最低	殖利率統計 股價區間(元) 均價	殖利率統計 年均殖利率(%) 現金	殖利率統計 年均殖利率(%) 股票	殖利率統計 年均殖利率(%) 合計	EPS(元)	盈餘分配率統計 股利分配率(%) 現金	盈餘分配率統計 股利分配率(%) 股票	盈餘分配率統計 股利分配率(%) 合計	每股淨值(元)	淨值比(均價/淨值)	本益比(均價/EPS)
2021	1.40	0.25	1.65	36.00	28.15	32.30	4.33	0.77	5.11	1.89	74.1	13.2	87.3	24.15	1.34	17.09
2020	1.58	0.00	1.58	33.80	26.20	30.10	5.25	0.00	5.25	1.84	85.9	0.00	85.9	24.01	1.25	16.36
2019	1.70	0.00	1.70	32.50	25.20	29.30	5.80	0.00	5.80	2.13	79.8	0.00	79.8	23.83	1.23	13.76
2018	1.70	0.00	1.70	27.80	23.70	26.00	6.54	0.00	6.54	2.07	82.1	0.00	82.1	23.11	1.13	12.56
2017	1.50	0.00	1.50	26.40	22.80	24.20	6.20	0.00	6.20	1.89	79.4	0.00	79.4	21.92	1.10	12.80
5年合計	7.88	0.25	8.13	—	5年平均	28.38	5.62	0.15	5.78	—	—	—	5年平均	23.40	1.21	14.51
2016	1.42	0.00	1.42	26.20	19.05	22.80	6.23	0.00	6.23	1.65	86.1	0.00	86.1	21.47	1.06	13.82
2015	1.50	0.00	1.50	28.50	20.90	24.80	6.05	0.00	6.05	2.35	63.8	0.00	63.8	21.57	1.15	10.55
2014	1.40	0.00	1.40	27.00	22.60	24.60	5.69	0.00	5.69	2.43	57.6	0.00	57.6	20.97	1.17	10.12
2013	1.11	0.00	1.11	25.90	22.00	24.00	4.63	0.00	4.63	1.96	56.6	0.00	56.6	19.39	1.24	12.24
2012	1.10	0.00	1.10	24.50	18.95	21.90	5.02	0.00	5.02	1.88	58.5	0.00	58.5	18.67	1.17	11.65
2011	0.85	0.15	1.00	29.55	17.60	23.10	3.68	0.65	4.33	1.57	54.1	9.55	63.7	17.98	1.28	14.71
2010	0.90	0.20	1.10	22.80	16.00	19.20	4.69	1.04	5.73	1.37	65.7	14.6	80.3	18.16	1.06	14.01
2009	1.00	0.00	1.00	21.60	8.60	15.60	6.41	0.00	6.41	1.30	76.09	0.00	76.9	17.69	0.88	12.00
2008	0.25	0.00	0.25	27.50	7.82	19.00	1.32	0.00	1.32	0.02	1250	0.00	1250	16.05	1.18	950.0
2007	1.25	0.00	1.25	24.70	19.00	21.20	5.90	0.00	5.90	1.55	80.6	0.00	80.6	17.54	1.21	13.68
15年合計	18.66	0.60	19.26	—	15年平均	23.87	5.18	0.16	5.35	—	—	—	15年平均	20.43	1.16	75.69

資料來源：Goodinfo！台灣股市資訊網
※@2022/5/5（截稿日）股價 39.85 元，2021 年 EPS：1.89，股價本益比：21.08。

表 8-11e　第一金（2892）2007 年至 2021 年股利政策

所屬年度	股利政策 股利（元/股）			殖利率統計						盈餘分配率統計					每股淨值（元）	淨值比（均價/淨值）	本益比（均價/EPS）
	現金	股票	合計	股價區間（元）			年均殖利率（%）			EPS（元）	股利分配率（%）					
				最高	最低	均價	現金	股票	合計		現金	股票	合計			
2021	1.00	0.20	1.20	24.60	20.20	22.40	4.46	0.89	5.36	1.52	65.8	13.2	78.9	17.32	1.29	14.74
2020	0.90	0.10	1.00	24.80	17.20	21.80	4.13	0.46	4.59	1.31	68.7	7.63	76.3	17.23	1.27	16.64
2019	1.05	0.30	1.35	24.10	19.70	21.90	4.79	1.37	6.16	1.55	67.7	19.4	87.1	17.63	1.24	14.13
2018	1.00	0.10	1.10	21.40	19.20	20.30	4.93	0.49	5.42	1.39	71.9	7.19	79.1	16.64	1.22	14.60
2017	0.90	0.10	1.00	20.75	17.10	19.10	4.71	0.52	5.24	1.25	72.0	8.00	80.0	15.70	1.22	15.28
5年合計	4.85	0.80	5.65	—	5年平均	21.10	4.61	0.75	5.35	—	—	—	5年平均	16.90	1.25	15.08
2016	1.20	0.20	1.40	17.80	14.15	16.30	7.36	1.23	8.59	1.42	84.5	14.1	98.6	16.01	1.02	11.48
2015	0.95	0.45	1.40	19.85	14.85	17.40	5.46	2.59	8.05	1.55	61.3	29.0	90.3	16.37	1.06	11.23
2014	0.70	0.65	1.35	20.90	17.70	18.50	3.78	3.51	7.30	1.52	46.1	42.8	88.8	16.63	1.11	12.17
2013	0.50	0.70	1.20	19.40	16.80	18.00	2.78	3.89	6.67	1.26	39.7	55.6	95.2	16.26	1.11	14.29
2012	0.45	0.65	1.10	19.70	16.20	17.60	2.56	3.69	6.25	1.25	36.0	52.0	88.0	16.48	1.07	14.08
2011	0.40	0.60	1.00	27.55	16.10	22.70	1.76	2.64	4.41	1.08	37.0	55.6	92.6	16.53	1.37	21.02
2010	0.30	0.60	0.90	27.35	15.80	19.10	1.57	3.14	4.71	1.09	27.5	55.0	82.6	16.37	1.17	17.52
2009	0.50	0.25	0.75	22.40	12.20	18.30	2.73	1.37	4.10	0.44	113.6	56.8	170.5	15.99	1.14	41.59
2008	0.50	0.25	0.75	38.80	12.35	25.70	1.95	0.97	2.92	1.20	41.7	20.8	62.5	16.13	1.59	21.42
2007	1.70	0.12	1.82	27.00	20.25	23.50	7.23	0.51	7.74	2.06	82.5	5.83	88.3	17.25	1.36	11.41
15年合計	12.05	5.27	17.32	—	15年平均	20.17	4.01	1.82	5.83	—	—	—	15年平均	16.57	1.22	16.77

資料來源：Goodinfo！台灣股市資訊網
※@2022/5/5（截稿日）股價 27.10 元，2021 年 EPS：1.52，股價本益比：17.83。

表 8-11f　合庫金（5880）2007 年至 2021 年股利政策

所屬年度	股利政策 股利（元／股）			殖利率統計 股價區間（元）			年均殖利率(%)				EPS（元）	盈餘分配率統計 股利分配率(%)			每股淨值（元）	淨值比（均價/淨值）	本益比（均價/EPS）
	現金	股票	合計	最高	最低	均價	現金	股票	合計		現金	股票	合計			
2021	1.00	0.30	1.30	25.55	19.15	21.70	4.61	1.38	5.99	1.51	66.2	19.9	86.1	17.37	1.25	14.37
2020	0.85	0.20	1.05	21.95	15.85	20.20	4.21	0.99	5.20	1.24	68.5	16.1	84.7	17.33	1.17	16.29
2019	0.85	0.30	1.15	21.25	17.50	20.10	4.23	1.49	5.72	1.33	63.9	22.6	86.5	17.10	1.18	15.11
2018	0.75	0.30	1.05	19.00	16.15	17.70	4.24	1.69	5.93	1.21	62.0	24.8	86.8	16.57	1.07	14.63
2017	0.75	0.30	1.05	16.90	14.00	15.70	4.78	1.91	6.69	1.14	65.8	26.3	92.1	16.48	0.95	13.77
5年合計	4.20	1.40	5.60	—	5年平均	19.08	4.41	1.49	5.91	—	—	—	5年平均	16.97	1.12	14.83
2016	0.75	0.30	1.05	15.15	12.70	14.10	5.32	2.13	7.45	1.13	66.4	26.5	92.9	16.43	0.86	12.48
2015	0.30	0.70	1.00	16.80	12.55	15.30	1.96	4.58	6.54	1.22	24.6	57.4	82.0	16.85	0.91	12.54
2014	0.50	0.50	1.00	18.15	15.80	16.50	3.03	3.03	6.06	1.13	44.2	44.2	88.5	17.18	0.96	14.60
2013	0.50	0.50	1.00	17.60	15.50	16.60	3.01	3.01	6.02	1.00	50.0	50.0	100	17.33	0.96	16.60
2012	0.40	0.60	1.00	19.45	15.00	17.20	2.33	3.49	5.82	1.07	37.4	56.1	93.5	18.54	0.93	16.07
10年合計	6.65	4.00	10.65	—	10年平均	17.51	3.77	2.37	6.14	—	—	—	10年平均	17.12	1.02	14.65

資料來源：Goodinfo！台灣股市資訊網
※2022/5/5（截稿日）股價 27.80 元，2021 年 EPS：1.51，股價本益比：18.41。

表 8-11g 華南金（2880）2007 年至 2021 年股利政策

所屬年度	股利政策 股利(元/股)			股價區間(元)			年均殖利率(%)			EPS (元)	股利分配率(%)			每股淨值 (元)	淨值比 (均價/淨值)	本益比 (均價/EPS)
	現金	股票	合計	最高	最低	均價	現金	股票	合計		現金	股票	合計			
2021	0.78	0.34	1.12	23.50	21.00	22.40	3.48	1.52	5.00	1.30	60.0	26.2	86.2	15.21	1.47	17.23
2020	0.26	0.26	0.53	22.50	16.05	19.20	1.35	1.35	2.71	0.67	38.8	38.8	77.6	14.73	1.30	28.66
2019	0.56	0.56	1.12	22.40	17.35	20.40	2.75	2.75	5.49	1.31	42.7	42.7	85.5	15.50	1.32	15.57
2018	0.55	0.55	1.09	18.80	16.55	17.70	3.11	3.11	6.21	1.20	45.8	45.8	91.7	15.09	1.17	14.75
2017	0.50	0.45	0.95	18.40	16.15	16.90	2.96	2.66	5.62	1.04	48.1	43.3	91.3	14.87	1.14	16.25
5年合計	2.65	2.16	4.81	—	5年平均	19.32	2.73	2.28	5.01	—	—	—	5年平均	15.08	1.28	18.49
2016	0.70	0.50	1.20	17.85	13.90	16.00	4.38	3.13	7.50	1.28	54.7	39.1	93.8	15.11	1.06	12.50
2015	0.63	0.62	1.25	19.45	14.40	17.00	3.71	3.65	7.35	1.42	44.4	43.7	88.0	15.45	1.10	11.97
2014	0.62	0.62	1.24	19.60	16.75	17.80	3.48	3.48	6.97	1.41	44.0	44.0	87.9	15.43	1.15	12.62
2013	0.70	0.30	1.00	17.90	15.95	17.10	4.09	1.75	5.85	1.11	63.1	27.0	90.1	14.98	1.14	15.41
2012	0.50	0.50	1.00	17.80	15.00	16.40	3.05	3.05	6.10	1.03	48.5	48.5	97.1	15.39	1.07	15.92
2011	0.50	0.50	1.00	24.80	16.00	20.60	2.43	2.43	4.85	1.22	41.0	41.0	82.0	15.28	1.35	16.89
2010	0.30	0.60	0.90	24.80	16.90	19.60	1.53	3.06	4.59	0.92	32.6	65.2	97.8	15.16	1.29	21.30
2009	0.20	0.55	0.75	24.40	15.25	19.10	1.05	2.88	3.93	0.71	28.2	77.5	105.6	14.94	1.28	26.90
2008	0.70	0.30	1.00	32.35	13.60	23.60	2.97	1.27	4.24	1.50	46.7	20.0	66.7	14.74	1.60	15.73
2007	1.00	0.20	1.20	25.50	19.75	23.00	4.35	0.87	5.22	1.54	64.9	13.0	77.9	15.41	1.49	14.94
15年合計	8.50	6.85	15.35	—	15年平均	19.12	2.98	2.46	5.44	—	—	—	15年平均	15.15	1.26	17.11

資料來源：Goodinfo！台灣股市資訊網
※@2022/5/5（截稿日），股價 23.15 元，2021 年 EPS：1.30，股價本益比：17.81。

第 8 章 永續型壽險：保障、投資與退休金三得益彰

表 8-11h　彰銀（2801）2007 年至 2021 年股利政策

所屬年度	股利政策 現金	股利政策 股票	股利政策 合計	股價區間(元) 最高	股價區間(元) 最低	股價區間(元) 均價	年均殖利率(%) 現金	年均殖利率(%) 股票	年均殖利率(%) 合計	EPS(元)	股利分配率(%) 現金	股利分配率(%) 股票	股利分配率(%) 合計	每股淨值(元)	淨值比(均價/淨值)	本益比(均價/EPS)
2021	0.50	0.10	0.60	18.30	15.95	16.90	2.96	0.59	3.55	0.84	59.5	11.9	71.4	16.35	1.03	20.12
2020	0.36	0.10	0.46	23.60	16.80	19.30	1.87	0.52	2.38	0.68	52.9	14.7	67.6	15.89	1.21	28.38
2019	0.40	0.40	0.80	24.00	17.10	20.30	1.97	1.97	3.94	1.16	34.5	34.5	69.0	16.25	1.25	17.50
2018	0.64	0.20	0.84	19.20	16.35	17.60	3.64	1.14	4.77	1.27	50.4	15.7	66.1	15.99	1.10	13.86
2017	0.45	0.40	0.85	18.80	16.10	17.20	2.62	2.33	4.94	1.24	36.3	32.3	68.5	15.40	1.12	13.87
5年合計	0.47	0.24	0.71	—	5年平均	18.26	2.61	1.31	3.92	—	—	—	5年平均	15.98	1.14	18.75
2016	0.42	0.50	0.92	17.45	14.90	16.40	2.56	3.05	5.61	1.28	32.8	39.1	71.9	15.34	1.07	12.81
2015	0.35	0.60	0.95	19.30	13.50	17.30	2.02	3.47	5.49	1.38	25.4	43.5	68.8	15.31	1.13	12.54
2014	0.20	0.70	0.90	20.00	17.00	18.30	1.09	3.83	4.92	1.38	14.5	50.7	65.2	15.09	1.21	13.26
2013	0.60	0.20	0.80	18.70	15.50	17.10	3.51	1.17	4.68	1.14	52.6	17.5	70.2	14.51	1.18	15.00
2012	0.10	0.70	0.80	18.75	14.40	16.00	0.63	4.38	5.00	1.17	8.55	59.8	68.4	14.33	1.12	13.68
2011	0.20	0.70	0.90	26.50	15.00	21.6	0.93	3.24	4.17	1.34	14.9	52.2	67.2	14.14	1.53	16.12
2010	0.28	0.90	1.18	26.45	12.30	17.1	1.64	5.26	6.90	1.26	22.2	71.4	93.7	13.94	1.23	13.57
2009	0.30	0.00	0.30	16.70	9.46	13.70	2.19	0.00	2.19	0.50	60.0	0.00	60.0	13.05	1.05	27.40
2008	0.60	0.00	0.60	26.7	10.35	18.20	3.30	0.00	3.30	0.78	76.9	0.00	76.9	12.98	1.40	23.33
2007	0.90	0.00	0.90	24.00	16.25	20.50	4.39	0.00	4.39	1.63	55.2	0.00	55.2	13.18	1.56	12.58
15年合計	6.30	5.50	11.80	—	15年平均	17.83	2.35	2.06	4.42	—	—	—	15年平均	14.78	1.21	16.93

資料來源：Goodinfo！台灣股市資訊網
※@2022/5/5（截稿日），股價 18.30 元，2021 年 EPS：0.84，股價本益比：21.79。

表 8-11i 臺企銀（2834）2007 年至 2021 年股利政策

所屬年度	股利政策 現金	股利政策 股票	股利政策 合計	股價區間(元) 最高	股價區間(元) 最低	股價區間(元) 均價	年均殖利率(%) 現金	年均殖利率(%) 股票	年均殖利率(%) 合計	EPS(元)	股利分配率(%) 現金	股利分配率(%) 股票	股利分配率(%) 合計	每股淨值(元)	淨值比(均價/淨值)	本益比(均價/EPS)
2021	0.10	0.37	0.47	10.30	9.10	9.62	1.04	3.85	4.89	0.66	15.2	56.1	71.2	13.13	0.73	14.58
2020	0.10	0.34	0.44	12.80	8.56	10.50	0.95	3.24	4.19	0.63	15.9	54.0	69.8	13.17	0.80	16.67
2019	0.20	0.50	0.70	13.95	10.25	12.40	1.61	4.03	5.65	0.98	20.4	51.0	71.4	13.39	0.93	12.65
2018	0.30	0.50	0.80	11.35	8.30	9.72	3.09	5.14	8.23	1.14	26.3	43.9	70.2	13.27	0.73	8.53
2017	0.27	0.40	0.67	8.63	8.10	8.34	3.24	4.80	8.03	0.79	34.2	50.6	84.8	12.33	0.68	10.56
5年合計	0.19	0.42	0.62	—	5年平均	10.12	1.99	4.21	6.20	—	—	—	5年平均	13.06	0.77	12.60
2016	0.10	0.30	0.40	8.66	7.51	8.19	1.22	3.66	4.88	0.85	11.8	35.3	47.1	11.87	0.69	9.64
2015	0.10	0.50	0.60	10.35	7.55	9.03	1.11	5.54	6.64	0.90	11.1	55.6	66.7	11.90	0.76	10.03
2014	0.00	0.73	0.73	9.80	8.76	9.12	0.00	8.00	8.00	1.00	0.00	73.0	73.0	11.84	0.77	9.12
2013	0.00	0.40	0.40	9.73	8.43	9.00	0.00	4.44	4.44	0.71	0.00	56.3	56.3	11.24	0.80	12.68
2012	0.00	0.40	0.40	10.20	7.85	8.79	0.00	4.55	4.55	0.70	0.00	57.1	57.1	11.24	0.78	12.56
2011	0.00	0.40	0.40	14.00	8.38	10.80	0.00	3.70	3.70	0.71	0.00	56.3	56.3	11.14	0.97	15.21
2010	0.00	0.45	0.45	13.30	7.60	9.17	0.00	4.91	4.91	0.50	0.00	90.0	90.0	10.89	0.84	18.34
2009	0.00	0.40	0.40	10.00	5.62	7.76	0.00	5.15	5.15	0.37	0.00	108.0	108.0	10.77	0.72	20.97
2008	0.00	0.00	0.00	14.55	5.15	9.99	0.00	0.00	0.00	0.02	0.00	0.00	0.00	10.19	0.98	499.5
2007	0.00	0.00	0.00	11.75	8.91	9.95	0.00	0.00	0.00	0.27	0.00	0.00	0.00	10.33	0.96	36.85
15年合計	1.17	5.69	6.86	—	15年平均	9.49	0.82	4.07	4.89	—	—	—	15年平均	11.78	0.81	47.19

資料來源：Goodinfo！台灣股市資訊網
※@2022/5/5（截稿日），股價 12.45 元，2021 年 EPS：0.66，股價本益比：18.86。

8-5. 投資型壽險 PK 永續型壽險

　　股市有散戶理財：60%虧損，30%不賺不賠，10%賺錢的傳說，然而，似乎沒有如此的悲觀，圖 8-1 是第一金投信公司 2019 年 8 月進行之「國人理財經驗大調查」的結果，理財虧損的人僅占 11%，遠優於股市傳說的 60%，而且，有 37%的人賺到錢，如果以往虧損或小賺小賠的人，能改變短線操作的習性，不奢求速利，持續定期（不定額）買進不倒金融股並長年持股，每年安穩賺個 5%～6%利潤，細水長流，則能奠定退休樂活的根基。

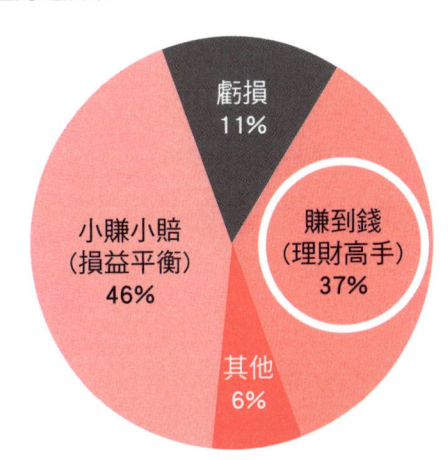

圖 8-1　國人投資理財之成果

虧損 11%
小賺小賠（損益平衡）46%
賺到錢（理財高手）37%
其他 6%

資料來源：第一金投信「國人理財經驗大調查」

　　目前上市櫃公司多以發放現金股利為主，少數公司則同時發放現金股利和股票股利，因此，殖利率可分為現金殖利率、股票殖利率和合計殖利率；公司發放現金股利後，公司的資本

額不會改變,但是,如果發放股票股利,股本會膨脹,稀釋以後的獲利能力(※獲利率＝獲利淨額 ÷ 資本額),所以,短線操作的股市理財者僅看現金殖利率。然而,對於買進股票後,長期持股 N 年的定存股理財者而言,應該是現金股利和股票股利一樣好,我個人偏好同時有現金股利和股票股利,因為公司發放現金股利與股票股利之後,總有一天(30 天、半年、1 年或 2 年)會填權息,股價回到除權息前一天的股價。

此外,一般長期持股的定存股理財者,多是以複利觀念來計算投資報酬率,如果領的是股票股利,則自動轉入您的股票戶頭中,每年利滾利;但是,如果領的是現金股利,還得花時間和金錢去買零股(※1 張股票 1000 股),才能利滾利。以表 8-11a 之富邦金(2881)為例,在 2021 年發放 2020 年的現金股利每股 3.0 元和股票股利每股 1.0 元,如果您有 1 張(1000 股)股票,則可領取 3,000 元現金,只能買約 75 股的零股(※約 40 元／股),還得被扣手續費,故實務上不可能馬上去買零股;然而,股票股利每股 1.0 元,會有 100 股的零股主動配發到您的證券戶頭中。<u>對定存股理財者而言,現金股利和股票股利都是錢,退休後,現金股利可以領出來當生活費用,而股票股利(股子)可繼續發揮滾雪球的複利效果。</u>

以 2022 年 4 月底公告之 2021 年股利來看,現金殖利率≧6%的上市櫃公司多達 400 家,約佔上市櫃公司的 20%,卻不含任何一家金融股;由此可知,單純以現金殖利率來看,不倒金融股並非定存收租股的最佳選項,但是,不倒金融股有金管會／政府撐腰,安全性高達 99%(※1%的安全疑慮,大概就是前述的危機 4 部曲吧);所以,「退休金保健股:不倒金融

股」，就成為保守理財者的首選了。

投資型壽險除了投資損失與危險保費的風險之外，尚有一大盲點，就是通膨率（消費者物價指數 CPI）；先進國家通膨率的衡量標準是 CPI＝2.0%（※紅色警戒），自 2001 年以來，台灣的通膨率有 7 次超越 2.0%的紅色警戒線，分別是 2001 年（2.36%）、2006 年（2.68%）、2008 年（2.95%）、2012 年（2.36%）、2017 年（2.24%）及 2021 年（2.0%），2022 年更高達 3.3%；物價／房價愈來愈貴（※房價漲不停，而 CPI 計算僅含房租不含房價），故通貨膨脹是無可避免的趨勢，不過，只要將年通膨率控制在 2.0%以下，就可算是合理的通膨範圍。

表 8-12 是以通膨率 2.0%計算的速查表，在通膨率 2.0%的條件下，每隔 35 年，目前現值即會減半（50%），例如，目前的 100 萬元，在 35 年後的等價未來值僅剩 50 萬元，如果買（躉繳）100 萬元的終身壽險，35 年後剩下目前等價的 50 萬元而已；如果買了 3,000 元的日支型（終身）醫療險，20 年後的等價未來值僅剩 2,019 元，等價現值少了三分之一，35 年後的等價現值剩下 1,500 元，非常不划算。

終身型／投資型壽險保單，因為實際報酬率低（IRR≦1.5%），無法抗通膨，然而，「永續型壽險」保單不一樣，投資不倒金融股的（殖利率 5%）獲利，就足以彌補壽險的（2%）通膨損失，再加上股價價差的獲利，就能存足退休樂活的資金。

表 8-12　目前現值之等價未來值（元）速查表（@通膨率 2.0%）

目前現值	5 年後	10 年後	15 年後	20 年後	25 年後	30 年後	35 年後	40 年後	50 年後
30,000 元	27,172	24,610	22,290	20,190	18,286	16,562	15,000	13,587	11,145
35,000 元	31,700	28,712	26,005	23,555	21,334	19,322	17,500	15,852	13,003
40,000 元	36,229	32,814	29,720	26,920	24,381	22,082	20,000	18,116	14,860
50,000 元	45,286	41,017	37,150	33,650	30,477	27,603	25,000	22,645	18,575
10 萬元	90,572	82,034	74,300	67,300	60,953	55,206	50,000	45,290	37,150
200 萬元	181 萬元	164 萬元	149 萬元	135 萬元	122 萬元	110 萬元	100 萬元	91 萬元	74 萬元
300 萬元	272 萬元	246 萬元	22 萬元	202 萬元	183 萬元	166 萬元	150 萬元	136 萬元	111 萬元
500 萬元	453 萬元	410 萬元	372 萬元	337 萬元	305 萬元	276 萬元	250 萬元	226 萬元	186 萬元
600 萬元	543 萬元	492 萬元	446 萬元	404 萬元	366 萬元	331 萬元	300 萬元	272 萬元	223 萬元
800 萬元	725 萬元	656 萬元	594 萬元	538 萬元	488 萬元	442 萬元	400 萬元	362 萬元	297 萬元
900 萬元	815 萬元	738 萬元	669 萬元	606 萬元	549 萬元	497 萬元	450 萬元	408 萬元	334 萬元
1,000 萬元	906 萬元	820 萬元	743 萬元	673 萬元	610 萬元	552 萬元	500 萬元	453 萬元	372 萬元
1,200 萬元	1,087 萬元	984 萬元	892 萬元	808 萬元	731 萬元	662 萬元	600 萬元	543 萬元	446 萬元
1,500 萬元	1,359 萬元	1,231 萬元	1,115 萬元	1,010 萬元	914 萬元	828 萬元	750 萬元	679 萬元	557 萬元
1,800 萬元	1,630 萬元	1,477 萬元	1,337 萬元	1,211 萬元	1,097 萬元	994 萬元	900 萬元	815 萬元	669 萬元
2,000 萬元	1,811 萬元	1,641 萬元	1,486 萬元	1,346 萬元	1,219 萬元	1,104 萬元	1,000 萬元	906 萬元	743 萬元
等價現值比	0.9057	0.8203	0.7430	0.6730	0.6095	0.5521	0.5000	0.4529	0.3715

註 1：假設年通膨率 2.0%（即 CPI 年增率 2.0%）。（等價未來值）EFV＝（目前現值）PV÷（1+2.0%）^{年}。

註 2：例如：目前現值 10 萬元之 35 年後的等價未來值為 50,000 元。

資料來源：拙作《拒當下流老人的退休理財計劃》

一般的（非投資型）終身壽險，至少可算是保本型的壽險，而「投資型壽險」是「異形終身壽險＋基金」組合，之所以稱為異形終身壽險，是因為它有第四章／第五章所敘述的特有保險成本，這種潛在風險，就如同人體的胰臟癌，一旦被發現，多已進入癌症末期；被通知要補繳危險保費時，這張保單應該也無救了，所繳的保費及終身壽險保障均瞬間歸零，一無所有！

會導致被催繳危險保費的主要原因，是（自選）基金的報酬率太低，通常「投資型壽險」保單 DM／說明書上的假設投資報酬率（※如第四章所述），至少要≥3%，才能在80歲之前不被催繳危險保費，對要保人而言才能獲利。然而，保單 DM／說明書上的假設報酬率，如果要達到3%，則所選的基金平均年化報酬率至少要5%以上（≒15年的累積報酬率108%）。

（首次）買「投資型壽險」保單的人，多半不了解如何買基金，因此，會在業務員的推薦之下，選買2～10檔基金，買了之後，如果自己不會由每季之「保單價值對帳單」去了解基金的投資績效，進而分析要保人的實際報酬率，可能有50%以上的機率，會成為地獄級保單，而嚴重虧損。

「永續型壽險」不倒金融股的風險等級，大概是 RR2 級；此外，「永續型壽險」的平均年化報酬率（≒IRR）約為5%，但是，「投資型壽險」的 IRR 多≤1.5%，甚至是（保費）血本無歸的無底洞，相形之下，「永續型壽險」的獲利性及安全性，均高於「投資型壽險」。

「永續型壽險」是自助式的壽險，首先需自行挑選合適的「≦20年繳費之定期壽險」，再衡量自己的財務能力，定期不定額，買適量的不倒金融股，持之有恆，則可一石三鳥，達到「保障、投資、退休金三得益彰」的效果。

因為是政府撐腰的不倒金融股，股價波動低，平均年殖利率5%以上，應可歸納為RR2的風險，表8-13是「投資型壽險」與「永續型壽險」比較表，共有9項比較基準，「永續型壽險」明顯優於「投資型壽險」，剩下的是如何選買9大不倒金融股的實務問題，亦即是第8-6節的「永續型壽險」的操作準則（SOP）。

表 8-13 投資型壽險 vs. 永續型壽險

項別	（A）投資型壽險	（B）永續型壽險
（1）組合	終身壽險+自選基金	定期壽險+不倒金融股
（2）壽險	保障終身（身故/完全失能）	①保障至80歲或小額終身壽險 ②≦5%年薪買≧500萬元保障險，存款≧10倍年薪可不保
（3）缺錢急用	①解約後壽險全失 ②≦10年解約，虧保費	①壽險不必解約 ②僅賣部份持股
（4）投資績效	保單IRR≦1.5%	①股利：殖利率≧5% ②價差：10～30%
（5）風險	①基金風險：RR3～RR5 ②保險成本：活愈久、繳愈多	①（低波動）不倒金融股：RR2 ②股價波動之風險
（6）費用	①壽險：管銷費+危險保費 ②銀行/基金管銷費：高	①壽險：管銷費 ②買賣股：便宜
（7）抗通膨	IRR低（≦1.5%），難以抗通膨	殖利率≧5%+價差＞＞通膨率2%
（8）資金機動性	理賠時間長，緩不濟急	隨時可賣股換現金
（9）資金永續性	退休後領回本金，愈用愈少	退休後僅花股利，本金還在

資料來源：依本書觀點整理之比較表

8-6.「永續型壽險」的操作準則（SOP）

年輕上班族的閒錢應該不多，9檔不倒金融股，到底優先買哪一檔呢？（富邦金（2881）、國泰金（2882）及兆豐金（2886）是資優生，每年（現金／股票）股利較多，但股價也較高；中信金（2891）、第一金（2892）、合庫金（5880）及華南金（2880）不相上下，每年（現金／股票）股利≧1.0元／股；彰銀（2801）之每年（現金／股票）股利平均約0.9元／股，而後段班（※仍然合格）之臺企銀（2834）的每年（現金／股票）股利平均約0.6元／股。臺企銀（2834）雖是屬於不倒金融股的後段班，但是比起其他的民營後段班金融股，大致尚可，因為股價最低，股利也較少；您可衡量自己每年有多少閒錢，選買1～3檔不倒金融股；或者，請參考「拒當下流老人的退休理財計劃」等拙作之做法。

買不倒金融股，不需懂得任何投資理財的技巧和學理，每年只需在領到期中獎金／年終獎金時，一年分2次（※1月1日以及7月1日前後30天），拿來買正處於低基期（※低本益比）的不倒金融股；錢多時可買富邦金（2881），錢少時可買臺企銀（2834），把錢分散買9檔不倒金融股，每檔股票的買入總金額以100萬元為上限（※100萬元約可買均價50元的國泰金20張、均價20元的華南金50張，或是均價10元的臺企銀100張）。

錢進不倒金融股不用挑，股市行情十年河東、十年河西，定期不定額每年 2 次持續買進，錢多時買股價較高的前段班金融股，錢少時買後段班股價最低的臺企銀（2834），以 65 歲退休時存足 500 萬本金的不倒金融股為目標，月存一萬，以殖利率 5%計算，40 年可存本利和 1,522 萬元的不倒金融股（※表 8-14）。

　　存股的三、四十年期間，勿砍金雞母，分散持股除了分散風險外，萬一急需用錢，可先賣數張本益比較高（※即股價已高）的股票來救急，需要多少救急金，就賣等金額的股票，剩下的股票還可以繼續生股息和股子。自助式「永續型壽險」，保障性的壽險成份依然存在，比一旦解約，除了損失解約費用外，壽險保障歸零的「投資型壽險」划算多了。

　　「永續型壽險」與「投資型壽險」一樣，是（保障＋投資），壽險保障是自選的定期壽險（或小額終身壽險），投資部份則是自選的 9 檔不倒金融股。

　　買一般保險時，保費是由您的帳戶中扣繳，不得不繳，而自助式壽險的投資不倒金融股部份，需自己按月提存，很容易不小心花掉，為了防止此漏洞，可利用 APP 自動轉帳功能，每月發放薪水時，薪資帳戶自動轉帳至買不倒金融股專用的證券帳戶，只進不出，如同被迫自動扣繳保險費一樣。

　　股票的股利發放除權息時間多在 7～9 月之間，投資不倒金融股務必要參加除權息，亦即在除權息日前，再買進股票，才能享受複利增值的效果。通常在每年 4 月以後，各公司會陸

續公佈去年的 EPS 及今年將發放的股利金額，現金股利多的股票，可能會有一小波動的殖利率行情；此外，在 12 月底之前，投信公司及各基金的操盤手，為了拼帳面的績效，可能有所謂的做帳行情，因此，可固定每年在 1 月 1 日及 7 月 1 日前後 30 天，買賣不倒金融股。

以不倒金融股作為存股的投資標的，需要紀律與恆心，圖 8-2 是以月存 5 仟～5 萬元，試算不同年數的存款本金，以及購買 5%殖利率不倒金融股的本利和，假設結婚前由 30 歲開始月存 1 萬元，持續存 35 年的儲蓄本金共 420 萬元，若此本金是用來買不倒金融股，則 35 年後可創造出本利和為 1,138.8 萬元的股票。

若在結婚之後，夫妻二人每月共同存款 3 萬元，持續 15 年，則儲蓄本金共 540 萬元；若此本金是用來買不倒金融股，則 35 年後可創造出本利和為 818.1 萬元的股票，合計此兩份儲蓄存款，本金共 960 萬元，本利和共 1,956.9 萬元，光是每年近 10 萬元的股利（※5%殖利率），就可以彌補政府版退休年金的缺口。

圖 8-2　月存 5 仟～5 萬，夫妻雙薪存錢快

(@5%殖利率)

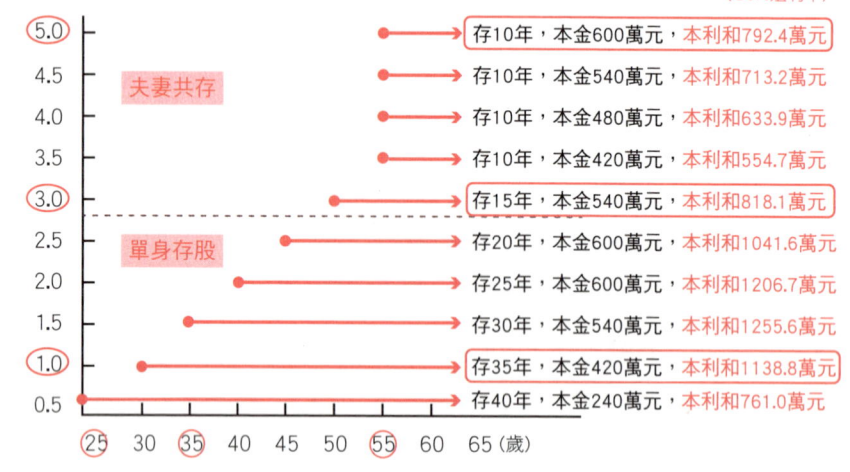

夫妻共存	
5.0	存10年，本金600萬元，本利和792.4萬元
4.5	存10年，本金540萬元，本利和713.2萬元
4.0	存10年，本金480萬元，本利和633.9萬元
3.5	存10年，本金420萬元，本利和554.7萬元
3.0	存15年，本金540萬元，本利和818.1萬元
2.5	存20年，本金600萬元，本利和1041.6萬元
2.0	存25年，本金600萬元，本利和1206.7萬元
1.5	存30年，本金540萬元，本利和1255.6萬元
1.0	存35年，本金420萬元，本利和1138.8萬元
0.5	存40年，本金240萬元，本利和761.0萬元

單身存股

25　30　35　40　45　50　55　60　65 (歲)

資料來源：拙作「拒當下流老人的退休理財計劃」

　　在 65 歲退休時，近 2,000 萬元的本利和存款是殖利率 5% 的不倒金融股，投資績效 N 倍於投資型保單之實際報酬率（IRR），而且近 2,000 萬元的股票不會減少（※壽險保單到期時所領取的滿期金會愈用愈少），年年配發股利，每年可領 100 萬元的股利（≒83,333 元／月），可用來填補 70 歲以後買不到意外險、醫療險及人壽險的缺口，因為本利和的 2,000 萬元不會減少，所以，資產可永續保留，留傳子女。

　　表 8-14 是以單身貴族、單打獨鬥，月存 5 仟～2 萬元的複利速查表，同樣是以投資殖利率 5% 的不倒金融股為目標，由 25 歲進入職場，65 歲退休，平均月存 8,000 元（96,000 元／年），退休時，可存到 1,217.6 萬元的不倒金融股，每年約可領 60 萬元的股利，約每月可領 50,000 元股利，已高於政府版的勞工退休年金（※拙作「拒當下流老人的退休理財計劃」表 2-6）。

表 8-14　月存 5 仟～2 萬複利速查表（元）（@殖利率 5%）　　25→65 歲

每年年初存款	10 年後	15 年後	20 年後	25 年後	30 年後	35 年後	40 年後
60,000 元／年 (5,000 元／月)	792,407 (600,000)	1,359,450 (900,000)	2,083,155 (1,200,000)	3,006,807 (1,500,000)	4,185,648 (1,800,000)	5,690,178 (2,100,000)	7,610,400 (2,400,000)
72,000 元／年 (6,000 元／月)	950,889 (720,000)	1,631,340 (1,080,000)	2,499,786 (1,440,000)	3,608,168 (1,800,000)	5,022,778 (2,160,000)	6,828,214 (2,520,000)	9,132,480 (2,880,000)
84,000 元／年 (7,000 元／月)	1,109,370 (840,000)	1,903,230 (1,260,000)	2,916,417 (1,680,000)	4,209,530 (2,100,000)	5,859,907 (2,520,000)	7,966,249 (2,940,000)	10,654,560 (3,360,000)
※ 96,000 元／年 (8,000 元／月)	1,267,852 (960,000)	2,175,120 (1,440,000)	3,333,048 (1,920,000)	4,810,891 (2,400,000)	6,697,037 (2,880,000)	9,104,285 (3,360,000)	12,176,640 (3,840,000)
108,000 元／年 (9,000 元／月)	1,426,333 (1,080,000)	2,447,010 (1,620,000)	3,749,679 (2,160,000)	5,412,253 (2,700,000)	7,534,166 (3,240,000)	10,242,320 (3,780,000)	13,698,720 (4,320,000)
★ 120,000 元／年 (10,000 元／月)	1,584,815 (1,200,000)	2,718,900 (1,800,000)	4,166,310 (2,400,000)	6,013,614 (3,000,000)	8,371,296 (3,600,000)	11,380,356 (4,200,000)	15,220,800 (4,800,000)
180,000 元／年 (15,000 元／月)	2,377,222 (1,800,000)	4,078,350 (2,700,000)	6,249,465 (3,600,000)	9,020,421 (4,500,000)	12,556,944 (5,400,000)	17,070,534 (6,300,000)	22,831,200 (7,200,000)
240,000 元／ (20,000 元／月)	3,169,630 (2,400,000)	5,437,800 (3,600,000)	8,332,620 (4,800,000)	12,027,228 (6,000,000)	16,742,592 (7,200,000)	22,760,712 (8,400,000)	30,441,600 (9,600,000)
本利和÷本金≒	1.3207	1.5105	1.7360	2.0045	2.3254	2.7096	3.1710

註：本表金額是以 excel 未來值（FV）type1 計算。紅色金額為存入本金之總和。

資料來源：拙作「拒當下流老人的退休理財計劃」

　　月有陰晴圓缺、人有旦夕禍福！依衛福部統計，不健康活的平均餘命 8.47 年！家母及家父均已 90 多歲（※圖 8-3），分別在 11 年前及 7 年前各請 1 名外籍看護（※前 7 個月還僱用日薪 2,200 元的本籍看護），目前一戶六口人的每月生活費用已逾 10 萬元，醫療險、長照險及政府的長照 2.0 均不切實際。所以，上班族宜以退休時，「本金會增值、股利夠開銷」為（存股）理財目標。

圖 8-3　家有二老，全家皆倒？！

72 歲筆者照顧 90 多歲父母

焉能不陪走餘生

父母情重恩如山

　　家母中風的第三年，我發覺存款有減少趨勢，在檢討自己 1998～2000 年間虧損／套牢 600 多萬元的問題之後，於 2014 年以「收租定存股 SOP」重返股市理財，小女（卡小孩）與我共持有 7 檔不倒金融股，一直是只買不賣，加上一些優質的小型定存股（※倍漲才賣，詳見拙作「理科阿伯存股術」），每年有了穩定的股利收入後，才能應付家父／家母的照護費用。所以，人生難預料，（退休）理財要趁早！

　　「退休樂活四要件：健康活、有閒錢、找興趣、適度忙」！基本上，想在退休之後能安享天年，上班族宜：
　　（1）學生時開始打工，累積工作年資。
　　（2）勞工族勞退自提 6%；結婚雙薪存錢快。
　　（3）≧65 歲才退休，宜有 40 年以上的年資。
　　（4）持續買殖利率 5% 定存股，存足本利和 ≧1,800 萬元。
　　（5）（退休後）有自住房、沒房貸、沒有啃老族勾勾纏。
　　※詳見拙作「拒當下流老人的退休理財計劃」。

綜合以上,「永續型壽險」的操作準則(SOP)如下:

(1) ≧20%月薪自動轉至證券帳戶,只進不出(※自助退休金專戶)。

(2) 自助壽險:自選定期壽險或小額終身壽險(※第6-1～6-3節)。

(3) 自助投資:每年2次選購1～3檔不倒金融股(※定期不定額)。

(4) 持續每年買股2次(1月1日及7月1日前後30天)(※務必參加除權息)。

(5) 買入價宜≦近5年均價平均值,或本益比≦近5年平均值(※表8-11)

筆 記

筆　記

台灣廣廈 國際出版集團
Taiwan Mansion International Group

國家圖書館出版品預行編目（CIP）資料

不當肥羊，聰明買保險：為什麼「以小於年薪5%金額，買500萬元保障（10倍年薪）＋日額5,000元住院醫療險」就夠了！／何宗岳（股素人）著，
-- 初版. -- 新北市：財經傳訊, 2025.07
　面；　公分. --（view;82）
ISBN 978-626-99789-5-3（平裝）
1.CST: 保險 2.CST: 保險規劃

563.7　　　　　　　　　　　　　114009168

財經傳訊
TIME & MONEY

不當肥羊，聰明買保險：
為什麼「以小於年薪5%金額，買500萬元保障（10倍年薪）＋日額5,000元住院醫療險」就夠了！

作　　　者／何宗岳（股素人）	編輯中心／第五編輯室
	編　輯　長／方宗廉
	封面設計／張天薪
	製版・印刷・裝訂／東豪・紘億・弼聖・秉成

行企研發中心總監／陳冠蒨
媒體公關組／陳柔彣
綜合業務組／何欣穎

發　行　人／江媛珍
法律顧問／第一國際法律事務所 余淑杏律師・北辰著作權事務所 蕭雄淋律師
出　　版／台灣廣廈有聲圖書有限公司
　　　　　地址：新北市235中和區中山路二段359巷7號2樓
　　　　　電話：（886）2-2225-5777・傳真：（886）2-2225-8052

代理印務・全球總經銷／知遠文化事業有限公司
　　　　　地址：新北市222深坑區北深路三段155巷25號5樓
　　　　　電話：（886）2-2664-8800・傳真：（886）2-2664-8801
郵政劃撥／劃撥帳號：18836722
　　　　　劃撥戶名：知遠文化事業有限公司（※單次購書金額未達1000元，請另付70元郵資。）

■出版日期：2025年7月
ISBN：978-626-99789-5-3　　　版權所有，未經同意不得重製、轉載、翻印。